Über dieses Buch Zwei Skizzen der Vergangenheit, eine geschrieben, als Virgina Woolf gerade fünfundzwanzig Jahre alt war, die andere dreißig Jahre später. In beiden behandelt sie den Zeitraum ihrer Kindheit und Jugend, mit dem tiefen Einschnitt durch den Tod der Mutter.
Andere Beiträge führen die Geschichte ihres Lebens weiter, so die Schilderung der berühmten Bloomsbury-Gruppe, und all diese Fragmente fügen sich zu einem Muster, das den Leser teilhaben läßt an dem ungewöhnlichen Leben einer ungewöhnlichen Frau.

Die Autorin Virginia Woolf wurde am 25. 1. 1882 als Tochter des Biographen und Literaten Sir Leslie Stephen in London geboren. Bereits mit 22 Jahren bildete sie gemeinsam mit ihrem Bruder den Mittelpunkt der intellektuellen ›Bloomsbury Group‹. Zusammen mit ihrem Mann, dem Kritiker Leonard Woolf, gründete sie 1917 den Verlag ›The Hogarth Press‹. Ihre Romane, die zur Weltliteratur gehören, stellen sie als Schriftstellerin neben James Joyce und Marcel Proust. Schon sehr früh engagierte sie sich für die Frauenbewegung und gemeinsam mit ihrem Mann für die sozialistischen Bestrebungen der Labour Party. Am 28. 3. 1941 schied sie freiwillig aus dem Leben. Weitere Werke im Fischer Taschenbuch Verlag: ›Orlando‹ (Bd. 1981), ›Mrs. Dalloway‹ (Bd. 1982), ›Zwischen den Akten‹ (Bd. 1983), ›Die Dame im Spiegel‹ (Bd. 1984), ›Die Jahre‹ (Bd. 2120), ›Die Fahrt zum Leuchtturm‹ (Bd. 2119), ›Die Wellen‹ (Bd. 2121), ›Flush‹ (Bd. 2122) und George Spater/Ian Parsons ›Porträt einer ungewöhnlichen Ehe. Virginia & Leonard Woolf‹ (Bd. 2221).
Im S. Fischer Verlag liegen von Virginia Woolf vor: ›Jacobs Raum‹ (1981) und ›Nacht und Tag‹ (1982).

Virginia Woolf

Augenblicke

Skizzierte Erinnerungen

Aus dem Englischen von Elizabeth Gilbert
Mit einem Essay von Hilde Spiel

Fischer Taschenbuch Verlag

Titel der Originalausgabe: Moments of Beeing
Der Essay »Virginia Woolf – Bildnis einer genialen Frau« von Hilde Spiel wird mit freundlicher Genehmigung der Autorin abgedruckt.

Ungekürzte Ausgabe
Veröffentlicht im Fischer Taschenbuch Verlag GmbH,
Frankfurt am Main, September 1984
Lizenzausgabe mit freundlicher Genehmigung
der Deutschen Verlagsanstalt GmbH, Stuttgart

Umschlagentwurf: Jan Buchholz/Reni Hinsch
Druck und Bindung: Clausen & Bosse, Leck
Printed in Germany
880-ISBN 3-596-25789-1

Inhalt

Vorwort zur deutschen Ausgabe

Die englische Ausgabe dieses Buches wurde von Jeanne Schulkind herausgegeben, eingeleitet und mit Anmerkungen versehen. Die Anmerkungen wurden – mit Ausnahme von orthographischen Hinweisen – in die deutsche Ausgabe übernommen und durch (als solche gekennzeichnete) Anmerkungen der Übersetzerin ergänzt.

Der dieses Buch eröffnende Essay von Hilde Spiel ersetzt die Einleitung von Jeanne Schulkind. Die editorischen Vorbemerkungen zur englischen Ausgabe werden im folgenden in einer den Bedürfnissen des deutschen Lesers angepaßten Weise wiedergegeben.

Diese Sammlung autobiographischer Schriften von Virginia Woolf vereinigt unveröffentlichte Arbeiten aus dem Woolf-Archiv der Universitätsbibliothek von Sussex, wo sie als »Monks House Papers« verzeichnet sind. Der Virginia-Woolf-Biograph Quentin Bell hat diese Papiere benutzt und einige kurze Stellen daraus zitiert.

Ob Virginia Woolf selbst eine Veröffentlichung dieser Aufzeichnungen geplant hat, ist zweifelhaft. Sie hatte die Gewohnheit, einen oder mehrere Rohentwürfe ihrer Werke zu schreiben und diese dann völlig zu revidieren, wobei sie mitunter bis zu acht oder neun Fassungen kam. Auch das Material dieser autobiographischen Aufzeichnungen befindet sich in unterschiedlichen Stadien der Revision. Das meiste ist maschinengeschrieben, ein Teil nur handschriftlich vorhanden. Mit Ausnahme des ersten Beitrags *Reminiszenzen* tragen die Manuskripte den Vermerk: »Noch in Arbeit«, doch hat die Autorin die drei letzten Beiträge zu diesem Buch im *Memoir Club* selbst vorgelesen. Verbesserungen, Zusätze, Streichungen, manchmal eilig und unvollständig vorgenommen, sind durch das ganze Werk verstreut, und innerhalb der Manuskripte sind gelegentlich ganze Absätze revidiert. Jeanne Schulkind hat nicht den Versuch gemacht, alle textlichen Revisionen und Varianten aufzuführen. Die Absicht, einen lesbaren Text vorzulegen, stand im Vordergrund. Aber der Wunsch nach einem lesbaren Text hatte zurückzustehen hinter dem noch wichtigeren Bemühen, Virginia Woolfs Absichten, soweit diese bekannt oder zu vermuten waren, getreulich zu folgen. Wo dies nicht möglich war, sind die Gründe angegeben. Im allgemeinen sind folgende editorische Grundsätze auf die Texte einheitlich angewandt worden:

Von Virginia Woolf selbst vorgenommene Streichungen wurden nicht in den Text aufgenommen, wenn sie nicht zum Verständnis des Sinns der betreffenden Stelle unbedingt nötig waren. Auslassungen von Wortteilen, die nicht absichtlich erfolgten, wurden stillschweigend ergänzt. Wo Virginia Woolf ein Wort oder einen Satz hinzugefügt hat, ohne die notwendige Streichung vorzunehmen, wurde dieses Versehen stillschweigend berichtigt. Streichungen, die von Interesse sind, sind vermerkt.

Ebenso wie einige der Streichungen waren auch einige der Hinzufügungen und Verbesserungen unvollständig. Wenn es nicht möglich war, sie in den Text einzufügen, ohne die Gedanken auseinanderzureißen, wurden sie mit entsprechendem Hinweis weggelassen. Auf alternative Formulierungen wird dann hingewiesen, wenn sie den Herausgebern von Interesse schienen oder wenn diese im Zweifel waren, welche Wahl die Autorin selbst getroffen hätte.

Der Sinn eines Satzes macht es gelegentlich erforderlich, ein Wort einzufügen, das dann in Klammern steht. Stehen jedoch mehrere Wörter in einer Klammer, ohne daß eine besondere Anmerkung erfolgt, so handelt es sich um von Virginia Woolf gestrichene Worte.

Zu den einzelnen Teilen dieses Buches ist noch folgendes festzuhalten:

Reminiszenzen

Diese Erinnerungen wurden begonnen, als Virginia Woolf ihre Sommerferien 1907 in Playden (nördlich von Rye) verbrachte, acht Jahre vor der Veröffentlichung ihres ersten Romans *Fahrt nach Übersee.* Diese Aufzeichnungen gehören also noch in ihre Lehrzeit. Damals stellte sie sich häufig die Aufgabe literarischer Übungen. Die *Reminiszenzen* waren ursprünglich als Lebensbeschreibung ihrer Schwester Vanessa geplant, sind aber eher Erinnerungen an die gemeinsame Kindheit und Jugend. Virginia Woolf zeigte die literarischen Experimente, an denen sie damals arbeitete, nur wenigen Vertrauten und erklärte bei verschiedenen Gelegenheiten ihre Absicht, sie nach einiger Zeit noch einmal zu bearbeiten. So haftet auch den *Reminiszenzen* etwas Provisorisches an, und daran sollte man denken, wenn man sie liest.

Indem sie die Erinnerungen an die nächste Generation adressierte und ihren Gegenstand so erweiterte, daß auch die eigene Familie mit einbegriffen wurde, so daß man kaum einen Unterschied machen kann zwischen einer Biographie der Schwester und einer Autobiographie, ist Virginia Woolf einer Familientradition gefolgt. Denn ihr Großvater, James Stephen, hatte schon Memoiren für seine Kinder geschrieben, und ihr Vater, Leslie Stephen, war diesem Beispiel gefolgt und hatte das *Mausoleum Book* geschrieben, das er seinen Kindern und Stiefkindern widmete.

Virginia Woolf beginnt ihre Erinnerungen mit den Eindrücken, die sie als Kind von der drei Jahre älteren Schwester Vanessa hatte. Sie gibt einen farbigen Eindruck von der lebendigen, liebevollen und gesicherten Atmosphäre in der Familie Stephen. Dieses Familienleben wurde durch den Tod ihrer Mutter Julia auf grausame Weise verändert. Julia, geborene Jackson, wurde 1846 geboren. Als Einundzwanzigjährige heiratete sie den Rechtsanwalt Herbert Duckworth, der drei Jahre später starb. Aus dieser kurzen Ehe gingen drei Kinder hervor: George (1868), Stella (1869) und Gerald

(1870, nach dem Tod seines Vaters geboren). Julia war acht Jahre lang Witwe und heiratete dann Leslie Stephen, dessen erste Frau 1875 gestorben war; diese hinterließ eine Tochter Laura, bei der sich immer deutlicher ein geistiger Defekt zeigte. Julia und Leslie Stephen hatten vier Kinder: Vanessa (1879), Thoby (1880), Virginia (1882) und Adrian (1883). Als Julia 1895 starb, übernahm Stella die Führung des Haushalts in Hyde Park Gate. 1897 heiratete Stella; drei Monate nach ihrem Eheschluß mit John Waller Hills, genannt Jack, starb sie. Die Aufzeichnungen Virginia Woolfs brechen zu dem Zeitpunkt ab, als Jack sich von seinem schweren Kummer über Stellas Tod zu erholen beginnt.

Der Text ist auf 65 Seiten von Virginia Woolf selbst getippt worden; die Verbesserungen hat sie mit verschiedenen Bleistiften und mit Tinte vorgenommen. Es fällt auf, daß der Text Ungeschicklichkeiten enthält, die bei einer späteren Veröffentlichung sicher beseitigt worden wären.

Eine Skizze der Vergangenheit

Dieser längste Beitrag zu unserem Buch behandelt etwa die gleiche Zeit wie die *Reminiszenzen*, jedoch aus einem ganz anderen Blickwinkel gesehen, so daß ein neues Bild von denselben Ereignissen vorliegt. Virginia Woolf war fast sechzig Jahre alt, als sie diese Erinnerungen niederzuschreiben begann. Das Bemühen, den Sinn zu erkennen, der hinter gewissen unauslöschlichen Erlebnissen ihrer Kindheit stand, hängt mit dem Zeitpunkt der Niederschrift zusammen, den Jahren 1939 und 1940 mit dem heraufziehenden und beginnenden Zweiten Weltkrieg. Der Versuch, sich abzulenken, ist unverkennbar.

Die ersten Erinnerungen führen hier, weil die Mutter im Mittelpunkt steht, nach St. Ives in Cornwall und nach Talland House, wo die Stephens von 1882 bis 1894 ihre Sommerferien verbrachten. Dem idyllischen Leben auf dem Land stellt sie das Leben in London gegenüber, mit einem weitverzweigten Netz von Verwandten und Freunden, dessen Mittelpunkt Julia Stephen war. Noch einmal schildert Virginia Woolf die erschütternden Wirkungen des Todes ihrer Mutter und die neue Rolle von Stella. Nach Stellas Weggang und Tod treten Spannungen im Hause auf, durch den Versuch, die Mädchen in die »Gesellschaft« einzuführen und durch die Verhärtung des alternden Leslie Stephen, der immer schlechter hört und, von der Wirklichkeit immer stärker isoliert, seine Töchter unbarmherzig tyrannisiert. Die Schlußszene schildert einen typischen Tag im Leben einer viktorianischen Familie des oberen Mittelstandes am Ausgang des 19. Jahrhunderts. Das letzte im Manuskript verzeichnete Datum der Niederschrift ist der 17. November 1940, einige Monate vor Virginia Woolfs Tod.

Die für den Memoir Club verfaßten Beiträge

Diese drei Beiträge hat Virginia Woolf geschrieben, um sie im *Memoir Club* vorzulesen, der im März 1920 begründet worden war. Es handelt sich um eine Neugründung von *Old Bloomsbury*, dessen Mitglieder sich während des Kriegs zerstreut hatten. Leonard Woolf nennt folgende Mitglieder: Vanessa und Clive Bell, Virginia und sich selbst, Desmond und Molly MacCarty, Adrian Stephen, John Maynard Keynes, E. M. Forster, Roger Fry, Duncan Grant, Saxon Sydney-Turner und Lytton Strachey.

Diese Gruppe, die keineswegs fest gefügt war, auch nicht was die Zahl ihrer Mitglieder anging, traf sich regelmäßig, um zusammen zu essen, sich Lebenserinnerungen vorzulesen und das Zusammensein zu genießen. Von Anfang an war vereinbart, daß »absolute Offenheit« geboten sei. Auch diese, durchaus spürbare Offenheit gilt mit Einschränkungen. Leonard Woolf hat mit Recht bemerkt: »Absolute Offenheit ist selbst unter den intimsten Freunden leicht nur eine relative Offenheit.« In jedem der drei Beiträge begegnen wir einer Autorin, die mit ihren Zuhörern spielt: mit ihnen vertraut, aber nicht eigentlich intim, Erinnerungen auffrischend, ohne Sentimentalität, klug und oft spöttisch, amüsiert über offensichtliche Ungereimtheiten. Es fehlt das zögernde Grübeln über das Wesen von Erinnerung und Bewußtsein, von Selbst und Wirklichkeit wie in *Eine Skizze der Vergangenheit.*

Hyde Park Gate 22

Zwar ist dieses Erinnerungsstück fast zwanzig Jahre vor *Eine Skizze der Vergangenheit* geschrieben worden, jedoch setzt es eben diese Erinnerungen fort: nach Stellas Tod, aber noch vor dem Tod von Leslie Stephen im Jahr 1904 und der Übersiedlung der zurückgebliebenen Familie nach Bloomsbury. Der Stiefbruder George Duckworth (Sohn von Virginias Mutter aus erster Ehe) unternahm es, zuerst Vanessa und dann Virginia in die »Gesellschaft« einzuführen, mit geringem Erfolg. Virginia Woolf muß diese Memoiren im Club irgendwann zwischen dem März 1920 und dem 25. Mai 1921 vorgelesen haben, einem Datum, an dem sich John Maynard Keynes zu diesem Manuskript äußerte: »Das Beste, was du je geschrieben hast . . ., waren deine Erinnerungen an George.«

Der vorliegende Text vereinigt zwei maschinengeschriebene Manuskripte, ein revidiertes, das bis zu der Stelle mit dem Araberpferd der Tante Mary Fisher reicht, woran sich dann lückenlos die Fortsetzung in der ersten Fassung anschließt. Die revidierte Fassung ist mit größerer Sorgfalt getippt als sonst üblich. Virginia Woolf schrieb am 2. Februar 1932 an Ethel Smyth: »Ich werde alte Memoiren, die mir aus einer Schachtel entgegenfielen, als ich nach etwas anderem suchte, noch einmal abschreiben. Ich habe sie vor zehn Jahren geschrieben, sie handeln von dem, was wir mit George Duckworth unternommen haben, als wir noch sozusagen Jungfrauen waren. Vielleicht amüsiert es dich; aber ich muß es noch einmal abschreiben, in solch einem Durcheinander befindet es sich.«

Old Bloomsbury

Virginia Woolf hat dieses Stück nach *Hyde Park Gate 22* im *Memoir Club* vorgelesen, und zwar vermutlich ein Jahr später, gegen Ende 1921 oder im Jahr 1922. Es greift die Erzählung da auf, wo *Hyde Park Gate* endet, auf dem Höhepunkt der Saison von 1903, und streift dann kurz die Übersiedelung der Stephens nach dem Tod des Vaters in das neue Haus Gordon Square 46 in Bloomsbury.

Virginia Woolf bietet eine der unterschiedlichen Versionen, wo und wann Bloomsbury seinen Anfang nahm. Virginia Woolf läßt uns an dem dramatischen Charakter und auch an den humoristischen Seiten gewisser kritischer Ereignisse in der Entwicklung von Bloomsbury vor dem Krieg teilnehmen, wenn sie auch auf andere Dinge Nachdruck legt als dies vielleicht die Maler der Gruppe getan hätten.

Der vorliegende Text gründet sich auf 37 von der Autorin getippte Seiten mit Verbesserungen in Tinte oder Bleistift, ergänzt um ein dazugehöriges Fragment aus einer anderen Sammlung.

Bin ich ein Snob?

Virginia Woolf hat dieses Manuskript geschrieben, als sie auf dem Höhepunkt ihres Ruhmes stand und dem Ende ihrer Laufbahn nahe war. Die Lesung im *Memoir Club* ist zwischen dem 27. Oktober 1936 und dem Februar des folgenden Jahres zu datieren. Virginia Woolf bezieht sich auf diesen Seiten hauptsächlich auf Ereignisse der dreißiger Jahre, wenn sich eine geistige Verfassung überhaupt auf eine bestimmte Periode festlegen läßt.

Der Text beruht auf 32 verschieden großen Blättern, die zu einem kleinen Buch zusammengebunden sind. Auch diese Seiten sind von Virginia Woolf selbst getippt und mit Tinte oder Bleistift korrigiert worden. Die Briefe von Margot Oxford und Sibyl Colefax, die dem Text beigefügt wurden, stehen in dem Büchlein auf besonderen Seiten, die jenen Seiten vorgeschaltet sind, für welche sie bestimmt waren. Sie wurden jedoch unverkennbar von Virginia Woolf selbst getippt, und nach der Meinung von Jeanne Schulkind ist es unwahrscheinlich, daß es sich bei diesen eingefügten Briefen um etwas anderes als frei interpretierte Erinnerungen an die Originale handelt.

Der unterschiedliche Zweck, den Virginia Woolf mit der Niederschrift der in diesem Buch enthaltenen Aufzeichnungen verfolgte – für unterschiedliche Zuhörer und anläßlich unterschiedlicher Gelegenheiten erzählt – und der lange Zeitraum, in dem sie entstanden (fast vier Jahrzehnte), hätten leicht dazu führen können, daß kein innerer Zusammenhang zwischen ihnen bestanden hätte, daß es bei einer zufälligen Anhäufung von Fragmenten eines Lebens geblieben wäre.

Erstaunlicherweise ist dies nicht der Fall. Man muß Jeanne Schulkind zustimmen, wenn sie in ihrer Einleitung schreibt: »Aber die Fragmente fügen sich tatsächlich zu einer sinnvollen Ordnung zusammen. Es taucht ein Muster auf, in dem sich Virginia Woolfs Auffassung des Selbst im allgemeinen und ihres persönlichen Selbst im besonderen so ausdrückt, wie das in einer herkömmlichen Autobiographie niemals möglich gewesen wäre. Dieses Selbst ist ein kaum faßbares Irrlicht, das sie immer am Horizont vor sich hat, flackernd und unkörperlich – aber immer gegenwärtig. Ihrer Auffassung nach ist die individuelle Identität in stetem Fluß, verändert sie – als Reaktion auf die Kräfte der Umgebung – ständig ihre Gestalt: Bisher unsichtbare Kräfte tauchen auf, andere versinken lautlos unter der Oberfläche, und die Vergangenheit, auf der die Identität des gegenwärtigen Augenblicks beruht, ist nie statisch, niemals wie eine Mücke im Bernstein eingefangen, sondern Veränderungen ebenso unterworfen wie das Bewußtsein, das sich seiner erinnert.«

Virginia Woolf
Bildnis einer genialen Frau

von Hilde Spiel

Eines Morgens spät im März 1941 verließ eine Frau ihr Haus in den Hügeln von Sussex und wanderte hinab zum Fluß, zur Ouse; nachts waren Bomben gefallen und Regen, die Erde war noch feucht, doch der Himmel wieder rein. Von diesem Gang kehrte sie nicht zurück; anderntags fand man ihren Stock am Ufer. Virginia Woolf, die Dichterin des fließenden Erlebens, des Bewußtseinsstromes, war mit den Wassern der Ouse in die Ewigkeit getaucht.

In ihr verlor die Welt eines ihrer seltensten Güter: ein weibliches Genie. Ein Genie freilich, das nicht aus dem Dunkel stammte, sondern aus Herkunft und Umgebung beinahe errechenbar war. Denn gleich den Huxleys, den Stracheys, den Garnetts, Bells und Frys gehörte Virginia Woolf zu einer jener großen Familien des neunzehnten Jahrhunderts, in denen die Künste gepflegt, der Geist verehrt und das Talent gezüchtet wurden, bis in einem ihrer Erben die Saat aufging, der unerklärliche Sprung sich vollzog und aus der Summe der Teile sich das wunderbare Ganze, das Genie ergab.

Ihr Vater, Sir Leslie Stephen, war ein angesehener Gelehrter, den nur sein beharrlicher Agnostizismus an einer glänzenden Laufbahn in Cambridge verhindert hatte. Seine erste Frau war die Tochter Thackerays gewesen. Nach ihrem Tode heiratete er die schöne Julia Prinsep Jackson Duckworth, von der George Meredith zu sagen pflegte, er habe niemals eine

Frau mehr verehrt als sie. Virginia kam im Jahre 1882, als drittes der vier Kinder dieser Ehe, zur Welt. Im Londoner Hause ihres Vaters gingen die Heroen des Viktorianischen Zeitalters aus und ein. Thomas Hardy streichelte ihr Haar; sie lernte Griechisch von Walter Paters Schwester. Zur Schule schickte man sie nicht. Ihre Universität war die großartige klassische und moderne Bibliothek Sir Leslie Stephens, die der sonst strikte Mann seinen kleinen Söhnen und Töchtern uneingeschränkt erschloß.

Mit zweiundzwanzig Jahren zog Virginia mit ihrem Bruder Adrian in ein Haus am Fitzroy Square. Hier, in Adrians büchergesäumtem Arbeitszimmer im Erdgeschoß, fand sich allabendlich ein Kreis von Freunden zusammen, der während der nächsten Jahrzehnte die *haute vie intellectuelle* Londons beherrschen sollte. Die *Bloomsbury Group*, so benannt nach dem Stadtteil der schönen georgianischen Plätze, zu denen auch der Fitzroy Square zählt, begann als Koterie und endete als Geistesrichtung. Die ihr angehörten – Virginia und ihre Schwester Vanessa, die Malerin, deren Mann Clive Bell, der Biograph Lytton Strachey, der Kritiker Desmond MacCarthy, der Nationalökonom John Maynard Keynes, ein wenig später der Maler und Kunstgewerbler Roger Fry – hätten jedem Versuch, sie auf einen gemeinsamen Nenner zu bringen, heftig widersprochen. Dennoch verfolgten sie alle, jeder auf seine höchst ausgeprägte Art und jeder auf seinem höchst eigenen Gebiet, das gleiche Ziel: die schärfere Durchdringung der Wirklichkeit.

Ob Lytton Strachey die großen Gestalten des jüngstvergangenen Jahrhunderts ihrer Fassade viktorianischer Tugend beraubte; ob Roger Fry die zeitgenössischen Porträtisten beschwor, dem inneren Wesen ihrer Modelle nachzuspüren, indem er ihnen verächtlich zurief: »Ich kann den Menschen vor lauter Ähnlichkeit nicht sehen!«; ob endlich Virginia, in aller Stille noch, in anonym veröffentlichten Kritiken, ihrer Unzufriedenheit mit der hergebrachten Form der epischen Schilderung Ausdruck gab – in den Freunden von Bloomsbury gärte der gleiche Drang, den Erscheinungen des Lebens tiefer auf den Grund zu gehen, verborgene Schichten der

Realität zu erfassen. Viel später, im Jahr 1919, schrieb Virginia Woolf in ihrem berühmt gewordenen Aufsatz *Modern Fiction (Moderne Dichtung):*

»Uns scheint die Form der Dichtung, wie sie zur Zeit im Schwange ist, das, was wir suchen, häufiger zu verfehlen als aufzuspüren. Ob wir es Leben oder Geist, Wahrheit oder Wirklichkeit nennen wollen, dies, das Wesentliche, ist davon oder dahin und will sich nicht länger in solch schlecht sitzende Gewänder kleiden lassen, wie wir sie ihm anpassen.«

Aber noch empfand die Kunst nur als Vorahnung, was in der Wissenschaft bereits Erkenntnis geworden war. Während in jenen Jahren vor dem Ersten Weltkrieg Henri Bergson die Natur der Erlebnisinhalte untersuchte, während Sigmund Freud seine Einsichten in die tieferen Bewußtseinslagen zu beschreiben begann, bewegten sich dic Maler, die Dichter intuitiv in dieselbe Richtung. Allerorten bildeten sich Sezessionen von der hergebrachten Kunst. 1910 brachte Roger Fry die erste Ausstellung nachimpressionistischer Malerei nach England; es war die mutigste Herausforderung des öffentlichen Geschmacks, die ein Mitglied der Clique in Bloomsbury bisher gewagt hatte. Ein Hohngelächter empfing die Bilder von Cézanne, Gauguin, van Gogh, die ersten Versuche von Picasso, Matisse und Derain. Aber 1912 folgte eine zweite Ausstellung – englische Maler wie Vanessa Bell, Duncan Grant, Wyndham Lewis nahmen an ihr teil; der junge Publizist Leonard Woolf war ihr Sekretär – und nun wurde es klar, daß es um mehr ging als die moderne Malerei allein.

»Wenn die Galerie abends geschlossen war«, erzählt Virginia Woolf in ihrer 1940 veröffentlichten Biographie von Roger Fry, »so tat er sie von neuem auf, um Leute zusammenzubringen – Leute aus den verschiedensten Bezirken des Lebens, elegante Frauen, Maler, Dichter, Musiker, Geschäftsleute. Die neue Bewegung sollte nicht auf die Malerei beschränkt bleiben. Einige der jungen französischen Dichter wurden eingeladen, aus ihren Arbeiten vorzulesen. Er selbst hielt Vorträge über Lyrik und bildende Kunst. Er arrangierte Konzerte. Die elegante Welt und die Ästheten trafen sich bei diesen Empfängen.« Nun war die Geistesrichtung der *Bloomsbury Group* gesellschaftsfähig geworden; und es ist nicht zu leugnen, daß die Verbindung von avantgardistischer Kühnheit und Snobismus den Neigungen der jungen Virginia entgegenkam. Zweifellos lag auch eine gewisse Gefahr in dieser geistigen Inzucht, dieser Finesse, die innerhalb einer engen privilegierten Schicht gefördert wurden. Dennoch konnte sich ein Talent, das in einer unendlich subtilen Wahrnehmung und deren Ausdrucksmöglichkeit bestand, wohl nur in einem verdünnten und esoterischen Klima entwickeln.

Osbert Sitwell hat im vierten Band seiner Autobiographie *Laughter in the Next Room (Gelächter im Nebenzimmer)* ein Bild von Virginia Woolf entworfen, das diese Seite ihres Wesens beleuchtet und erklärt. »Diese Frauen«, so sagt er von der *Bloomsbury Group*, »waren von gänzlich anderer Art, als man ihr sonst begegnete. Etwas von ihrer viktorianischen Vergangenheit hing ihnen immer noch an, obwohl sie so weit mehr fortgeschritten waren als ihre Schwestern, in ihren Ansichten wie in ihrem Verstand. Virginia Woolf etwa, von einer bemerkenswerten Schönheit in Knochenbau, Form und Linie, die eher den Sternen als der Sonne zugehörte, hatte trotz ihrer unbestreitbaren Modernität eine viktorianische Vornehmheit der Erscheinung. Sie gab sich wenig Mühe, ihr Aussehen zu unterstreichen, aber sie konnte es nicht zerstören. Es ist mir oft aufgefallen, wenn ich Büsten römischer Patrizier aus dem vierten Jahrhundert betrachtete, wie sehr sie ihnen ähnlich sah mit ihrer hohen Stirn, ihrer fein geschwungenen Nase und ihren tiefliegenden, gemeißelten Augenhöhlen. Ihre Schönheit war gewiß unpersönlich, aber keineswegs kalt, und ihre Unterhaltung war von unaussprechlicher Lustigkeit, spielerischer Heiterkeit und Wärme. Ich habe niemanden gekannt, der mit solcher Empfindsamkeit den geringsten Windhauch gespürt hätte, welcher die Luft um ihn zum Schwingen brachte.«

Im Jahr der zweiten Nachimpressionistenausstellung heiratete sie Leonard Woolf. Aber ihr äußeres Leben blieb sich gleich, auch nachdem sie ihr Haus und ihren Salon von

Fitzroy Square auf den Tavistock Square verlegte. Die nächsten drei Jahre sollten – ohne daß jene, die sie miterlebten, sich darüber Rechenschaft gaben – das Ende einer langen friedlichen Menschheitsepoche, das Ende der bürgerlichen Ära bedeuten. Der Krieg stand vor der Tür. Für die Literatur waren jene Jahre nicht minder bedeutsam. Der Roman, in seiner Breite und Gelassenheit der vollendete Ausdruck des vergangenen Jahrhunderts, war in Auflösung begriffen. 1913 erschien *Der Weg zu Swann*, der erste Band des Lebenswerks von Marcel Proust, das in seiner grandiosen Fülle und Verästelung ein Nonplusultra der epischen Form darstellte, zugleich aber neue Wege wies, indem es das ganze ungewöhnliche Ausmaß von Erlebnissen im Reflex eines einzigen Bewußtseins schilderte. 1914 veröffentlichte James Joyce seine *Dubliner*. Und 1915 trat Virginia Woolf mit ihrem Roman *The Voyage Out (Die Ausfahrt)* zum erstenmal vor die Öffentlichkeit.

Die Atomisierung der Epik hatte begonnen. Wer diesen Vergleich als abgeschmackt empfindet, sei auf Aussagen der Dichterin verwiesen, welche sie 1919, ebenfalls in ihrem Aufsatz *Modern Fiction*, machte. »Betrachten wir einen Augenblick lang«, so schrieb sie, »ein gewöhnliches Gemüt an einem gewöhnlichen Tag. Es empfängt eine Myriade von Eindrücken – triviale, phantastische, flüchtige, oder solche, die sich stahlscharf einprägen. Von allen Seiten kommen sie heran, ein unablässiger Schauer zahlloser Atome; und während sie sich in ihrem Fall zum Leben von Montag oder Dienstag gestalten, liegt der Akzent immer anders als zuvor.« Und sie fährt fort: »Laßt uns die Atome registrieren, wie und in welcher Reihenfolge sie auf unser Gemüt eindringen, laßt uns jener Verbindung von Eindrücken nachspüren, so unzusammenhängend und sinnlos sie auch sein mag, die jeder Anblick oder Zwischenfall im Bewußtsein formt. Laßt uns nicht ohne weiteres annehmen, das Leben bestünde in reicherem Maße in dem, was man für gewöhnlich groß nennt, als in dem, was man für gewöhnlich klein nennt.«

Diese Forderung scheint freilich noch undeutlich erfüllt in ihrem ersten Buch, das immerhin vier Jahre früher entstanden war. Dennoch sind schon in der *Ausfahrt* viele Motive angeschlagen, die später kühner und ausgeprägter durchgeführt werden sollen. Die bedeutsamen Entdeckungen, durch die Virginia Woolf den Roman verändern und erneuern half, sind fast alle im Rudiment vorhanden. Ihr Ziel ist abgesteckt: es ist die sorgfältige, gleichsam pointillistische Aufzeichnung jener ungeordneten Impressionen, die durch den Filter der Wahrnehmung ins Bewußtsein dringen und die man Erleben nennt; sowie der unvollständigen und willkürlichen Einwirkung verschiedener Individualitäten aufeinander. Formal entfernt sich dieser Roman nicht wesentlich von der Tradition, es sei denn darin, daß in ihm das Schwergewicht gleichmäßig auf alle Figuren verteilt ist. Das Buch hat keinen Helden, keine Heldin; nur auf das Nebeneinander und Ineinander, auf das Gewebe menschlicher Beziehungen und auf die Leuchtkraft jedes Augenblicks kommt es an. Wenn Mrs. Ambrose durch einen Tränenschleier das Themseufer betrachtet, als sähe sie es zum erstenmal; wenn die junge Rachel ihrem Verlobten, fern in Santa Marina, einen Mittwoch in England beschreibt – dann sind wie in einer filmischen Großaufnahme ihre Bewußtseinsinhalte, dann ist ihre persönliche Realität überlebensgroß erhellt.

Erst wenn man das Buch aus der Hand legt, merkt man, daß hier nie von der äußeren, immer nur von der inneren Wirklichkeit die Rede war. Nicht die Schiffsreise, nicht der Aufenthalt einer Reihe von Personen am Amazonenstrom, sondern deren seelische Vorgänge sind sein eigentlicher Inhalt. Eine seiner bezeichnendsten Szenen schildert die Reisegesellschaft bei einem Ausflug auf den Monte Rosa. Ihr Ziel ist die berühmte Aussicht auf die Täler, Wälder und Flüsse der tropischen Landschaft. Aber da der junge Hewet sich auf dem Hochplateau nach Rachel umsieht, findet er sie auf dem Boden liegen, der Aussicht abgewandt, den Blick auf die Reisegefährten gerichtet.

»›Was sehen Sie denn da?‹ fragte er.

Sie war ein wenig verblüfft, aber sie antwortete unvermittelt: ›Menschen.‹«

Vier Jahre vergehen, ehe der Name Virginia Woolfs von

neuem an der Öffentlichkeit erscheint. Es sind Kriegsjahre, grimmige Jahre, in denen England die Blüte seiner Jugend, darunter mehr als einen Poeten, in Flandern verliert. Bald wird Virginia Woolf jenen Jünglingen in der Figur ihres Jacob Flanders ein Denkmal setzen; aber noch schweigt sie und hat eine der dunkelsten Perioden ihres Lebens zu überwinden, die eines Tages den Schlüssel zu ihrem Ende geben wird. 1917 gründet sie mit ihrem Mann die Hogarth Press, einen Verlag, um den sich bald die neue Dichtung schart und in dem von nun ab ihr eigenes Werk erscheint. Zwei Jahre später bringt sie ihren Roman *Night and Day (Nacht und Tag)* heraus, ein Buch, das ihr formales Experiment nicht weiterführt, dafür jedoch ein für allemal ihre Meisterschaft in der traditionellen Epik beweist.

Der Stoff – Liebeshändel und soziale Verwicklungen zwischen wohlgebildeten jungen Leuten – könnte von der Begründerin des modernen Gesellschaftsromans, von Jane Austen, stammen. Katharine Hilbery, die Hauptfigur, ist in gewissem Sinn eine Nachfahrin der Elizabeth Bennet, zugleich aber auch ein wenig der Autorin Selbstporträt. Gleich ihr wächst Katharine als Erbin einer literarischen Tradition, im Schatten der Titanen auf; gleich ihr fühlt sie sich zu Grübeleien über den Mechanismus des Lebens veranlaßt. »Auf das Leben kommt es an – auf den Vorgang des Entdeckens, diesen ewigen und unablässigen Vorgang, nicht auf die Entdeckung selbst«, murmelt Katharine vor sich hin, während sie durch das Getümmel der Londoner Straßen wandelt. Immer wieder dringt die Realität mit plötzlicher Heftigkeit auf sie ein: in einem Glashaus voll Orchideen; unter einem Sternenhimmel; oder morgens in ihrem leeren Zimmer – »hier war ein Donnerstagmorgen im Zustand des Entstehens; jede Sekunde wurde frisch gemünzt von der Uhr auf dem Kaminsims.«

Was ist die Realität? Diese Frage wird in Virginia Woolfs Werk ewig neu gestellt und ewig neu erwidert. »Sie scheint etwas höchst Unstetes, höchst Unverläßliches zu sein«, heißt es etwa in dem Band *Ein Zimmer für sich allein (A Room of one's own)* »etwas, das sich einmal auf einer staubigen Straße findet, einmal in einem Stück Zeitungspapier auf dem Pflaster, einmal in einer Narzisse im Sonnenlicht. Es erhellt eine Gruppe von Menschen in einem Zimmer und drückt einer zufälligen Bemerkung seinen Stempel auf ... es ist dies, was zurückbleibt, wenn der Tag sich gehäutet hat und die alte Haut in der Ecke liegt; dies, was zurückbleibt vom Vergangenen, von unserer Liebe und unserem Haß. Es ist die Aufgabe des Schriftstellers, es aufzuspüren und zu sammeln und den anderen mitzuteilen.«

Wie aber es mitteilen? Auf welche Weise jene Erlebnisinhalte wiedergeben, ohne daß sie ihre Frische, ihre Unmittelbarkeit verlieren? In demselben Jahr 1919, da auch Virginia Woolfs zweiter Roman noch ein gewisses Zögern manifestiert, den Rahmen der epischen Form zu sprengen, erscheinen Bruchstücke des *Ulysses* in der amerikanischen Zeitschrift *Little Review.* Nun wird ihr klar, daß der *monologue intérieur*, wie ihn James Joyce an die Stelle der herkömmlichen Romanschilderung setzt, jene Direktheit hat, nach der sie so lange suchte. Und in ihrem Aufsatz *Modern Fiction*, der nicht zuletzt von der Lektüre des *Ulysses* angeregt worden ist, rühmt sie nunmehr den Mut, mit dem James Joyce über Bord warf, was sie selbst noch bewahrte.

»Joyce«, so schreibt sie, »ist um jeden Preis entschlossen, das Flackern jener innersten Flamme zu enthüllen, die ihre Mitteilungen durchs Gehirn blitzen läßt; um ihretwillen verzichtet er mit unendlichem Mut auf alles, was ihm nebensächlich erscheint, sei es nun die Wahrscheinlichkeit, oder der Zusammenhang, oder irgendein anderer jener Wegweiser, die viele Generationen lang der Phantasie des Lesers nachzuhelfen bereit waren, wann immer er sich vorzustellen hatte, was er weder sehen noch berühren konnte ... Wenn wir das Leben selbst wollen, dann ist es dies.«

Das Leben selbst! Noch in diesem Jahr versucht sie in einigen Skizzen, die sie später unter dem Titel *Monday or Tuesday (Montag oder Dienstag)* herausbringen wird, ihr Ziel mit Hilfe einer neuen, befreiten Prosa zu erreichen. Hier sind Bilder, abstrakte Vorstellungen und Ideen aneinandergereiht, abrupt und wahllos, wie sie sich im Bewußtsein ablösen mögen. Einflüsse des Joyceschen Vorbilds machen sich geltend, Einflüsse der französischen Symbolisten, synästhetische Versuche endlich, Effekte der Malerei in die Sprache zu übersetzen. So etwa ein paar Sätze aus der Momentaufnahme *Blue and Green:* »Hier liegt er, an den Strand geworfen, fühllos, stumpf, blaue Schuppen verlierend. Ihr metallisches Blau färbt das rostige Eisen am Strand. Blau sind die Rippen des zerstörten Ruderbootes. Eine Woge rollt unter die blauen Glocken. Aber die Kathedrale ist anders, kalt, weihrauchträchtig, blaßblau von den Gewändern der Madonnen.«

Es sind Versuche, aber sie bedeuten den Wendepunkt in Virginia Woolfs Werk. 1922 erscheint ihr Roman *Jacob's Room (Jacobs Zimmer)*, der als erster auf die hergebrachten Mittel verzichtet und eine Lebensgeschichte lediglich in Form von Eindrücken wiedergibt – Spiegelungen der Hauptfigur in anderen Gemütern, Spiegelungen des Lebens im Gemüt der Hauptfigur. Die Autorin selbst greift kaum mehr in die Handlung ein, ganz selten nur gibt sie ihren eigenen Kommentar. Thema des Buches ist die Entwicklung eines begabten, empfindsamen jungen Mannes von seiner Kindheit am Meer, seinen Studententagen in Cambridge, seinen Londoner Liebesabenteuern und südlichen Reisen bis zu seinem – nur angedeuteten – Tod im Feld. Der Blickpunkt der Schilderung verschiebt sich unaufhörlich; als schwenkte eine Filmkamera von einer Figur zur anderen, sehen wir nahezu übergangslos bald aus Jacobs Augen, bald aus den Augen seiner Mutter und Freunde. Zuweilen freilich tritt die Kamera zurück und läßt die Gestalten zusammenschrumpfen, mit Zeit und Landschaft verschwimmen.

»Das Mondlicht zerstörte nichts. Das Moor nahm alles auf. Tom Gage schreit laut, solange sein Grabstein fortdauert. Die römischen Skelette sind in guter Hut. Auch die Nähnadeln von Betty Flanders und ihre Granatbrosche sind wohlbehütet. Zuweilen, um die Mittagsstunde, scheint das Moor im Sonnenlicht diese kleinen Schätze vor sich aufzuhäufen wie eine Wächterin. Aber um Mitternacht, wenn niemand spricht oder reitet und der Dornenstrauch ganz still ist, wer wollte da so töricht sein, das Moor durch Fragen zu bestürzen – was? und warum?

Die Kirchturmuhr jedoch schlägt zwölf.«

So stellt Virginia Woolf häufig durch eine bloße Andeutung, durch ein einziges Wort wie dieses »jedoch«, den Übergang her von der unpersönlichen zur persönlichen Zeit, vom großen Zusammenhang zum Einzelschicksal. Ihre Prosa erhält auf diese Weise, trotz ihrer beständigen Verschiebungen und Blickpunktschwünge, etwas Fließendes. Es ist nicht nur der reale Augenblick, es ist der unmittelbare Ablauf des Lebens, den sie solcherart erfassen und vermitteln kann. Das neue Medium, wie sie es in *Jacob's Room* zum erstenmal erprobt, erlaubt ihr, den unaufhörlichen Strom der Bewußtseinsinhalte nachzubilden; sie unterbricht ihn nur dann, wenn sie den Standort wechselt – von einer Gestalt zur anderen, oder zu einer entfernteren, allgemeineren Betrachtung hin. So entsteht aus vielerlei »Atomen« im Fluß »das Leben selbst« – Jacobs Leben – bis es endlich im Tode versiegt, in Erinnerungssymbolen versickert. Zuletzt ist Jacob im Kriege verschollen; das Buch schließt damit, daß seine Mutter und sein Freund Bonamy hilflos in seinem Zimmer zurückbleiben.

»Lautlos ist die Luft in einem leeren Raum, nur daß sie noch den Vorhang schwellt; die Blumen rühren sich im Glase. Eine Faser im Rohrstuhl kracht, obgleich niemand in ihm sitzt.

Bonamy ging zum Fenster. Ein Möbelwagen fuhr die Straße hinab. An der Ecke hatten sich Autobusse ineinander verkeilt. Motoren pulsierten, und Lieferwagen rissen, mit angezogenen Bremsen, scharf die Pferde zurück. Eine rauhe und unglückliche Stimme schrie etwas Unverständliches. Und dann plötzlich schienen alle Blätter hochzufliegen.

›Jacob! Jacob!‹ schrie Bonamy am Fenster. Die Blätter sanken wieder.

›Solch eine Unordnung überall!‹ klagte Betty Flanders, indem sie die Schlafzimmertür aufstieß.

Bonamy wandte sich vom Fenster ab.

›Was soll ich mit diesen hier tun, Mr. Bonamy?‹

Sie hielt ihm ein altes Paar von Jacobs Schuhen entgegen.«

Hier schon wird klar, wieviel unerwartete Vorzüge eine Art zu schreiben mit sich bringt, die den Bewußtseinsinhalt so direkt wie möglich wiedergibt. Sie behält eine Lückenhaftigkeit und Metaphorik, die den Leser nötigt, das Geschilderte selbst zu konkretisieren. Wie sonst nur in der Lyrik ist diese Prosa doppelbödig, interpretierbar, assoziativ. Da der Kommentar des Autors, da die Wegweiser fehlen, ist sie trotz all ihrer wunderbaren stilistischen Geordnetheit noch Rohstoff der Phantasie. Jedem Wort scheint ein Nebensinn, mehr als eine einzige Bedeutung anzuhaften, die der Leser je nach seinem Vermögen, je nach Zeit und Umständen erfassen oder übersehen mag. Freilich scheint sich auch die englische Sprache, reich an Synonymen und sinnträchtigen Symbolen, mehr als andere einer solchen Verwendung zu leihen. So kann dreißig Jahre später Richard Hughes eine immer wachsende Tendenz der englischen Prosa zur Vieldeutigkeit hin feststellen, ganz im Gegensatz zur französischen Prosa, die immer größere Prägnanz anstrebt.

1922, im Erscheinungsjahr von *Jacob's Room*, las Virginia Woolf zum erstenmal das Werk Marcel Prousts im französischen Urtext. Zweifellos sah sie sich, wie vorher vom *Ulysses*, auch von der *Suche nach der verlorenen Zeit* beeinflußt, oder besser noch, bestärkt in gewissen Absichten, die sie längst verkündet hatte. Der Begriff der Dauer, der *durée*, wie Proust ihn von seinem Meister Bergson übernahm; seine Fähigkeit »die Seifenblase der Gegenwart mit einer Vision der Vergangenheit zu füllen und färben« – die Wendung stammt von ihrem Schwager Clive Bell – sind in ihrem Werk bereits vorweggenommen und illustriert, so etwa in der oben zitierten Schilderung der historischen Moorlandschaft aus *Jacob's Room*. Aber auch die Bestätigung eigener Ziele führt um so rascher zu ihnen hin. Und so mag die Lektüre von Joyce, die Lektüre von Proust ihr jene Sicherheit gegeben haben, deren sie bedurfte, um das erste ihrer Meisterwerke zu schreiben, den 1925 veröffentlichten Roman *Mrs. Dalloway*.

Dieses Buch, ihr erstes übrigens, das auch in Deutschland bekannt wurde, enthält gleich dem *Ulysses* die Erlebnisse eines einzigen Tages. Gleich jenem freilich nicht nur die der Gegenwart; in sie verschachtelt sind Erinnerungen, Erwartungen, Visionen und Träume. »Alles fließt«; und es fließt zugleich mächtiger und ruhiger als in *Jacob's Room*. Was dort zuweilen abrupt, fragmentarisch, facettiert wirkt, ist hier verbunden und geglättet. Von höchster Wichtigkeit scheint es Virginia Woolf nunmehr, die Einheit des Flusses zu bewahren. Um einen Wechsel der Standorte vorzunehmen, ohne daß der Sprachstrom, und damit der Zeitablauf, unterbrochen werden muß, borgt sie sich – wie übrigens oft – einen Hilfsgriff vom Film. Diese wesentlich epische, wenngleich visuelle Kunst war ja in ihrer stummen Zeit auf ähnliche Schwierigkeiten gestoßen, wenn sie möglichst kommentarlos – ohne Zwischentitel – örtliche, aber nicht zugleich auch zeitliche Verschiebungen ausdrücken wollte. Ein Ausweg war die Überblendung über ein neutrales Objekt. Nicht anders verfährt Virginia Woolf, wenn sie den *monologue intérieur* einer Figur zu dem einer anderen hinüberlenken will, ohne dabei auch nur ihren Satz abzuschneiden. Sie läßt etwa ein Flugzeug oder eine vorüberfahrende Limousine gleichzeitig in das Bewußtsein ihrer beiden Figuren treten, um sich daran, wie um eine Achse, von einem zum anderen zu schwingen.

Die formalen Entdeckungen in diesem Buch, die Kühnheit seiner Mittel überschatten freilich weit seinen Inhalt. Clarissa Dalloway ist eine reizende und empfindsame, aber keine ungewöhnliche Frau, und es wäre kaum wert, die immerhin trivialen Erlebnisse ihres Tages zu verzeichnen, geschähe es nicht auf die bestrickende Art der Widerspiegelung in ihrem Gemüt. Aber schließlich hatte Virginia Woolf in ihrem vielzitierten Aufsatz auch behauptet: »Wäre der Schriftsteller ein freier Mann und kein Sklave, könnte er schreiben, was ihm paßt, und nicht, was er muß; könnte er sein Werk auf sein eigenes Gefühl und nicht auf die Konventionen stützen, so gäbe es keine Handlung, keine Komödie, keine Tragödie, keine Liebesgeschichte und keine Katastrophe im üblichen

Sinn. Das Leben ist nicht etwa eine symmetrische Reihe von Laternen; das Leben ist eine leuchtende Aureole, eine durchscheinende Hülle, die uns vom Anfang des Bewußtseins bis zu seinem Ende umgibt.« In keinem ihrer Romane ist dieses Postulat so vollendet erfüllt wie in diesem. Clarissa wandelt einher in ihrer Aureole; es ist nicht die dunkle, eschatologische, mythenhältige Phantasmagorie eines Stephen Daedalus oder Leopold Bloom, sondern ein helles goldgewirktes Gewebe, in dem es unablässig schimmert und flirrt, wie eben an einem sonnigen Junitag in London – »immerhin, dachte Clarissa, daß man morgens aufwacht, den Himmel erblickt; im Park spazierengeht; Hugh Whitbred begegnet; und dann tritt plötzlich Peter ein; dann diese Rose; das war genug. Wie war nach all dem doch der Tod unglaublich: – daß es aufhören mußte und kein Mensch auf Erden wissen würde, wie sie alles geliebt hatte; wie jeden Augenblick . . .«

Clarissas düstere Gegenfigur freilich, der sie nie begegnet, der an Granatschock leidende, dem Wahnsinn ausgesetzte Septimus Warren Smith, ist zugleich in mehr als einem Sinne ihr Komplement. Es ist bekannt, daß Virginia Woolf ursprünglich beabsichtigte, Clarissas Bewußtseinsstrom jäh durch ihren Selbstmord abzubrechen – jenen Selbstmord, den schließlich Septimus begeht. In der Auswechselbarkeit dieser beiden Schicksale verbirgt sich ein symbolischer Hinweis auf Virginia Woolfs eigene gespaltene Persönlichkeit, den der Leser nicht unbedingt durchschauen muß, um den großen Wurf dieses Buches würdigen zu können. Auch wenn ihm dessen tiefster Sinn verborgen bleibt, wird er in der Polarität der beiden Figuren, welche unabhängig voneinander diesen Frühlingstag erleben, jenen kontrapunktischen Unterbau erkennen, der dem Roman Gestalt verleiht.

Ein Wort aus dem Bereich der Musik ist gefallen. In der Tat ließe sich nicht nur *Mrs. Dalloway*, sondern noch weit mehr der nächste Roman Virginia Woolfs auf seine musikalische Architektonik hin untersuchen. *Die Fahrt zum Leuchtturm*, ihr liebenswertestes, wenn nicht ihr größtes Buch, ist häufig als ein Roman in Sonatenform bezeichnet worden. Es erschien zwei Jahre nach *Mrs. Dalloway*. Form und Thema sind in ihm vollkommen integriert; jene ist nicht mehr Selbstzweck und mutige Absteckung von Neuland, dieses nicht mehr zufällig anfliegender Erlebnisinhalt. Die Symbolkraft des Buches macht sich in beiden geltend. Virginia Woolf schildert hier die ungeheure Einsamkeit des Menschen und die Unerreichbarkeit seiner inneren Vision. Der Leuchtturm bedeutet jene vollkommene Erfüllung, die man niemals erreicht. »Aber was ist dann«, fragt eine Figur in diesem Buche, »der Sinn des Lebens? Darauf lief es hinaus – auf eine einfache Frage, die einen im Lauf der Jahre immer mehr bedrängte. Die große Enthüllung war nicht erfolgt. Vielleicht erfolgte die große Enthüllung nie. Statt dessen gab es täglich kleine Wunder, Erleuchtungen, das unerwartete Aufblitzen eines Zündholzes in der Finsternis.«

Drei Teile, drei Sonatensätze bilden den Roman. Der erste, *Der Ausblick*, schildert einen Gelehrten und seine Frau, deren Kinder und Gäste in ihrem Sommerhaus auf einer schottischen Insel. Mrs. Ramsay hat ihrem Jüngsten einen Ausflug zum Leuchtturm versprochen und hält diese Hoffnung trotz allen Widrigkeiten bis zu Ende in ihm wach; doch ihrem Mann, der mit dürrer Vernunft Regen und Sturm voraussagt, gibt das Leben recht. Im kurzen zweiten Teil *Die Zeit vergeht* ziehen zehn Jahre vorüber in einer unvergleichlichen Schau von Wechsel und Zerfall, da der Krieg ausbricht und das Sommerhaus verwaist, Staubflocken und Spinnweben sich niedersenken, der Seewind den Garten zerzaust und die Jahreszeiten in unabänderlichem Rhythmus aufeinanderfolgen, während in Nebensätzen, in wahrhaften Parenthesen, sich das Menschenschicksal erfüllt – Mrs. Ramsay stirbt, ihr Sohn Andrew an der Front fällt, ihre Tochter Prudence im Kindbett dahingeht. Denn die Menschen sind nur Wellen, die sich heben und wieder versinken im Strom der Zeit. Erst im dritten Teil, *Der Leuchtturm*, findet man sie wieder in ihrer eigenen Dimension, wird ihr Schicksal dort angeknüpft, wo der Faden abgerissen war. Nun kommt die Fahrt zum Leuchtturm zustande; aber als Mr. Ramsay ohne seine Frau, obschon mit seinem jüngsten, nun schon fast erwachsenen –

Sohn sein Ziel erreicht, empfindet er die ganze Einsamkeit dieser Erfüllung.

»Er saß und blickte auf die Insel und mochte wohl denken: Wir sind zugrunde gegangen, jeder für sich allein; oder auch: Ich habe es erreicht.«

Dieses Hauptmotiv von der menschlichen Verlassenheit und Isolation ist umrankt von einer Fülle symbolischer Situationen und Figuren. Lily Briscoe, die unscheinbare Malerin, die hinter ihrer besonderen Vision herjagt; Mr. Carmichael, der abgelebte alte Mann mit dem heimlichen Rausch; Tansley, der studierte Kleinbürger, hilflos widerwärtig – sie alle gehen einsam einher, unzulänglich verstanden, unzulänglich verstehend. In ihrer Mitte nehmen Mr. und Mrs. Ramsay mythologischen Charakter an, werden zum männlichen und weiblichen Archetypus schlechthin, zum analytischen Verstand und zum schöpferischen Gefühl, zum Prinzip des forschenden Durchdringens und des sammelnden Ordnens. Wie anders erklärt sich sonst der erbitterte Widerstreit des in tiefer Liebe verbundenen Paares? Wie sonst jene maßlose Betroffenheit Mrs. Ramsays, da ihr Mann mit den einfachen Worten »Es wird regnen« die Hoffnungen seines kleinen Sohnes enttäuscht?

»Die Wahrheit mit solch erstaunlichem Mangel an Rücksicht für anderer Leute Gefühle zu verfolgen, die dünnen Schleier der Zivilisation so mutwillig, so brutal zu zerreißen, erschien ihr als eine derart furchtbare Verletzung des menschlichen Anstandes, daß sie verstört und geblendet, ohne zu antworten, ihren Kopf niedersenkte, als ließe sie widerspruchslos den Anwurf spitzen Hagels, den Spülwasserguß über sich ergehen.«

Mr. Ramsay aber vertritt die Unerbittlichkeit des Verstandes. »Was er sagte, war wahr. Es war immer wahr. Er war der Unwahrheit unfähig; rüttelte niemals an Tatsachen; änderte niemals ein unliebsames Wort, um irgendeinem sterblichen Wesen Vergnügen oder Annehmlichkeit zu bereiten, am wenigsten seinen eigenen Kindern, die, seinen Lenden entsprungen, sich von Kindheit an darüber klar sein sollten, daß das Leben schwierig ist, Tatsachen unnachgiebig sind, und die

Fahrt in jenes sagenhafte Land, in dem unsere schönsten Hoffnungen zunichte werden und unsere gebrechliche Barke im Dunkel zerschellt, vor allem anderen Mut, Wahrheit und Ausdauer erfordert.«

In keinem ihrer Bücher kommt Virginia Woolf dem Kern unserer fragilen Existenz so nahe. In keinem anderen ist ihr eine Figur von der Wärme und Lebensfülle ihrer Mrs. Ramsay gelungen. Mrs. Ramsay »hatte immer begriffen, daß es keine Vernunft, Ordnung, Gerechtigkeit gibt, sondern nur Leiden, Tod und Armut. Keine Niedertracht war zu groß, als daß diese Welt sie nicht beginge; sie wußte das. Kein Glück auf Erden blieb bestehen; sie wußte das.« Dennoch verbreitet sie Ordnung und Sicherheit, dennoch ist sie der Trost und Ruhepunkt ihrer Familie, ihrer Freunde. Männer freilich und deren Weisheit verwirren sie. »Eine Quadratwurzel? Was war das? Ihre Söhne wußten es. Sie stützte sich auf sie; auf Würfel und Quadratwurzeln; sie ließ sich davon tragen und aufrechterhalten, von diesem bewundernswerten Gerüst männlicher Intelligenz, das sich hoch und niederspannte, quer dahin und dorthin, gleich Eisenträgern, die das schwankende Gebilde umklammern und die Welt zusammenhalten.« Aber dennoch »bemitleidete sie Männer immer, als entginge ihnen etwas – Frauen nie, als besäßen sie etwas«. Und dennoch fügt sie sich, Urfrau die sie ist, dem Mann, verzeiht sie ihm seine Unentwegtheit, seine Unbeugsamkeit, und gibt am Ende nach. Aber gibt sie wirklich nach?

»›Ja, du hast recht. Es wird morgen regnen.‹ Sie hatte es nicht ausgesprochen, aber er wußte es. Und sie blickte ihn lächelnd an. Denn sie hatte wieder gesiegt.«

Es ist ein unerschöpfliches Buch, ein Buch voller Siegel. Immer aber, und hier unterscheidet es sich von so vielen Werken zeitgenössischer Mystik und Allegorie, immer ist es völlig sinnvoll, rund und geschlossen auch auf der realsten Ebene. Eine solche Verschmelzung von Form und Inhalt, eine ähnliche Vielschichtigkeit hat Virginia Woolf nicht wieder erreicht – auch nicht in ihrem nächsten Roman *Die Wellen*, der als ihr bedeutendstes Werk angesehen wird. Ehe er erschien, erlaubte sie sich jedoch die heiterste, die graziöseste Eskapade, die je eine Wanderung an den Abgründen des Lebens unterbrach. *Orlando* ist ein Ausflug in die Historie und Biographie: die Geschichte eines fabulösen Wesens, das uns zuerst als Jüngling zur Zeit der Königin Elisabeth entgegentritt, um während der nächsten Jahrhunderte, den Zeitläuften gemäß, sein Wesen, seinen Charakter, ja sogar seinen Sexus zu ändern, bis es als reife Frau in unseren Tagen von uns Abschied nimmt.

Das Vorbild dieser Figur war bekanntlich Victoria Sackville-West, eine bekannte Schriftstellerin und Freundin Virginia Woolfs. Viele Züge aus der langen Vergangenheit ihrer Familie, aber auch die leuchtendsten Kapitel aus Englands Geschichte sind in dieses Buch verwoben. Virginia Woolfs Prosa funkelt und sprüht in der Beschreibung barocker Feste, wie des großen Karnevals von 1604 auf der gefrorenen Themse, da ein ganzer Park mit Lauben und Labyrinthen, da bengalische Lichter, Feuerwerke, und ein königliches Divertissement das Eis nicht zum Schmelzen brachten. Noch eindrucksvoller ist ihre Schilderung des plötzlichen Umschwunges, den England im neunzehnten Jahrhundert zu nehmen schien. Wie nahezu über Nacht, unerklärlich, Nebel, Regen und Rauch ins Land einfallen, wie die Feuchtigkeit sich in die Häuser frißt und die Seelen der Menschen ergreift, wie eine rotwangige, fleischessende, weintrinkende, flötenblasende, fröhliche Bevölkerung sich in ein fröstelnd unfrohes Dasein zurückzieht, in ihre vier Wände unter Plüschmöbel, Fußwärmer und Bric-à-brac, bis vor lauter Langeweile unzählige Kinder in die Welt gesetzt werden, die in ihrer Verzweiflung das britische Weltreich gründen – das trägt für alle Zeit die Spur des nachdenklichen Lächelns, mit dem es aufgezeichnet worden ist.

Orlando und eine ausführliche Betrachtung über die Frauenrechte, *Ein Zimmer für sich allein*, von der noch die Rede sein wird, leiten über zu dem 1931 veröffentlichten Roman *Die Wellen*. Hier wirft Virginia Woolf alles von sich, was sie bereits errungen hat und meistert. Sie sieht sich zu einem neuen, gewaltigen Experiment gedrängt; es gelingt ihr, und sie wird es nie mehr wiederholen. Dies ist ein einmaliges

Buch, ein wahrer Geniestreich. Im Gegensatz zu ihrem bisherigen Werk ist es expressionistisch und introspektiv, schildert es nicht den Aufprall von Eindrücken auf das menschliche Gemüt, sondern die darin latenten Empfindungen und Gedanken – das bereits verarbeitete Erlebnismaterial – und tut dies überdies in einer neuartigen, einer gänzlich stilisierten Form. Es besteht völlig aus Monologen von sechs Figuren, die zu gewissen Zeiten ihrer Entwicklung ihren Bewußtseinsinhalt vor dem Leser ausschütten. So etwa als Kinder, in der Lateinstunde:

»›Dies sind weiße Worte‹, sagte Susan, ›wie Steine, die man am Meeresstrand aufhebt.‹

›Sie schnellen ihre Schwänze nach links und rechts, während ich sie ausspreche‹, sagt Bernard. ›Sie stoßen in Schwärmen durch die Luft, dahin, dorthin, sie fliegen zusammen, jetzt teilen sie sich, jetzt vereinigen sie sich wieder.‹

›Es sind gelbe Worte, es sind feurige Worte‹, sagt Jinny. ›Ich möchte ein feuriges Kleid haben, ein gelbes Kleid, ein lohfarbiges Kleid, um es abends zu tragen.‹

›Jede Zeitform‹, sagte Neville, ›bedeutet etwas anderes. Es gibt eine Ordnung in der Welt; es gibt Abgrenzungen, es gibt Unterschiede in dieser Welt, und sie eröffnen sich mir. Denn dies ist nur der Anfang.‹«

Dies ist kein Gespräch, sondern eine Folge feierlich-formalistischer Rezitative. Hier redet ein Bewußtsein – oft nur ein Unterbewußtsein – zum anderen; es ist eine stumme Unterhaltung, die sich durchwegs auf verschiedenen Ebenen der Irrealität abspielt. In ihr enthüllt sich rückhaltlos der Charakter dieser sechs Figuren: der schüchternen Rhoda; der sinnesfreudigen Jinny; Susans, die der Erde und dem häuslichen Herd verbunden ist; des Poeten und Schwächlings Neville; des Bürgers Louis; und des liebenswürdigen Bernard, der als eine Weiterführung von Jacob Flanders erscheint. Hinter und über ihnen steht eine siebente Figur, der leuchtende Percival. Er ist der einzig Unbeschwerte unter ihnen, der Hans Hansen dieser sechs Tonio Krögers; und es zeugt für den tiefen Pessimismus Virginia Woolfs, daß er als einziger früh dahingeht, vom Pferde geschleudert in Indien stirbt. Sein Tod liegt als Schatten über dem Leben der anderen. Es ist sein Schicksal, das Bernard in einem langen Schlußmonolog in die Schranken fordert, wenn er mit den Worten endet:

»Auch in mir brandet die Welle. Sie schwillt; sie bäumt sich auf. Ich bin mir eines neuen Dranges bewußt, der sich unter mir hebt wie das stolze Roß, dem der Reiter die Sporen gibt, um es gleich darauf zu zügeln. Welchen Feind sehen wir uns entgegentreten, du, den ich reite, da wir innehalten und dieses Stück Pflaster treten? Es ist der Tod. Der Tod ist der Feind. Es ist der Tod, gegen den ich anreite mit gezücktem Speer und fliegendem Haar gleich dem eines Jünglings, gleich dem Percivals, als er in Indien ritt. Ich gebe meinem Roß die Sporen. Gegen dich will ich mich werfen, unbesiegt und ohne Wanken, O Tod!«

Diese Monologe, die sich am Ende des Buches zu einer hymnischen Prosa steigern, sind regelmäßig von Zwischenkapiteln unterbrochen. In ihnen wird, wie in den Skizzen aus *Montag oder Dienstag*, eine Stimmung mit Worten gemalt. Es sind Augenblicksbilder der aufgehenden, hohen und sinkenden Sonne, Bilder aus einem erblühenden und vergehenden Garten, Bilder der Gezeiten im Meer. Sie bereiten nicht nur die nächste Phase in der Entwicklung der sechs Figuren vor, sie bestimmen auch den Rhythmus, in dem sich der begrenzte Zyklus des Menschenlebens vom ewigen Zyklus der Natur abhebt. Der Schluß des Buches, unmittelbar folgend auf Bernards trotzige Herausforderung, ist ein einziger Satz:

»Die Wellen brachen sich am Strand.«

Wenn Bewunderer Virginia Woolfs, darunter E. M. Forster, dieses Buch als ihr Meisterwerk ansehen, so ist es um seiner Kühnheit willen, und seiner Sprache wegen, die von atemraubender Schönheit ist. Dennoch geht eine Eiseskälte von ihm aus, eine Entrücktheit und Erhabenheit der Perfektion, die selbst Virginia Woolf aus solch entfernten Regionen schleunig in eine wärmere Wirklichkeit zurückkehren ließ – zu einer freundlichen kleinen Studie über das Ehepaar

Browning, aus der Perspektive seines Hündchens Flush gesehen; zu einem biographischen Aufsatz über den Maler Walter Sickert; und zu einem konventionellen, obschon sensitiven Roman *Die Jahre*. Dies ist ein langatmiges Buch, in großer Breite die Schicksale der Familie Pargiter während eines halben Jahrhunderts schildernd, und keineswegs gelungen. Es enthält alle Elemente aus Virginia Woolfs vergangenem Werk, doch hier scheinen sie zu zerflattern, runden sie sich nicht zum Bild. Eine Wolke ist über das Gemüt der Dichterin gezogen, eine Vorahnung – es ist das Jahr 1937 – des kommenden Kataklysmus. Auch ihre nächsten Veröffentlichungen erreichen nicht das Maß, das sie sich selbst gesetzt hat. Eine Studie über die unzureichende soziale Stellung der Frau, *Drei Guineen,* verficht mit Groll und Gereiztheit einen Standpunkt, den sie zehn Jahre früher mit Wärme und Humor darzulegen wußte. Und auch die darauffolgende Biographie ihres indessen verstorbenen Freundes Roger Fry hat ihre Mängel; trockene Tatsachenberichte, Zitate, Abschweifungen auf fernerliegende Gebiete und unvermittelter Kommentar sind in ihm ein wenig wahllos aneinandergereiht. Der Freund war ihr noch zu nah; die Weltlage zu qualvoll, ähnlich jenen Jahren kurz vor dem ersten Krieg, da Roger Fry in ihren Kreis trat – sie mochte auch mehr als das Ende des Friedens, sie mochte ihr eigenes Ende nahen fühlen. Aber als der Krieg begonnen hatte und ihr Land, ihre Lebensform bedroht war wie nie zuvor, ergoß sie noch einmal ihre ganze Kunst in ein zartes, schwebendes, symbolreiches Buch, das die Geschichte Englands mit dem Geschick eines englischen Haushaltes verwebt.

Zwischen den Akten spielt auf dem Lande, im Gutshaus und Park der Familie Oliver. Giles, seine Frau Isa, sein Vater und dessen verwitwete Schwester wohnen mit ihren Gästen einem jener sommerlichen Festspiele bei, wie sie zur Volkssitte englischer Dörfer gehören. Während die ewig gleichen, ewig variierten Bilder aus der englischen Vergangenheit an ihnen vorüberziehen, spinnen sich Fäden heimlichen Gefühls zwischen Giles und der reifen, schönen Mrs. Manresa, zwischen Isa der Schwärmerin und ihrem ahnungslosen

Traumbild, dem Gutsbauern Mr. Haines. Die ländliche Bevölkerung wird zum Gegenstand gutmütiger Satire; Ladenfrau, Kuhhirt und Dorfidiot ziehen vorbei im Kostüm der frühen Briten, der Plantagenets, Tudors und Stuarts; der Landpfarrer hält seine übliche Rede zugunsten des schmalen Kirchenfonds; und hinter den Kulissen steht Miß La Trobe, die Veranstalterin des Festes – einsam, ehrgeizig, spleenig und enttäuscht, denn das Maskenspiel endet in Verwirrung, Regen bricht herein, und ihr Schlußeffekt, eine Versinnbildlichung der Gegenwart mit Hilfe von großen Wandspiegeln, die dem Publikum vorgehalten werden, löst in diesem nur verständnislose Heiterkeit aus.

Miß La Trobes Vision hat versagt. Freilich nicht vor dem Leser. Ihn rühren nicht nur die im Buche wiedergegebenen Szenen und Verse, ihm wird auch die Absicht klar, die Miß La Trobes dörfliche Truppe nur so unzulänglich vermitteln kann. Es ergreift ihn das Schauspiel, und es belustigt ihn dessen Travestie. So sind Tragik und Ironie auf zarteste Weise ineinander verschmolzen; und das große Drama überschneidet sich immer wieder mit den kleinen persönlichen Dramen, die gleichzeitig und neben ihm herlaufen. Wie in Virginia Woolfs *Fahrt zum Leuchtturm* haben auch hier alle Gestalten sinnbildhafte und zugleich reale Gültigkeit. Figuren wie Lucy Swithin, die feinsinnige alte Dame mit der erstaunlichen Vorliebe für Schilderungen der prähistorischen Zeit; wie die vollblütige sinnliche Mrs. Manresa; wie Giles und Isa endlich – Nachfahren von Mr. und Mrs. Ramsay – tragen zwar Symbolcharakter, aber sie leben auch warm und voll wie jener Sommertag. Doch der Abend bricht an, das Fest ist aus, die Gäste verschwinden. Und nun wachsen Mann und Frau über sich hinaus, werden zu Riesen, zu Mythen:

»Nun, zum erstenmal allein an diesem Tag, waren sie stumm. Ihr Alleinsein entblößte die Feindschaft; auch die Liebe. Ehe sie schliefen, mußten sie kämpfen; wenn sie miteinander gekämpft hatten, würden sie einander umarmen. Aus dieser Umarmung mochte neues Leben entstehen. Aber erst mußten sie kämpfen, wie der Fuchs mit der Füchsin kämpft in den Feldern der Nacht.

Isa ließ ihre Näherei sinken. Die großen überdachten Stühle waren riesig geworden. Ebenso Giles. Ebenso Isa vor dem Fenster. Das Fenster war nichts als farbloser Himmel. Das Haus gewährte kein Obdach mehr. Es war die Nacht, da es noch keine Straßen gab und Häuser. Es war die Nacht, die Höhlenbewohner von einer Stelle hoch im Fels betrachtet hatten.

Dann hob sich der Vorhang. Und sie sprachen.«

So schließt der letzte Roman Virginia Woolfs, das letzte Buch, das sie zu Lebzeiten veröffentlichte. Nach ihrem Tode brachte ihr Mann vier weitere Bände heraus, Sammlungen einer Fülle von Aufsätzen, die sie zu verschiedenen Zeiten geschrieben hatte. Sie handeln von Büchern und Autoren, von Malern und Schauspielerinnen. Sie behandeln auch, gleich den klassischen englischen Essays von Hazlitt und Lamb, einen Zustand oder eine Tätigkeit, wie das Rezensieren, das Kranksein, das Fliegen oder das Jagen. Ein umfangreiches Werk der Kritik und Betrachtung hat so seinen eigenen Bestand neben Virginia Woolfs Romanproduktion, und wie V. S. Pritchett und E. M. Forster hervorgehoben haben, zeichnet es sich durch eine männliche Robustheit und Logik aus, die in ihrem weiblich-intuitiven epischen Werk nicht immer sichtbar werden.

Ihre bedeutendsten Aufsätze freilich waren schon früher erschienen, darunter zwei Bände vornehmlich der Literaturkritik, *The Common Reader (Der Durchschnittsleser* 1925), in deren erstem der hier oft zitierte Essay über *Modern Fiction* steht. Die lange Betrachtung, die sie 1929 unter dem Titel *Ein Zimmer für sich allein* veröffentlichte, enthält eine wohlgelaunte, aber darum nicht weniger zwingende Polemik gegen die Abhängigkeit der Frau in einer männlichen Gesellschaftsordnung. Hier entwickelt sie das Schicksal, das ein weibliches Genie im Zeitalter Elisabeths I. ereilt hätte. Sie stellt Shakespeare eine ebenso begabte Schwester zur Seite, welche ohne seine Bildung, ohne seine Erziehung aufgewachsen wäre. Diese Judith Shakespeare hätte heimlich Verse geschrieben, wäre vielleicht dann vor einer ihr aufgezwungenen Ehe nach London geflohen. Aber auch hier hätte ihr schöpferischer

Drang kein Verständnis gefunden; man hätte sie verlacht und aus den Theatern verjagt. »Und endlich – denn sie war ganz jung und sah Shakespeare dem Poeten seltsam ähnlich, mit den gleichen grauen Augen und gewölbten Brauen – endlich nahm sich Nick Greene, der Schauspieler und Direktor, ihrer an; sie mußte entdecken, daß sie von diesem Herrn ein Kind erwartete, und so – denn wer ermißt die Hitze und Heftigkeit eines Dichterherzens, das sich in den Leib einer Frau verirrt – so tötete sie sich in einer Winternacht und liegt an irgendeinem Kreuzweg begraben, am ›Elephant and Castle‹, wo heute der Autobus hält.«

Mit großem Eifer, mit wahrhafter Anteilnahme setzt sich Virginia Woolf für die Frauen ein, für ihre besonderen schöpferischen Kräfte, die der Welt so viele Jahrhunderte lang verlorengingen. Das Thema liegt ihr so sehr am Herzen, daß sie es später, in ihrem erbitterten und darum weniger wirksamen Buch *Drei Guineen* noch einmal aufgreift. Hier sieht sie freilich den Kampf für die Frauenrechte nur als einen Teil des großen Kampfes um die Freiheit an, »gegen die ganze Bedrohung der Diktatur, ob in Oxford oder Cambridge, in Whitehall oder Downing Street, gegen Juden oder gegen Frauen, in England oder in Deutschland, Italien und Spanien«. Zeichen ihrer Auflehnung gegen Armut und Unrecht, gegen sozialen und materiellen Druck durchziehen ihr gesamtes Werk. Zweifellos war sie mit den vielen Formen menschlichen Elends gut genug vertraut, um ihnen jederzeit entgegenzutreten.

Dennoch hat man dieser Dichterin oft den Vorwurf der Lebensfremdheit gemacht und eine gewisse Neigung zum geistigen Hochmut, die in ihrer Jugend zweifellos bestand, als Dünkel und Klassenstolz bezeichnet. Dieser Vorwurf ist ungerecht. Eine Frau von solcher Einsicht und Sensibilität konnte den großen humanen und sozialen Fragen nicht fremd gegenüberstehen. Wenn ihr wirklich mehr am »Vorgang des Entdeckens als an der Entdeckung selbst« gelegen war, wenn sie es vorzog, dem Mikrokosmos des Lebens nachzuspüren, so verleugnete sie damit keineswegs, daß es größere und brennendere Probleme gibt. Und hätte sie selbst mit Absicht an ihnen vorbeigesehen, so wäre dies nur der Selbstschutz einer empfindsamen Seele gewesen. In ihrem Aufsatz *On Being Ill (Über das Kranksein)* hat sie darüber Aufschluß gegeben:

»Aber Mitgefühl können wir nicht verlangen. So sagt es das weise Geschick. Denn wollten seine Kinder, die schon so schwer mit Kummer beladen sind, auch noch diese Last auf sich nehmen und in ihrer Vorstellung die Leiden der anderen zu den eigenen fügen, dann würden keine Gebäude mehr errichtet werden; Straßen würden auf grasigen Pfaden verlaufen; es wäre das Ende der Musik und Malerei; ein gewaltiger Seufzer würde zum Himmel aufsteigen, und der einzige Zustand, der Frauen und Männern übrigbliebe, wäre der des Schreckens und der Verzweiflung.«

Wie fragil und anfällig, wie bedroht ihr eigenes Gemüt war, wußte nur sie selbst und ihre engste Umgebung. Im Ersten Weltkrieg drohte ihr Geist sich zu umnachten. Sie kam darüber hinweg. Aber wann immer sie überarbeitet war, stand das Gespenst des Wahnsinns vor ihr auf, und selbst in ihren glücklichsten Zeiten war sie ständig von dieser Furcht gepeinigt. Unter dem Druck des neuen Krieges wurde die Bedrohung unerträglich. Ihr Haus am Tavistock Square, ihre gesamte Bibliothek fielen den Bomben zum Opfer. Sie zog mit ihrem Mann in die Grafschaft Sussex, die allnächtlich vom Lärm der feindlichen Bombenflugzeuge auf ihrem Weg nach London erdröhnte. Hier vollendete Virginia Woolf, ohne Anzeichen innerer Unruhe, ihren letzten Roman. Aber als sie an jenem Märzmorgen ihr Haus verließ, um nicht wiederzukehren, enthüllte sie den Anlaß in Briefen an ihren Mann und ihre Schwester Vanessa. »Ich fühle mit Sicherheit«, schrieb sie, »daß ich wieder wahnsinnig werde. Wir können nicht noch einmal eine so furchtbare Zeit mitmachen. Und diesmal werde ich nicht gesund.« Sie hatte dagegen angekämpft, doch nun waren ihr die Kräfte genommen. Ihr Mann war immer »so unendlich gut« gewesen; sie wollte keine Last in seinem Leben sein.

So starb sie, noch nicht sechzigjährig. Ihr Werk aber ist so lebendig wie in den Tagen, da sie es schrieb. Man könnte keine besseren Worte über ihre Bücher sagen als jene, die sie einmal für die Romane Joseph Conrads fand:

»Vollendet und still, sehr keusch und sehr schön, stehen sie auf in unserer Erinnerung, so wie in heißen Sommernächten auf langsame, majestätische Weise erst ein Stern, und dann ein zweiter, in den Himmel tritt.«

Reminiszenzen

Erstes Kapitel

Deine Mutter[1] wurde 1879 geboren, und da mindestens sechs Jahre vergangen sein mußten, bevor mir bewußt wurde, daß sie meine Schwester war, weiß ich auch über diese Zeit nichts zu berichten. Eine Photographie von ihr gibt ihre Erscheinung am besten wieder; und ihr Gesicht verrät in diesem Augenblick auch viel von ihrem Charakter. Du siehst den sanften, träumerischen und fast melancholischen Ausdruck ihrer Augen, und es ist wahrscheinlich kein Unsinn, wenn man in ihnen auch etwas Prüfendes und Ablehnendes wahrnimmt, als hätte sie schon damals alles genau betrachtet, was sie sah, und nicht immer das darin gefunden, was ihrer Erwartung entsprach. Doch wäre es bestimmt purer Unsinn, anzunehmen, daß ihr das in ihrem damaligen Alter bewußt war. Im übrigen hätte das Herz jeder Mutter beim Anblick des Gesichts ihrer Tochter höher geschlagen mit dem Erbe, das sie ihr bereits vermacht hatte, denn sie versprach eine große Schönheit zu werden. Und in diesem Fall mußte die Mutter noch dazu von einer innigen, tiefen Freude und auch von einem hellen Vergnügen erfüllt gewesen sein, weil ihre Tochter schon damals aufrichtig und liebevoll zu werden versprach. Wie ich gehört habe, soll sie sich bereits der drei kleinen Geschöpfe angenommen haben, die jünger waren als sie. Sie lehrte Thoby sprechen und überließ ihm ihre Flasche. Ich kann mir gut vorstellen, daß sie der Art, wie Thoby in seinem hohen Kinderstuhl saß, große Wichtigkeit beimaß und die Kinderschwester beschwor, ihn ja gut anzuschnallen, bevor er sein Porridge essen durfte. Ihre Mutter pflegte nur schweigend dazu zu lächeln.

Unser Leben war von großer Einfachheit und Regelmäßigkeit diktiert. Es schien sich in zwei große Zeitspannen zu teilen, die zwar nicht mit Ereignissen angefüllt, aber in gewisser Weise erheblich natürlicher waren als alle folgenden; denn unsere Pflichten waren einfacher Art und unsere Vergnügungen gleichermaßen. Die Welt befriedigte alle unsere Wünsche. Die eine Zeitspanne verbrachte man innerhalb des Hauses, im Wohn- oder Kinderzimmer, und die andere in Kensington Gardens. Es gab eine Reihe von Raufereien, und manchmal rauften sich Nessa und Thoby mit uns, und manchmal waren sie unsere Freunde. Ich erinnere mich auch noch an das große und geheimnisvolle dunkle Land unter dem Kinderzimmertisch, wo sich fortgesetzt etwas Abenteuerliches abspielte, obgleich doch die dort verbrachte Zeit in Wirklichkeit so kurz war. Hier begegnete ich deiner Mutter in einem vom Feuerschein heiter umrandeten und von Beinen und Röcken bevölkerten Dunkel. Wir trieben aufeinander zu wie Schiffe auf einem gewaltigen Ozean, und sie fragte mich, ob schwarze Katzen Schwänze hätten. Und ich antwortete, daß sie keine hätten – aber erst nach einer ganzen Weile, in der die Frage in ungeheure Abgründe hinunter widerzuhallen schien, in die bisher kein Laut gedrungen war. Von da an, glaube ich, gab es zwischen uns eine Art innerer Übereinstimmung, daß aus der andern etwas zu werden versprach. Doch obschon zeitweilig von wilden Gefühlsausbrüchen erschüttert, wenn Zuneigung sich ins Übermaß zu steigern schien, konnte man die große Beglückung in den nicht persönlichen Dingen finden. Da gab es Düfte und Blüten und dürres Laub und Kastanien, welche die Jahreszeiten kennzeichneten, und jede erhielt zahllose Assoziationen und hatte die Macht, das Denken in Sekundenschnelle zu überfluten. Da gab es lange Sommerabende, mit weißen Nachtfaltern allenthalben, und heitere Winterabende, wenn die Holzscheite im Kamin aufgeschichtet werden konnten. »Die andern«[2] waren keine Brüder und keine Schwester, sondern Wesen, die Messer oder beneidenswerte Begabungen im Wettlaufen oder Schnitzen besaßen; und da deine Mutter nicht ganz der gleichen Ansicht zu sein schien wie wir, war sie die erste, die mich aus meiner Überheblichkeit wachrüttelte. Noch eine andere Auffassung regte sich schon damals in ihr: die Einsicht, daß eine Zuneigung nur durch Menschen befriedigt werden könne. Kein Loch, das man in den Gärten aushob, das tief genug gewesen wäre, um formbaren Ton daraus zu gewinnen, konnte ihre Bedürfnisse ganz befriedigen. Puppen interessierten sie nicht. Schon damals war sie, bis zu ihrem fünfzehnten Lebensjahr, tatsächlich nach außen hin gesetzt und ernst, die Vertrauenswürdigste und immer die Älteste, die nur hin und wieder über ihre »Verantwortung« jammerte. Andere Kinder hatten ihre Entwicklungsstadien und überraschende Begabungen und Unzulänglichkeiten. Sie jedoch schien sich unausgesetzt vorwärts zu bewegen, den Blick auf ein fernes Ziel gerichtet, mit der Absicht, sich erst zu erkennen zu geben, wenn es erreicht war. Sie war sehr verschlossen, und die einzigen seltsamen Gefühlsäußerungen, zu denen sie getrieben schien, waren jene, auf die man nicht gefaßt war. Sie weinte, als Thoby zur Schule mußte. Und es traf sie mehr als die übrigen von uns, als deine Großmutter zornig – aber auch belustigt, wie ich glaube – erklärte, daß sie keinem einzigen von uns je wieder trauen könne: wären wir nicht, entgegen ihrem ausdrücklichen Verbot, auf die Suche nach einer toten Katze gegangen? Aber unter dieser ernsten Oberfläche, die nur von solchen legitimen Gefühlen durchbrochen wurde, brannte noch eine andere Liebe, die Liebe zur Kunst. Sie zeichnete auch tatsächlich unter der Anleitung eines Mr. Cook, doch daß sie sich über Kunst und über ihre eigenen Begabungen und Neigungen geäußert hätte, das gab es bei ihr nicht. Was aber dachte sie wohl? Denn mit in sich gekehrtem Blick und mit ihren langen Fingern in der Luft herumfahrend, malte sie gewiß viele Bilder ohne Leinwand. Einmal habe ich zugesehen, wie sie mit weißer Kreide ein Gewirr von Linien auf eine schwarze Tür kritzelte. »Wenn ich eine berühmte Malerin bin –«, begann sie, drehte sich dann verlegen um und wischte das Ganze in ihrer geschickten Art weg. Und als sie in ihrer Zeichenschule den Preis gewann, wußte sie kaum – so gehemmt war sie, wenn es sich für sie um ein Geheimnis handelte –, wie sie mir das sagen sollte, damit ich es vielleicht zu Hause wiedererzählen könnte. »Sie haben mir das Ding gegeben – ich weiß gar nicht warum.« »Was für ein Ding?« »Ach, sie haben einfach gesagt, ich hätte es gewonnen – das Buch –, na, du weißt schon, den Preis.« Sie war schlaksig wie ein langbeiniges Fohlen.

Wenn ich versuche, sie vor mir zu sehen, sehe ich immer deutlicher, wie unser Leben Teil eines vorgezeichneten Musters ist, und daß man, um jemanden gerecht zu beurteilen, beachten muß, wie diese Seite zusammengepreßt und jene eingedrückt und eine dritte nach außen gewölbt und doch keine von der anderen getrennt ist; und darum begreife ich, daß es damals viele Gründe gab, die sie veranlaßt haben, sich ein wenig anders zu geben, als sie war. Wir lebten in einem Zustand aufregenden Wachstums: die Schule, Zeugnisse, zu erwählende Berufe, Heiraten für die Älteren, Bücher, die veröffentlicht wurden, Rechnungen, die Gesundheit – die Zukunft war immer zu nah und viel zu unbestimmt für jegliche ruhige Selbstbesinnung. Auch überluden alle diese Betriebsamkeiten die Atmosphäre mit persönlichen Spannungen und nötigten sogar die Kinder – und ganz besonders »die ältesten« –, eine Seite vorzeitig zu entwickeln. Es war erwünscht, dazu beizutragen, keine zaghaft geäußerten, belanglosen und möglicherweise teuren Neigungen zu ermutigen.

So nahm deine Mutter, die in vieler Hinsicht einen so klaren Blick zu haben schien, es denn auf sich, das zu sein, was die Leute »verläßlich« nennen, obwohl ein ganz besonderes Talent, Regenschirme stehen zu lassen und Aufträge zu vergessen, bewies, daß es der Natur zuweilen gefällt, sich über den Widerspruch lustig zu machen. Doch die Charaktereigenschaft, die nicht vorgetäuscht und wahrscheinlich auch von denen, die ihr vertrauten, geschätzt wurde, war, was ich wechselweise Klugheit und gesunden Menschenverstand und, vielleicht richtiger noch, Wahrhaftigkeit nenne. Sie mochte vielleicht nicht alles sehen, sah aber bestimmt auch nichts, was nicht vorhanden war. Episoden, so belanglos sie auch scheinen, die aufsteigen – und ich kann nicht einmal sicher sein, daß sie für andere Augen genauso aufschlußreich sind wie für meine –, sollen dazu dienen, diesen flüchtigen Rückblick zu veranschaulichen. An einem sehr viel späteren Augustabend, als deine Großmutter[3] schon tot war, gingen wir in Ringwood im Garten spazieren. Dein Großvater saß allein im Haus und konnte uns jeden Moment rufen, um, wie gewöhnlich, Whist mit ihm zu spielen. Doch das Lampenlicht und die Karten und sein lautes Rufen dünkten uns an diesem Abend zu barbarisch und zu bedrückend, um sie zu ertragen. Deshalb traten wir in den Schatten, und als wir ihn ans Fenster kommen und rufen hörten, rührten wir uns nicht. Dann kam er auf den Rasen hinaus, sah sich suchend um und rief jeden von uns beim Namen. Aber wir rührten uns noch immer nicht, und schließlich ging er hinein und ließ uns in Ruhe; und wir setzten unsern Spaziergang fort. Aber da wir vielleicht schon von vornherein wußten, daß ungeteilte Freude keinem Sterblichen zuteil wird, spazierten wir nur lustlos weiter und gingen schließlich doch ins Haus, wo wir ihn erschütternd, beherrscht, aber wahrhaft erschütternd, alt, einsam und verlassen vorfanden. »Habt ihr mich rufen hören?« fragte er, und ich schwieg und Adrian auch. Deine Mutter aber zögerte, und dann sagte sie: »Ja.«

Doch das zeigt ihren guten Charakter in einem tragischen Licht. Sie wurde dem heftigsten Druck ausgesetzt. In den früheren Jahren war es größtenteils nur die typisch lächerliche Ausdrucksweise, in der wir von ihr sprachen: »Die gute Nessa mit ihrem Ehrlichkeitsfimmel« oder: »Das gute Kind ist so pedantisch« oder: »Sie meint's ja nur gut«. Denn manchmal hielt sie zu zäh, zu treuherzig an der Wahrheit fest, und wir, naseweis und zuweilen auch frech, verfolgten sie mit gräßlichen Spottnamen wie »Heilige« und ähnlichen. Denn kaum daß Kinder über etwas Verstand verfügen, neigen sie dazu, ihn grausam einzusetzen. Aber es gab damals auch höchst vergnügliche Tage – derer in St. Ives[4] gedenke ich besonders gern –, wenn deine Mutter geschäftig umherlief, Betrachtungen über Charaktereigenschaften und Gelüste von Hunden anstellte, unter der Anleitung deines Onkels Waller[5] fachgemäß Schmetterlingsnetze verfertigte – und seine Anweisungen waren göttliches Gesetz für sie –, Aquarelle malte und nach Ruskins[6] Angaben eine Anzahl kleiner schwarzer Platten ätzte. Durch ihren unbeirrbaren Schlag, in den alle Schwierigkeiten einkalkuliert waren, spielte sie eben aus diesen Gründen auch besser Kricket und gewann durch solche Unbeirrbarkeit und Echtheit die Achtung jener Tyrannen und Halbgötter wie George, Waller und Madge Symonds[7], die unsere Welt beherrschten. Sie war ein glückliches Geschöpf! Sie begann den Quell ungeahnter Begabungen in sich zu spüren: daß das Meer schön war und vielleicht eines Tages gemalt werden könnte; und ein-, zweimal vielleicht, wenn niemand in der Nähe war, schaute sie lange in den Spiegel und sah ein Gesicht, das sie seltsam erregte; ihr Ich begann endgültig Form und einen Platz in der Welt zu gewinnen – wie das wohl sein mochte? Doch ihre natürliche Entwicklung, in der die so sensible und doch so kraftvolle künstlerische Begabung sich bestätigt hätte, wurde aufgehalten – die Wirkung des Todes auf jene, die leben, ist immer befremdend und oft schrecklich in der Vernichtung, die er in unschuldigen Zukunftsträumen anrichtet.

In dieser Hinsicht war der Tod deiner Großmutter ein Desaster, denn du mußt dir vorstellen, daß sie nicht nur die schönste der Frauen war, wie es dir ihre Porträts beweisen, sondern auch eine der ungewöhnlichsten. Ihr Leben war so schnell verflogen, es war so kurz gewesen, daß die Erfahrungen, die in den meisten Menschen Zeit haben, sich zu erweitern und allmählich fruchtbar zu werden, in ihr alle dicht zusammengedrängt waren: Sie hatte geheiratet, hatte Kinder geboren und, kaum daß sie vierundzwanzig war, ihren Gatten beweint. Acht Jahre lang grübelte sie über dieses gewaltsame Geschehnis nach und bildete sich damals, wie ich vermute, das Lebensurteil, auf dem ihre Zukunft basierte. Sie war so glücklich gewesen, wie nur wenige Menschen glücklich sind, denn sie hatte, wie eine Prinzessin in einem

Schauspiel, von ihrer überaus schönen Jugend an, bis zu ihrer Heirat und Mutterschaft, in einem Traum gelebt. Wenn ich richtig lese, begünstigte die Atmosphäre ihres Zuhauses tatsächlich solche Träume und breitete über die Gestalt ihres Gatten das ganze goldene Gespinst Tennysonischen[8] Gefühls aus. Doch es bedürfte einer klareren Einsicht als meiner, um zu beurteilen, wieweit ihr Gatte, der jetzt, im nachhinein, so offensichtlich in jeder Beziehung der Schwächere war, es zu jener Zeit vermochte, edle und echte Leidenschaftlichkeit in seinem Weibe zu befriedigen. Vielleicht verschaffte sie sich ihre Befriedigung, indem sie seine Unzulänglichkeiten in den Mantel ihrer eigenen Überfülle hüllte. Als er tot war beschloß sie jedenfalls, jene Jahre als die goldenen heilig zu halten, in denen sie, wie sie sich wahrscheinlich ausdrückte, nichts von dem Leid und dem Verbrechen der Welt wußte, weil sie mit einem so makellosen Mann gelebt hatte, der sie in eine Welt reiner Liebe und Schönheit emporgetragen hatte. Die Wirkung seines Todes war also doppelt ungeheuerlich, weil es sowohl eine Ernüchterung als auch einen erschütternden menschlichen Verlust bedeutete. Sie hatte von Natur aus einen scharfen Verstand, war erbarmungslos gegen jede Unaufrichtigkeit und nur zu sehr geneigt, darauf zu bestehen, daß jedes Gefühl in die Tat umgesetzt werden müsse oder sonst wertlos sei. Und jetzt, da sie niemanden mehr hatte, den sie vergöttern konnte, vergötterte sie die Erinnerung. Sie sah die Welt nun mit offenen Augen und verachtete deren Leiden und Dummheit mehr, als gerecht gewesen wäre, weil sie in einem Traum gelebt hatte und noch immer einem Traum nachhing. Sie schwor ihrer Religion ab und wurde, wie ich gehört habe, eine der eifrigsten Gottesleugnerinnen. Sie drängte diese natürlichen Instinkte für Glück und Freude an einem großzügigen und genußreichen Leben, die so stark in ihr waren, zurück und preßte nur noch die bittersten Früchte an ihre Lippen. Sie besuchte die Armen, stand den Sterbenden bei und glaubte endlich das wahre Geheimnis des Lebens zu besitzen, welches für einige noch unbegreiflich war; obgleich auch sie dazu kommen müssen, es kennenzulernen: daß Leiden unser Los ist und daß wir ihm am besten tapfer begegnen. Alle diese Dinge hätte sie bestimmt auch sonst kennengelernt, wäre ihr Gatte noch am Leben gewesen; doch sie hätte sie mit Überlegenheit und Mäßigung kennengelernt, wäre froh und glücklich gewesen, ihre eigenen Begabungen zu nutzen, und hätte Freude an Genüssen gehabt, die bestimmt nicht vereinzelt gewesen wären. Es wäre jedoch ein leichtes, die Wichtigkeit dieses Verhaltens zu übertreiben, denn vieles von seiner Schroffheit entsprang keiner angeborenen Härte, sondern dem Bruch in ihrer natürlichen Entwicklung. Langsam, so glaube ich, begann sie sich mit geistigen Dingen zu beschäftigen und betrüblicherweise zu folgern, daß vieles vom Interesse an der Welt in Zukunft der Befriedigung ihres Intellekts entspringen müsse. Sie sah viele kluge Menschen und las mit dem Wunsch, ihren eigenen traurigen Glauben zu begründen, nur Werke von Gottesleugnern, die Gott nicht großschrieben. Insbesondere las sie einige frühe Aufsätze deines Großvaters, die ihr besser gefielen als er selbst.

Dem Schicksal, das, wie manche glauben, das menschliche Leben nach seinem Belieben lenkt, beliebte es also, es so einzurichten, daß dein Großvater mit seiner ersten Frau Minny in der gleichen Straße wohnte wie deine Großmutter, und entschied ferner, daß Minny dort sterben sollte und daß deine Großmutter, angesichts der Umstände, die gerade sie, mehr als alle andern, besonders schmerzlich mitempfand, in engeren Kontakt mit ihrem gelehrten und gefürchteten Freund gebracht werden mußte. Hätte denn ein anderes Zusammentreffen von Umständen dieses Wunder so fertiggebracht? Denn sie hatte einen gefunden, der, in Gemeinschaft mit ihr, die gleichen Gründe hatte, an das Leiden im Leben zu glauben, und alle Ursache, ihre eigene stoische Lebensphilosophie zu übernehmen, und der nur allzu bereit war, sich ihrer ich-bezogenen, starren Lebensphilosophie anzuschließen. Zudem gehörte er zu den Großen, war kein einfacher Weggenosse, kein oberflächlicher Optimist. Mochte sie auch Hand in Hand mit ihm durch das Tal der Toten wandeln – doch plötzlich wurde ihr Begleiter zu ihrem Führer, spornte sie an, ihm zu folgen, zu hoffen, den Kampf noch einmal aufzunehmen. Aber sie konnte so schnell nicht abwerfen, was fast zu einer Gewohnheit des Leidens geworden war; und doch war seine Logik die stärkere, denn seine Not war die größere. Schließlich zwang sie sich, tapfer wie sie war – vielleicht im Grunde tapferer als ihr Gatte –, der Wahrheit ins Auge zu schauen und sich die Tatsache mit allen Konsequenzen klarzumachen, daß einem die Freude genauso vertraut werden kann wie das Leid. Sie wuchs weit über sich selbst hinaus, mit offenen Augen und herrlich frei von allen falschen Vorstellungen oder Gefühlen, und ihre zweite Liebe strahlte so rein wie das Licht der Sterne. Das rosige Gewölk des ersten großen Glücks verschwand für immer. Es ist tatsächlich bemerkenswert, daß sie nie von ihrer ersten Liebe sprach; und indem sie sie wie einen Schatz hütete, verwandelte sie diese Liebe vielleicht in etwas weitaus Strahlenderes, als sie je hätte sein können, hätte das Leben ihr Dauer gewährt. Die zweite Ehe brachte ihr, wenn auch spät, die wirkliche Erfüllung von allem, dessen sie sich fähig wußte, und außer, daß sie ziemlich spät zustande kam, ziemlich viele Menschen umfaßte, gab es kein Paar, das wesensgleicher oder unbeirrbarer tapfer gewesen wäre. Zu große Worte für fünfzehn Jahre vielleicht! mit all ihren Gelegenheiten für Kleinlichkeit, Versagen und Tolerierung von Mittelmäßigkeit. Aber wenn es auch gewisse Dinge gab, die für uns heute von ihr in einem scheinbar zu kompromißwilligen Geist entschieden, von ihm jedoch – ohne sich von Gerechtigkeit und Großmut leiten zu lassen – erzwungen wurden, muß man dennoch sagen, daß es ein erfolgreiches Leben war, welches ständig hohen Zielen zustrebte, ob man es nun im Hinblick auf ihre Arbeit oder auf sie selbst beurteilt.

Diese Umstände haben dazu beigetragen, den Charakter deiner Großmutter zu prägen; und als wir, ihre Kinder, dann soweit waren, uns ihrer bewußt zu werden, war sie einer der betriebsamsten und lebensfrohesten Menschen. Es war, als hätte sie den Entschluß gefaßt, sich endgültig mit gewissen einschneidenden Ereignissen abzufinden, und sie kam dann auch niemals mehr auf den Gedanken, überhaupt noch an sich zu denken; doch alles Tun und jedes Wort trug den heiteren, unvermeidlichen, eiligen Stempel von etwas, das seinen Ursprung eindeutig in einer Menge aufgespeicherter Erfahrung hatte. Vier Kinder wurden ihr geboren, vier waren bereits da, ältere, die andere Wartung brauchten[9]; sie war ihr guter Geist, besänftigte und erzog uns, umhegte, inspirierte und erheiterte deinen Großvater und hielt die Sorgen von ihm fern; und jeder, der um Hilfe zu ihr kam, fand sie unweigerlich auf ihrem Posten; sie hatte immer Zeit, ein ernsthaftes Interesse und das tatkräftigste Mitgefühl. Ihre Beziehung zu Menschen war wirklich während ihres ganzen Lebens bemerkenswert; und nach ihrer zweiten Heirat schien dieser Entschluß, von dem ich sprach, zu bewirken, daß sie sich noch selbstloser denn je in den Dienst anderer stellte. Und da dieser Satz falsch ausgelegt werden und dich vielleicht dazu verführen könnte, dir eine andere Frau als die wirkliche vorzustellen, muß ich dazu sagen, daß ihr Verhalten in diesen Dingen vorbildlich war und nicht das geringste mit der unheilvollen Philanthropie zu tun hatte, die andere Frauen so selbstgefällig und oft mit katastrophalen Resultaten praktizieren.

Ihre Einstellung zur Welt war sehr vielseitig geworden. Wie eine weise Schicksalsgöttin schien sie die Geburt, das Wachstum, die Blüte und den Tod unzähliger Lebewesen rings um sich herum zu beobachten, ständig mit dem Gefühl für das Geheimnisvolle, das sie umgab – und heute nicht mehr so skeptisch wie dazumal –, und einer festumrissenen Vorstellung von der Hilfe, die möglich und von Nutzen war. Ihre intellektuellen Begabungen waren von jeher jene gewesen, die ihren angemessensten Ausdruck in der Tätigkeit finden. Sie hatte großes Einfühlungsvermögen, ein gesundes Urteil und die Fähigkeit, sehr schnell die wahre Beschaffenheit von jemandes Lebensumständen herauszubekommen und so zu reagieren, daß die Angelegenheit, um die es sich jeweils handelte, sofort ihre richtige Proportion erhielt. Manchmal nahm sie es auf sich, Schwierigkeiten mit einer Handbewegung, wie die einer regierenden Fürstin, abzutun. Doch meistens, glaube ich, bestand ihre Hilfe, falls sie nicht rein praktischer Art war, darin, Menschen einfach durch ihr klares

Urteil und ihre Lebenserfahrung zu der Einsicht zu verhelfen, was sie im Grunde meinten oder fühlten. Doch diese Fähigkeiten mag jede sensible Frau haben und dennoch nicht alles das sein, was deine Großmutter war. Alle ihre Handlungen hatten ihrem Wesen nach etwas Präzises, Entschiedenes und sogar Amüsantes, so daß von Stumpfsinn und Schinderei bei ihrer alltäglichen Arbeit nicht die Rede sein konnte, so unwürdig sie auch scheinen mochte. Sie war von Natur aus sensibel, und Dummheit machte sie ungeduldig; und solange sie lebte, war das ganze endlose und absurde Durcheinander, welches das Leben einer großen Familie ausmacht, höchst vergnüglich, sehr oft mit köstlich komischen Zwischenfällen oder grotesken oder eindrücklichen Situationen, und unablässig stimuliert durch ihr unermüdliches Interesse und ihr erstaunliches Verständnis für das Leben, das sich auch in den reduziertesten und erbärmlichsten Situationen noch manifestierte. Sie hatte einen Blick für originelle Typen, und in St. Ives, oder an Sonntagnachmittagen in der Hyde Park Gate, war die Szene oft bühnenreif. Spontan ihrer Eingebung folgend, entlockte sie dem alten General Beadle oder C. B. Clarke, oder Jack Hills, oder Sidney Lee ein solches Feuerwerk an originellen Äußerungen, wie sie es seitdem nie wieder jemandem gezeigt haben. Alle Menschen schienen, kaum daß sie ihren Weg kreuzte, eine Rolle zu übernehmen, und während ihrer Anwesenheit war jede Gebärde von äußerster Wichtigkeit. Dennoch war sie keine genießerische Zuschauerin, die zu ihrem persönlichen Vergnügen Eindrücke sammelte.

Das Leben hatte sie gelehrt, daß Gegebenheiten, wie sie von ihr interpretiert wurden, schon an sich von größter Wichtigkeit waren: so war es eine Sache von aufregender Bedeutung für sie, daß Lisa Stillmann in ihren Schwager verliebt war, oder daß ein durch einen Unfall invalider Arbeiter eine ihm angemessene Beschäftigung fand. Allen Veränderungen gegenüber, die sich um sie herum abspielten, verhielt sie sich wunderbar tapfer, geradeso, als hörte sie immerfort das Ticken einer riesigen Uhr und könnte nie vergessen, daß sie eines Tages für uns alle zu ticken aufhören würde. Menschen verschiedenster Art suchten sie auf, wenn sie Grund zur Freude oder zum Weinen hatten. Sie schien, wenn überhaupt, in der Wahl ihrer Freunde ein wenig kritiklos zu sein; doch auch langweilige Menschen und Narren haben ihre lichten Momente. Und man muß sagen, daß es ihr dadurch, daß sie unter einer solchen Hochspannung lebte, gelungen war, die ganze Umwelt mit einem unnachahmlichen Elan zu erfüllen, als sähe sie darin, zu gleichen Teilen, nur Narren, Clowns und phantastische Königinnen, die in einer riesigen Prozession dem Tode zumarschierten. Die intensive Beschäftigung mit dem Geschehen des Augenblicks ergab sich zweifellos, weil die Natur sie begabt hatte, mit solchen Dingen siegreich fertig zu werden, aber auch, weil sie das Geheimnis des Lebens von Geburt an in sich trug und zu der tiefen Erkenntnis von der Nichtigkeit allen Strebens gekommen war. Beides siehst du vielleicht in ihrem Gesicht. »Laßt uns das beste aus dem machen, was wir heute haben, da wir nicht wissen, was die Zukunft bringt«, war das Motiv, das sie bewog, sich so unablässig für Glück, Moral und Liebe einzusetzen; und die melancholischen Echos hallten wider: »Was liegt schon daran? Vielleicht gibt's keine Zukunft.« Von diesem ernsten Zweifel so gepackt, hatten selbst ihre trivialsten Tätigkeiten etwas von einer Allüre, und ihre Gegenwart war voller Größe und Selbstverleugnung, die nicht nur Fröhlichkeit und Leben und hin und wieder einige entzückende kleine weibliche Eitelkeiten mit sich brachte, sondern die Hoheit eines edel veranlagten Menschen.

Geschriebene Worte eines Menschen, der tot oder noch am Leben ist, haben die Tendenz, sich in weiche Falten zu drapieren und jeden Lebensbeweis verschwinden zu lassen. Du wirst weder in dem, was ich sage, noch in den echten, aber konventionellen Äußerungen im Leben deines Großvaters, noch in den Klageworten, mit denen er die Seiten seiner Autobiographie[10] anfüllt, irgendeine Spur von Ähnlichkeit mit einer Frau finden, die du lieben könntest. Ich habe in Gedanken oft bedauert, daß nie jemand ihre Aussprüche und ihre lebendige Ausdrucksweise niedergeschrieben hat, denn sie besaß die Gabe, Wörter in einer für sie ganz typischen Weise umzudrehen und sich dabei ganz schnell die Hände zu reiben oder sie gestikulierend hochzuwerfen, während sie sprach. Ich sehe sie noch neben der offenen Tür eines Eisenbahnwaggons stehen, der Stella und einige andere nach Cambridge bringen sollte, und wie sie uns alle zum Lachen brachte, indem sie plötzlich alle Leute, die auf dem Bahnsteig an ihr vorbeikamen, mit einem kurzen Kommentar so karikierte, daß wir lachten, bis der Zug abfuhr.

Was würde man nicht darum geben, auch nur eine einzige ihrer Bemerkungen oder den Klang ihrer vollen, wohltönenden Stimme noch einmal zu hören und sich noch einmal am Anblick ihrer so schönen, hohen und unvergleichlichen Gestalt in dem schäbigen Mantel zu erfreuen, die den Kopf in einem gewissen Winkel leicht geneigt hielt, so daß ihr Blick direkt auf dich gerichtet war. »Kommt Kinder«, hatte sie uns gleich nach ihrem letzten überschwenglichen Abschiedswinken zugerufen, und einer hatte ihren Schirm, ein anderer ihren Arm ergriffen, und als einer, noch immer staunend, zurückblieb, rief sie ungeduldig: »Schnell, schnell!« Und dann lief sie mit ihrem eiligen Schritt mitten durch die Menge und stieg in einen schmutzigen Zug oder Omnibus, wo sie dann wahrscheinlich den Schaffner fragte, warum die betreffende Gesellschaft ihm kein Stroh gebe, auf dem er stehen könnte – »Sie müssen doch bestimmt kalte Füße haben!« –, hatte sich dann seine Lebensgeschichte angehört und ihren Kommentar dazu gegeben, bis wir, gerade noch rechtzeitig zum Lunch, wieder zu Hause ankamen. »Laßt Vater nicht warten.« Und beim Lunch auf eine beiläufige Frage: »Soso, die jungen Leute sind also fort. Nun – beneiden tue ich sie nicht.« Und würde ihren kleinen Bericht zum besten geben oder ihre rätselhafte Bemerkung vielleicht, die wir nicht zu deuten wußten, jedoch ihrem Achselzucken und ihrem »Vielleicht« entnehmen konnten, daß es eine jener Liebesaffären betraf, über welche die beiden so leidenschaftlich gern diskutierten. Die Beziehung zwischen deinem Großvater und deiner Großmutter soll, wie es heißt, ideal gewesen sein, und ich würde das auch keinen Moment lang abstreiten, da ich der festen Überzeugung bin, daß jeder dieser beiden schwer geprüften und keineswegs einfachen Menschen im andern die höchste und vollkommenste Harmonie fand, auf die beider Wesen ansprach. Schön oftmals, sogar für unsere Augen, waren die Gesten und Blicke reiner, unaussprechlicher Zuneigung füreinander. Doch, wenn ich meine Überzeugung durch die Metapher wiedergeben darf, war der frohe Zusammenklang – die Flötenstimmen zweier aufeinander abgestimmter Vögel – nur durch die reichliche und schnelle Aufeinanderfolge von Disharmonien und Unvereinbarkeiten erreicht worden. Sie war schließlich fünfzehn Jahre jünger als er, und sein Alter wurde noch besonders durch den ungewöhnlichen Geist betont, der, wie sie geglaubt haben muß, immer einsam in eisbedeckten Meeren navigierte. Ihr Stolz darauf war wie der Stolz eines Menschen auf einsam ragendem Berggipfel, der nur vom Licht der Sterne und vom Treiben des Schnees getroffen wird – er war enthusiastisch und dabei sehr anspruchslos.

Es machte ihr Freude, alle jene nebensächlichen Angelegenheiten zu erledigen, die, wie Frauen instinktiv spüren, der Würde abträglich sind, welche sie in klugen Männern zu entdecken lieben; und sie faßte es als stolzen Beweis auf, daß er, unkundig aller Baissen und Haussen, außer jenen, welche die hohe Philosophie in ihm erzeugte, zu ihr kam. Doch sie schmälerte auch ihre eigenen Tätigkeiten niemals, weil sie diese, wenn sachkundig durchgeführt, und die ihres Gatten – wenn auch in anderer Weise – für gleichwertig hielt. So kam es, daß sie in solchen Momenten – Atempausen in den unaufhörlichen Auseinandersetzungen –, wenn jedes sekundenlang in der Umarmung des andern ruhte, mit gerechtem, aber auch freudigem Stolz erkannte, daß er in ihr etwas genauso uneingeschränkt bewunderte, wie sie den einsam ragenden Gipfel in ihm hochschätzte. Und jedes war freudig bereit, Eigenschaften zu würdigen, an denen es ihm selbst mangelte – wie süß, von der Qual und Einsamkeit des Denkens erlöst, die leibhaftige Anwesenheit unvergleichlicher menschlicher Schönheit wahrzunehmen! – wie ein

Seefahrer, der, von Nebeln eingeschlossen, nach tagelangem Umherirren auf öden Wassern im Morgengrauen an einem im Sonnenschein leuchtenden Ufer landet, wo Allnatur ihn umfängt und ihm Ruhe und Geborgenheit ins Ohr atmet. Auch sie, die ihre Tage mit oft unbedeutenden und oft unnützen Arbeiten verbrachte, war selig, wenn plötzlich starke Arme sie umfingen, und sie wortlos, eng umschlungen und nicht enden wollend über alles hinaushoben. Sie war immer die erste, die ihn in seiner natürlichen Neigung zu den ausgefallensten und unprofitabelsten Projekten bestärkte; und ich glaube, es war auf ihr Zureden hin, daß er sein letztes großes Werk, *The Utilitarians*[11], begann, das keine Reichtümer und sehr wenig Ruhm einbringen sollte, denn sie verbürgte sich dafür, daß inzwischen alles andere erfolgreich sein werde.

Doch das sind die Höhepunkte des Lebens, und mit der Zeit wurde der Lebenskampf härter und die jugendliche Spannkraft ließ nach. Seine Gesundheit war geschwächt, und die Art der Anerkennung, die ihn ermutigt hätte, ließe ungerechterweise auf sich warten, beklagte er sich. Und in der Zwischenzeit hatte ihr Wirkungskreis sich so erweitert, daß er bis in so abgelegene Winkel wie die Armenviertel von St. Ives und die Londoner Slums und viele andere, etwas wohlhabendere, aber nicht weniger Anforderungen stellende Stadtviertel reichte, daß sie einen Rückzug nicht mehr verantworten konnte. Jeder Tag brachte ihr, wie es schien, eine frisch eingetroffene Sendung, die erledigt werden mußte, und am nächsten Tag unweigerlich aufs neue florieren würde. Jeden Abend saß sie, nach einem arbeitsreichen Nachmittag, an ihrem Schreibtisch, und ihre Hand bewegte sich unablässig – gegen das Ende zu ein wenig fahrig, als sie Antworten schrieb: ratgebende, spaßige, warnende und teilnehmende, dominiert von ihrer hohen Stirn und den dunklen Augen, die noch immer so schön, doch jetzt so todmüde, so abgeklärt waren, daß man sie kaum traurig nennen konnte. Als sie tot war und wir St. Ives verließen, fand ich einen abgeschlossenen Schreibtisch mit allen Briefen, die am Morgen gekommen und gleich hineingelegt worden waren, vielleicht um beantwortet zu werden, wenn sie nach London kam. Da war ein Brief von einer Frau, deren Tochter verlassen worden war und um Hilfe bat; ein Brief von George, von Tante Mary[12], von einer Krankenschwester, die arbeitslos war, einige Rechnungen, einige Bittbriefe und viele Seiten von einem Mädchen, das mit seinen Eltern Streit hatte und seine Seele um jeden Preis und langatmig erleichtern mußte. »Ach, Gott sei Dank – heute abend gibt's keine Post mehr!« pflegte sie am Samstag halb lächelnd, halb aufseufzend zu sagen; und sogar dein Großvater schaute dann von seinem Buch auf, drückte ihre Hand ganz fest und protestierte – natürlich vergebens: »Das muß ein Ende haben, Julia!«

Zusätzlich zu allen ihren anderen Pflichten nahm sie es auch noch auf sich, uns zu unterrichten, und bewirkte dadurch ein gespanntes und ziemlich schwieriges Verhältnis, denn sie war aufbrausend und am allerwenigsten geneigt, ihren Kindern etwas durchgehen zu lassen. »Euer Vater ist ein großer Mann!« Doch auf keine andere Weise hätten wir, in der kurzen Zeit, die wir hatten, soviel von ihrem wahren Wesen kennenlernen können – durch keinen jener fiktiven Respektbegriffe getrübt, die sich gewöhnlich in die durch den Altersunterschied entstandene Kluft schieben, die zwischen einer mittelalten Frau und ihren Kinder besteht. Es wäre vielleicht besser gewesen – denn es hätte sie bestimmt auch weniger ermüdet –, wenn sie erlaubt hätte, ihr einige dieser Verpflichtungen abzunehmen. Doch sie war hitzköpfig und auch ein wenig herrschsüchtig und zu besessen von ihrem brennenden Eigenwillen, als daß sie hätte glauben können, daß in ihren Verrichtungen nicht alles viel schneller und sachkundiger vor sich ging als bei anderen. Und wenn dein Großvater krank war, duldete sie demzufolge auch keine Krankenschwester bei ihm, wie sie auch nicht glauben konnte, daß eine Erzieherin uns genausogut unterrichten würde wie sie. Und abgesehen von der Sparsamkeit, die stets eine Rolle bei ihr spielte, hatte sie sich angewöhnt, der Ersparnis von Zeit eine ungeheure Wichtigkeit beizumessen, als sähe sie die Pflichten und Anforderungen sich rings um sie anhäufen, und die Zeit, sie zu erfüllen, entschlüpfe ihr und lasse sie mit gierenden Fingern zurück. Sie hatte ständig die Vollkommenheit der endgültigen Proportionen der Dinge im Sinn, was mir aufgefallen war, denn ihre Redeweise war niemals abgedroschen. Doch als ihre Kräfte nachließen, gönnte sie sich weniger Atempausen; sie sank, wie ein erschöpfter Schwimmer, immer tiefer ins Wasser und konnte nur noch für Augenblicke weit hinten am Horizont ein rettendes Ufer erspähen, das man gewann, wenn man alt war, wenn all diese Mühsal ein Ende hatte. Doch wenn wir das Übermaß an Aufopferung einer solchen Erscheinung so laut bedauern, neigen wir ohne Zweifel dazu, darüber die Zusammenschau mit ihrer Umwelt, Mann und Kind und Heim, zu verlieren, die – wenn man sie als eine Einheit betrachtet, die sie umgibt, die sie ergänzt – dem Einzelleben sein pfeilhaftes Herumjagen und sein tragisches Hinscheiden erleichtert. Auffällig bei ihr ist, wenn ich es so bedenke, daß es nicht ihre Aufopferung und nicht ihre zwecklose Tapferkeit, sondern die Menschlichkeit war, die auf einem sicheren Urteil beruhte, durch die ihre Bemühungen zum Ziel führten. Es gab kaum ein Zuviel für sie, und eben das ist der Grund, daß sie jenen Jahren, so vergangen sie auch sein mögen, ihren unauslöschlichen Stempel aufgedrückt hat, als sei er mit dem glühenden Eisen eingebrannt, scharf und deutlich. Viele Stimmen, in vielen Teilen der Welt, sprechen noch heute von ihr wie von jemandem, den es noch gibt. Ob sie fröhlich kam oder zürnend oder mit impulsiver Herzlichkeit, es spielte keine Rolle; sie sprechen von ihr, wie von einem Ereignis und erinnern sich – als würde alles, was sie umgab, bedeutungsvoll –, wie sie stand und sich umdrehte, und wie laut der Vogel gesungen habe oder eine große Wolke über den Himmel gezogen sei. Wohin ist sie gegangen? Was sie gesagt hat, ist nie verstummt. Sie starb mit achtundvierzig Jahren, und deine Mutter war ein Kind von fünfzehn.[13] Nach dem, was ich dir alles von ihr erzählt habe, dürftest du nun auch begreifen, daß ihr Tod die größte Katastrophe war, die geschehen konnte. Es war, als stünden an einem strahlenden Frühlingstag die jagenden Wolken plötzlich still, würden dunkel und ballten sich zusammen, der Wind erlahmte, und alle Kreatur auf der Erde wehklagte oder irrte sinnlos suchend umher. Doch welche Gestalt, wieviele verschiedenartige Gestalten werden den Vorstellungen gerecht, die sich so zahllose Menschen inzwischen von ihr gemacht haben? Die Toten werden vergessen, so heißt es, was nichts anderes bedeuten würde, als daß die meisten von uns das Leben größtenteils für wenig wichtig halten. Doch immer wieder, bei mehr Gelegenheiten als ich aufzählen kann, abends im Bett oder auf der Straße, oder wenn ich in ein Zimmer trete, ist sie da, schön, emphatisch, mit ihrer vertrauten Redeweise und ihrem Lachen – vertrauter als irgendein Lebender – und erhellt unser düsteres Dasein wie mit einer brennenden Fakkel, unendlich nobel und ein Entzücken für ihre Kinder.

Zweites Kapitel

Ihr Tod am 5. Mai 1895 leitete eine Periode orientalischer Trauer ein, denn es lag auch tatsächlich etwas über den verdunkelten Räumen, in dem Stöhnen und den leidenschaftlichen lauten Klagen, das die normalen Grenzen der Trauer überstieg und die wahre Tragödie mit Falten östlichen Zeremoniells umhüllte. Dein Großvater hatte viel von einem hebräischen Propheten an sich; etwas von der erstaunlichen Vitalität seiner Jugend war ihm erhalten geblieben, nur daß er seine Kräfte nicht mehr für Bergsteigen und Sport gebrauchte. Sein ganzes Interesse hatte sich schon seit vielen Jahren auf sein Heim konzentriert. Und nun, da seine Frau, entgegen allen seinen Erwartungen, vor ihm gestorben war, war er wie einer, der aus Mangel an Halt blindlings in der Welt umhertaumelt und sie mit seinem Jammer erfüllt. Doch keines meiner Worte kann wiedergeben, was er empfand, oder gar die Vehemenz des sichtbaren Ausdrucks dessen, was sich diesen ganzen entsetzlichen Sommer hindurch in einer Szene nach der anderen äußerte. Ein Zimmer, schien es, war stets geschlossen, aus dem von Zeit zu Zeit nur immer wieder lautes Stöhnen oder wildes Weinen drang. Er hatte ständig Beileidsbesuche von mitfühlenden Frauen, die ziemlich nervös hineingingen, um ihn zu sehen, und die, rot im Gesicht und verweint wieder herauskamen – verlegen, wie Menschen es sind, wenn sie sich von der Flut fremder Gefühle haben mitreißen lassen –, um Stella Bericht zu erstatten. Sie mußte tatsächlich ihre ganze Diplomatie aufwenden, um ihn, wenn er seine Morgenarbeit beendet hatte, auf irgendeine Weise beschäftigt zu halten; und da waren noch diese entsetzlichen Mahlzeiten, wenn er, unfähig zu hören, was wir sagten, oder unsere tröstlichen Worte verschmähend, sich ganz der Leidenschaft hingab, die in ihm zu brennen schien, und stöhnte oder immer wieder laut beteuerte, sterben zu wollen. Ich glaube nicht, daß Stella während all dieser Monate auch nur einen Moment außer acht ließ, was ihm im Augenblick nottat. Sie hatte immer einen kleinen Vorschlag für ihn bereit, und sie beobachtete ihn so eindringlich, daß sie einen von uns plötzlich bitten konnte, direkt mit ihm zu sprechen oder ihn zu bitten, mit uns spazierenzugehen. Manchmal verbrachte sie eine lange Zeit allein mit ihm in seinem Arbeitszimmer und hörte immer wieder aufs neue die bittere Geschichte von seiner Einsamkeit, seiner Liebe und seiner Reue. Denn erschöpft und außer sich, wie er war, peinigte er sich auch noch mitleidlos mit der fixen Idee, daß er seiner Frau nie gesagt habe, wie sehr er sie liebe, und daß sie an seiner Seite Sorge und Mühsal schweigend ertragen hätte.

»Aber ich war doch nicht ganz so schlimm wie Carlyle, nicht wahr?« habe ich ihn fragen hören. Stella wußte wahrscheinlich wenig von Carlyle, doch ihre Beteuerung wiederholte sich immer und immer wieder – müde, doch unentwegt. Zweifellos liegt darin, die Lebenden zu zwingen, sich unsere Selbstanklagen von dem am Toten begangenen Unrecht mitanzuhören, ein seltsamer Trost; denn nicht nur, daß sie einen aus eigener Anschauung beruhigen können, stellen sie auch, geheimnisvollerweise, eine Macht dar, die durch unser Geständnis versöhnt werden kann, die gleichzeitig aber auch imstande ist, uns eine endgültige Absolution zu erteilen. Aus diesen Gründen also, und auch weil es seiner Natur und seiner Gewohnheit entsprach und es ihm Erleichterung verschaffte, seine Gefühle offen auszusprechen, hatte er keine Skrupel, seine Leiden vor ihr auszubreiten und unausgesetzte Aufmerksamkeit zu verlangen, und was sie an Trost zu bieten hatte. Doch welchen Trost hatte sie zu bieten? Wie der Fall lag, war wenig zu tun; deshalb hing alles davon ab, welche Rolle sie spielte; denn plötzlich sah sie sich in eine Situation engster Vertraulichkeit mit einem Manne versetzt, dem sie, als ihrem Stiefvater und älteren Gelehrten, bisher nur mit Respekt und einer formellen Zuneigung begegnet war. Bis zu dieser Krise war Stellas Position in mancher Hinsicht sonderbar gewesen; ihr ganzer Charakter, wie er einem erst jetzt durch die Altersgleichheit klar wird, war in der Tat außergewöhnlich – außergewöhnlich als solcher, und welches Schicksal er bewirkt hat: Ständig lasteten große Verantwortungen auf ihrem Leben; doch die Kürze und die fast hektische Art ihrer Jugendjahre erschweren es, die Geschichte mit einiger Bestimmtheit wiederzugeben.

Sie war nicht klug, sie las selten ein Buch; und diese Tatsache hatte, wie ich glaube, einen enormen Einfluß auf ihr Leben, einen unverhältnismäßig großen Einfluß, in der Tat. Sie überschätzte ihre eigene Unzulänglichkeit, und das enge Zusammenleben mit ihrer Mutter verleitete sie, immer Vergleiche anzustellen und sich selbst eine Minderwertigkeit zuzumessen, was dazu führte, daß sie von Anfang an im Schatten ihrer Mutter lebte. Wie ich schon sagte, war deine Großmutter, wenn sie es für angebracht hielt, rücksichtslos in ihrem Verhalten und jeglichem Maß menschlichen Leidens gegenüber völlig gleichgültig. Es war charakteristisch für sie, ihre Tochter als einen Teil ihrer selbst zu betrachten, und zwar als einen langsameren, weniger tüchtigen Teil, so daß sie keinerlei Skrupel hatte, sie mit der Strenge zu behandeln, mit der sie ihre eigenen Unzulänglichkeiten behandelt hätte, oder sie ohne weiteres hinzuopfern, wie sie sich selbst hingeopfert hätte. Als dein Großvater sie einmal, noch vor der Hochzeit deiner Großeltern, wegen der Strenge befragte, mit der sie Stella im Vergleich zu den andern Kindern behandelte, die beide Knaben waren, gab sie die Antwort, wie ich sie in *Eine Skizze der Vergangenheit* wiedergegeben habe: sie betrachtete Stella als »einen Teil meiner selbst«. (Vgl. S. 131.)

Als Kind also wurde Stella zurückgesetzt und lernte frühzeitig, in ihrer Mutter ein Wesen mit göttlicher Macht und göttlicher Klugheit zu sehen. Später aber, als Stella älter wurde und ihre eigene Schönheit, ihren eigenen besonderen Charme und ihre eigene Persönlichkeit entwickelte, gab ihre Mutter die Strenge auf – wenn man es jemals zu Recht so bezeichnete – und offenbarte als deren wahren Hintergrund eine einzigartige Tiefe und Innigkeit des Gefühls. Sie behielten das Verhältnis größtenteils bei, das die Natur vielleicht so bestimmt hatte. Stella war immer die aufmerksame Dienerin, der das Dienen Freude machte, und die ihre zentrale Lebensaufgabe darin sah. Doch abgesehen davon, begann sie sehr bald die Wirkung ihrer Vorzüge auf andere zu genießen. Sie war schön, schöner, als sie auf ihren Bildern ist, denn vieles ihrer optischen Schönheit beruhte auf Nuancen – dem blassen, schimmernden Teint, dem wechselnden Ausdruck ihrer Augen, dem ganzen Mienenspiel. Wenn der Kopf deiner Großmutter der edelsten Periode griechischer Kunst zu entsprechen schien, war auch Stellas Kopf griechisch – nur war es das Griechenland eines späteren, dekadenteren Zeitalters – und übte mit seinen weicheren Linien und seinem länglicheren Oval eine noch bestechendere Anziehungskraft aus. Doch bei beiden war die Schönheit der Ausdruck ihrer Persönlichkeit. Stella war anpassungsfähig und anspruchslos, besaß aber neben dem, was man Charme oder Zauber nennt, eine wunderbare Würde und die Eigenschaft, einen tiefen Eindruck bei Menschen zu hinterlassen. Es war nicht, wie ich annehme, das, was sie sagte, denn das war einfach genug, sondern es war dieses Wechselspiel von Gelassenheit und verhaltenem Lachen in einem Gesicht, das aus Marmor gemeißelt schien. Sie war so fröhlich, so mädchenhaft, und besaß doch gleichzeitig etwas von der großen Gemütsruhe, die bei ihrer Mutter, unter dem Druck der Verhältnisse, einer anhaltenden Niedergeschlagenheit gewichen war. Stella und ihre Einführung in die Gesellschaft und ihre Erfolge und ihre Anbeter weckten viele Instinkte in ihrer Mutter, die lange geschlummert hatten. Sie liebte junge Männer, sie amüsierte sich über ihre Geständnisse und hatte riesigen Spaß an dem lustigen Wortgeplänkel; nur daß Stella, wie sie sich beklagte, immer darauf bestand, nach Hause zu gehen, bevor der Abend noch zu Ende war, aus Angst, daß sie müde sein könnte. Das ist eben das, was ich mit verzweifelter Metaphorik ihre Marmorähnlichkeit genannt habe, denn alle ihre Erfolge waren pure Spiegelfechterei ein Deckmantel für diese ständige Besorgtheit um ihre Mutter. Diese Besorgtheit war schön, doch war sie fast schon überschwenglich, denn sie hatte etwas von der krankhaften Übertriebenheit einer Zuneigung zwischen zwei Menschen, die zu eng miteinander verbunden sind, als daß das richtige Maß von Gedankenaustausch zwischen ihnen stattfinden könnte: Was in ihrer Mutter vorging, spürte Stella fast im gleichen Moment. Es bestand keine Notwendigkeit für den Verstand, über etwas nachzudenken und etwas zu kritisieren, dessen die Seele sicher war. Deiner Großmutter wäre zweifellos ein schärferer Widerstand, eine vernünftige Opposition lieber gewesen, die eine andere Art von Besorgtheit erfordert hätte. Sie mochte wohl gefühlt haben, daß die Bindung zu eng war, um gedeihlich zu sein, und Stella vielleicht daran hindern könnte, jene natürlichen Gefühle zu pflegen, denen sie einen so hohen Wert beimaß. Selbst eine kurze Trennung war unsäglich schmerzlich. Schon Tage vor ihrer Abreise war Stella bleich wie ein Gespenst und brach sogar einmal in heftiges Weinen aus. »Kommt es denn wirklich darauf an, wo wir sind«, sagte sie, »solange wir alle beisammen sind?«

Ihre Besorgtheit steigerte sich während der letzten Jahre sogar noch, als sie die Zeichen eines geschwächten Gesundheitszustandes bei ihrer Mutter bemerkte und keine Möglichkeit hatte, ihr die Ruhe zu verschaffen, die sie nötiger hatte als alles andere. Ihre Zurückhaltung ihrem Stiefvater gegenüber schlug jetzt ab und zu fast in scharfe und offene Anschuldigungen um, denn er schien, was für sie so offensichtlich war, nie die unzähligen Dinge zur Kenntnis zu nehmen, die seine Frau tat, oder wie entsetzlich erschöpft sie war. Als Stella dann im Frühling des Jahres 1895 ins Ausland geschickt wurde, überkam sie auf der Reise irgendwie das Gefühl, daß ihre Mutter krank zu Hause liege. Sie schrieb an Vanessa, die ihr aber nur eine von ihrer Mutter diktierte Antwort senden konnte. Es hatte sie tatsächlich eine leichte Krankheit befallen, doch mit der merkwürdigen und makabren Einbildungskraft eines Menschen, der eine Rolle bis zu Ende spielt, bestand sie darauf, die Wahrheit noch zu verschweigen. Stella kam mit dem instinktiven Bewußtsein gleich dem einer gepeinigten, stummen Kreatur nach Hause zurück, daß sie getäuscht worden war, und fand ihre Mutter mit einer fiebrigen Erkältung im Bett, die zehn Tage später zu ihrem Tode führen sollte.

Der Schock für Stella war unbeschreiblich. Nur aus reinem Edelmut begann sie, fast automatisch jedoch, für jeden alles zu tun, was sie nur konnte. Die Zukunft hatte keinen Sinn mehr für sie; die Gegenwart, mit einem Stiefvater, den sie kaum kannte, und vier Kindern, die Betreuung brauchten und ihr noch sehr wenig helfen konnten, war, wie ich annehme, eine ständige Qual für sie. Sie war ja eben erst sechsundzwanzig, und in einem einzigen Augenblick mußte sie nicht nur der Hauptquelle ihres ganzen Lebensinhalts, sondern auch ihrem wesenseigenen Betätigungsfeld entsagen, in dem ihre Fähigkeiten sie am meisten gefreut hatten. Die Lage in der sie sich befand, wäre freilich auch für jede andere – wer immer sie sein mochte – höllisch schwer gewesen; doch mit ihren großen Zweifeln an ihren eigenen Fähigkeiten und insbesondere ihrer Abneigung gegen Bücher war ihre Aufgabe entsetzlich qualvoll und fast übermenschlich. Andererseits wiederum: Hätte sie sich wohl jemals auch ohne diese Vereinsamung, die ihren ganzen Charakter enthüllte und nötigte, seine Kräfte in vollkommenem Sichselbstüberlassensein zu entfalten, als so großmütig und loyal erweisen können, wie sie es war? Alles, was in Zukunft aus ihr wurde, beruhte auf Erfahrung, war ihre eigene Leistung. Nie wieder hat ihr jemand als Stütze gedient; wahrscheinlich hat sie aber auch nie wieder jemanden so geliebt, wie sie ihre Mutter geliebt hat. Das war der unwiederbringliche Verlust, was immer der Gewinn gewesen sein mag.

Kaum war deine Großmutter tot, erbte Stella alle Pflichten, die sie zurückgelassen hatte; und wie ein quietschender, klappriger alter Wagen, der dennoch voller frischer junger Geschöpfe war, zog unsere Familie wieder mühsam ihre Straße.

Drittes Kapitel

Die Stellung deiner Großmutter in der Familie war so dominierend, daß ihr Tod nicht nur die zentrale Figur unseren Blicken entzog, sondern auch eine solche Veränderung der Familienbeziehungen mit sich brachte, daß uns das Leben lange Zeit unglaublich fremd erschien. In seinem verständlichen, aber bestimmt unklugen Bestreben, alles für uns zu tun, was deine Großmutter getan hatte, begann dein Großvater auch, uns zu unterrichten, und opferte seine halben Vormittage dafür – wirklich ein Opfer – das aber seiner Stimmung nicht gerade zuträglich war. Dann kam George und bestand, im Übermaß seiner Erschütterung, auf einer innigeren und reiferen Freundschaft mit uns; ja, sogar Gerald wurde während dieser Zeit seriös und gefühlvoll. Und um dieses Zentrum tiefer Erschütterung scharte sich eine Reihe von Freunden, die plötzlich ein Bedürfnis empfanden, an unserem Leben teilzuhaben, und ihr Recht auf die Anerkennung der Tiefe ihres persönlichen Mitgefühls geltend machten. Stella aber, obgleich im Augenblick selbst wie gelähmt, ließ sich keinen Moment lang in ihrer ruhigen Haltung unendlicher Fürsorge für andere und des Schweigens aus Rücksicht auf ihre eigenen Gefühle beirren; doch dessenungeachtet, schien diese Ruhe durch eine Reihe von Überlegungen und insbesondere von der Einwilligung unterbrochen, deinem Großvater in seiner Not unter völliger Selbstaufgabe uneingeschränkt beizustehen. Jeden Trost, der ihr zur Verfügung stand, welcher Art er auch sein mochte, spendete sie ihm, um seinen Seelenschmerz zu lindern. Ihr ganzer Tag stand zu seiner Verfügung; sie scheute keine Mühe, Menschen zu finden, die ihn besuchten und ihr bei einigen ihrer zahllosen, bis ins kleinste durchdachten Pläne für sein Wohlergehen helfen konnten. Jetzt ist es leicht, zu erkennen, daß es, wo sie versagt hat, auf die damals ungünstige Zeit zurückzuführen ist. Ihre Zweifel an sich selbst und die lange Dauer ihrer Abhängigkeit machten sie unfähig, ihrem eigenen sicheren Instinkt in dieser Situation zu folgen. Ihr Stiefvater war die Aufgabe, die ihre Mutter ihr hinterlassen hatte. Sie gab mit vollen Händen, in dem Bewußtsein, daß sie nicht das Beste von allem zu geben hatte; und dein Großvater, der zweifellos eine klare Definition ihrer Stellung verstanden hätte, hielt alles, was sie ihm gab, irrtümlicherweise für sein Recht. Eine der Konsequenzen war, daß sich das Leben für uns in einem chronischen Zustand der Verwirrung zu befinden schien. Wir waren verständlicherweise sehr unglücklich, weil wir einen deutlichen Mangel spürten, der in gewissen Momenten unerträglich stark war und nie befriedigt wurde. Doch das war ein eindeutiger Schmerz und seine plötzliche Schärfe war fast willkommen inmitten dieses beklemmenden, undurchsichtigen Lebens, das man nicht fühlte, das nichts Reales an sich hatte und uns dennoch überschwemmte und erstickte und uns blind machte. Alle diese Tränen und Klagen, diese Vorwürfe und Beteuerungen von Zuneigung, große Worte von Pflicht und Arbeit und dem Leben für andere, waren zweifellos das, was wir fühlen sollten, wenn unser Gefühl richtig gewesen wäre; doch wir hatten nur ein dumpfes Gefühl der Traurigkeit, das wir ehrlicherweise nicht auf die Tote beziehen konnten. Leider regte es auch unsere Gefühle für die Lebenden nicht wieder an, sondern traf, so schrecklich es war, die Lebenden wie die Tote und richtete dadurch ein unverzeihliches Unheil an, indem es das Inbild einer wahren und vollblütigen Mutter durch nichts Besseres ersetzte als durch ein ungeliebtes Phantom.

Jenen Sommer verbrachten wir, nach einigen heißen Monaten in London, in Freshwater[14], und die Hitze dort unten in der flachen Bucht, die von weicher Feuchte und üppiger Vegetation überzuquellen schien, mischte sich wie Dunstwolken mit der Erinnerung an andere heiße Räume und an eine Atmosphäre allzu üppiger Gefühle, so daß man manchmal ein physisches Bedürfnis nach rücksichtsloser Brutalität und frischer Luft hatte. Stella selbst glich der blassen Blume aus einem zu vollen Glashaus, denn es war eine Veränderung mit ihr vorgegangen, die schrecklich symbolisch schien. Noch nie war jemand so bleich gewesen. Und so unerwartet es auch scheinen mochte – aber dennoch ganz natürlich war –, kam der erste Impuls, uns das Leben erträglich zu machen, von deinem Großvater. Dieser Impuls tauchte auf und verschwand wieder. Auf einem Spaziergang vielleicht konnte er plötzlich unsere ganze merkwürdig konventionelle Familienbeziehung beiseite lassen und uns minutenlang ein in ein unpersönliches Licht getauchtes, inspirierendes Ideal freien Lebens ausmalen. Man mußte nur zahllose Dinge lernen und Bücher lesen, und dann konnte man, ohne unloyal zu sein, erreichen, erfolgreich und glücklich zu werden. In diesen Momenten schien es tatsächlich möglich, das alte Leben weiterzuführen, nur in einer sinnvolleren Weise, und, wie er uns geraten hatte, durch unsere Trauer das Gefühl wiederzubeleben, das uns geblieben war. Doch solche begeisterten Vorsätze hätten zweifellos, was ihre Dauer betraf, einer engeren Beziehung bedurft, als sie durch den Altersunterschied möglich war. Wir waren zu jung, und für ein Mitgefühl, das weniger mühevoll war, mußte er sich an andere wenden, denen es ihre Verschiedenheit in Herkunft und Temperament schwerer machte als uns, schon durch einen Blick allein sein dringendstes Anliegen zu erkennen. Schön war er in solchen Momenten, einfach und eifrig wie ein Kind, ungemein empfänglich für jede Zärtlichkeit und unendlich weich. In solchen Momenten hätten wir ihm geholfen, soviel wir konnten, hätten ihm alles gegeben, was wir besaßen, und nichts dabei gefühlt, als seine Not – doch dieser Moment war verpaßt.

Es war manchmal stimulierend, über unsere kindliche Welt hinauszuschaun und uns einzubilden, daß für uns der eigentliche Lebenskampf der sogenannten Erwachsenen bereits begonnen habe. Tatsächlich wirkte die Veränderung, die offenbar wurde, als wir wieder nach London übersiedelt waren und unseren Beschäftigungen nachgingen, zum Teil sehr belebend, denn wir versuchten zu beweisen, daß wir für Stella ebenbürtige Kameraden seien; und unser Leben wurde ungemein beflügelt durch das Gefühl werbender Ergebenheit, das sie in uns weckte. Werbend, weil sie für eine echte Kameradschaft zu verschlossen war, so daß man immer ein gewisses Risiko mit seiner Hilfsbereitschaft einging: vielleicht bemerkte sie sie gar nicht; vielleicht bezeugte sie aber auch, wenn sie sie wahrnahm, helles Entzücken, und ihre Verschlossenheit machte solche vertrauten Momente ungemein süß. Aber leider konnte ihr keine noch so devote Freundschaft, so hingebungsvoll sie auch sein mochte, das Gefühl geben, daß wir alle ihre Gedanken kannten, deren Wesensart kaum jemand verstehen konnte, und so war sie sehr einsam in ihrer Trauer. Kam man zum Beispiel unverhofft in ein Zimmer und überraschte sie dort in Tränen, bemühte sie sich zu unserer peinlichen Bestürzung sofort, sie zu verbergen und über belanglose Dinge zu sprechen, als nähme sie an, daß niemand ihren Kummer verstehen könne.

Und ich glaube, das war die Zeit, als deine Mutter, die damals knapp siebzehn Jahre alt war, zum erstenmal zaghaft in Erscheinung trat. Ihre Ehrlichkeit und ihre Klugheit waren genau die Eigenschaften, die Stella damals besonders zu schätzen geneigt war, weil sie erstens oft die exzentrischen Ausbrüche erschreckten, zu denen dein Großvater sich hinreißen ließ – und die sie, zu bescheiden, nur der Größe seines Intellekts zuschrieb –, und zweitens, weil sie in Vanessa als Charakter und als Persönlichkeit so etwas wie ein Abbild ihrer Mutter fand. Sie konnte Vanessa, als der einzige Mensch, der keinerlei Opfer für sich verlangte, vielleicht auch wie eine Vertraute behandeln. Auch empfand Stella zweifellos diesen eigenartigen inneren Stolz, den eine Frau empfindet, wenn weibliche Tugenden bei einer andern in einer so wunderbaren Weise offenbar und in so würdiger Weise vertreten werden; und der Stolz war in diesem Fall sehr innig und mit großer mütterlicher Freude gemischt. Ich weiß nicht, wieweit ich mich einer übertriebenen Deutung schuldig mache, wenn ich noch eine andere, aber unausgesprochene Ursache von Stellas wachsender instinktiver Zuneigung für Vanessa anführe. Der eine Bewerber, der sich nun schon seit zwei oder drei Jahren deutlich von andern Bewerbern abhob, war John Waller Hills, den deine Großmutter sehr gern hatte, und den auch Stella tolerierte. Er war damals ein magerer, eher unscheinbarer junger Mann, der nur durch seine eiserne Entschlossenheit und seine augenfällige Integrität voranzukommen schien und unwillkürlich an einen verbissenen Drahthaarterrier erinnerte; und dessen Hartnäckigkeit und Verbissenheit zu einer Zeit, als alle Zeichen gegen ihn sprachen, etwas Ehrenhaftes zu haben schienen, was auf uns, mit unserer halb komischen Einstellung zur Rivalität, sogar pathetisch wirkte. Er pflegte Sonntag für Sonntag zu kommen und seine Stunde abzusitzen; und er kämpfte mit der Sprache, wie ein Terrier mit seinem Knochen; doch er verbiß sich in das Wort, bis er es schließlich ausgesprochen hatte. Seine Methode war immer die gleiche. Er wußte, was er wollte, und falls ihm nicht vorher sein Dickschädel platzte oder sich nicht beiderseits schon leise Erfolgsaussichten öffneten, was wahrscheinlich war, bestand kaum ein Zweifel, daß er es bekam – wenn auch nicht gerade in diesem Augenblick. Denn im Vergleich zu dem Vielen, das jeder respektieren mußte und an seinen Beziehungen zu andern bewundernswert finden konnte, hatte er sehr wenig an sich, was irgend jemanden zu Liebe auf den ersten Blick anzuregen schien. Es war ganz natürlich, sich ihm für seine treuen Dienste während einer Reihe von Jahren verpflichtet zu fühlen und ihn dafür zu belohnen, indem man ihm einen ständigen Platz am Kamin überließ, oder am Sonntag ein Gedeck mehr auflegte, oder ihm den Titel Onkel für die Kinder von irgend jemand anderem zubilligte. Aber um von all diesen gewissen Gefälligkeiten abzusehen und ihm von Angesicht zu Angesicht als dem gegenüberzutreten, der sich das schönste Geschenk von allen zutraute, bedurfte es nach Stellas Meinung langer Überlegung und wiederholter Ablehnung. Er befriedigte so viele Wünsche, doch die Summe all dessen, was er gab, mußte nicht unbedingt mit Liebe belohnt werden. Nach dem Tode ihrer Mutter aber wurde Stella weit weniger anspruchsvoll, denn sie hatte eigentlich das Interesse an ihrem Schicksal verloren und hatte nichts, um sich dem zu widersetzen. Jack war so hartnäckig wie immer, als wäre er ein, wenn auch entfernter, Verwandter von uns. Bestimmt hatte er in seinem kleinen Zimmer in der Ebury Street einen genau ausgearbeiteten Plan vor sich, den er zu Papier gebracht hatte und nun einfach im einzelnen verfolgte. Aber das hatte sogar eine gewisse Faszination für jemanden wie Stella, die jetzt so dazu neigte, sich nur noch als die Luft zu betrachten, die feste Körper umgab. Seine ausgedehnten Besuche, bei denen es immer so lange Pausen oder krampfhafte Gespräche über nebensächliche Dinge, über Lachsfischerei oder Romane von Stevenson gab, hatten trotzdem ein unbestreitbares Feuer, einen Überzeugungswillen, der allem zugrunde lag und sich wie eine lähmende Hitze in ihr Gehirn fraß. Das brachte sie wieder zu Bewußtsein und gab vielem wieder Substanz, was sie wie Nebelschwaden umflutet hatte, während sie ihrem Tagewerk nachging. Doch es drohte eine zerstörerische Wirkung auf den Pakt zu haben, den sie mit ihrem Stiefvater geschlossen hatte und der ihm inzwischen zur Gewohnheit geworden war. So ergab es sich denn ganz natürlich, daß sie sich, aus vielen unausgesprochenen Gründen und diesem einen offensichtlichen Grund, instinktiv an Vanessa wandte, da nur Vanessa allein ihre Handlung billigen konnte, falls sie, was manchmal möglich schien, am Ende doch noch zustimmte, Jack zu heiraten. Und deine Mutter war auch wortlos einverstanden, denn sie hatte große Achtung vor Mr. Hills, und ihre Achtung wurde genährt und gleichzeitig gerechtfertigt durch unsere gemeinsame Kenntnis seiner unwandelbaren Ergebenheit. Unbewußt gewöhnte Stella sich an Jacks Besuche, denn obgleich sie zum Verzweifeln traurig und physisch erschöpft war, brannte eine blasse Flamme in ihr, die bei dem Gedanken an ein unabhängiges Leben aufleuchtete, zumindest an ein Leben, das nur von einem Menschen abhing. Denn nachdem einige Monate vergangen waren und der erste Sturm der Verzweiflung sich gelegt hatte, merkte sie, daß sie sich ihrem Stiefvater vollständig verschrieben hatte. Er erwartete völlige Selbstaufgabe von ihrer Seite und hatte anscheinend und mit gutem Grund entschieden, daß sie einen jener schönen weiblichen Züge besaß, die in bezug auf die eigene Person völlig anspruchslos sind. Sie mußte sich fügen – zum Teil, weil es leichter war, fortzufahren, wie sie begonnen hatte, und zum Teil, weil sie ihm die geistige Kameradschaft nicht bieten konnte und ihm deshalb das einzige geben mußte, was sie besaß. Doch Jack hatte mit dem Spürsinn des Rechtsanwalts, der liebt, sehr schnell gesehen, wie die Dinge lagen, und schlug eine sehr erfrischende Revolte vor. Er erachtete Stellas Wünsche und Stellas Gesundheit für weitaus wichtiger als jene eines Menschen, der für ihn ein Konversationslexikon war, das auf einem Bücherregal stehen sollte, und den man aufheitern und mit all seinen unsinnigen Wünschen ertragen mußte, wenn er sich entschloß, herunterzukommen. Stella wäre kein Mensch gewesen, wenn sie diese veränderte Betrachtungsweise nicht als Erlösung empfunden hätte. Langsam bekannte sie sich zu dem Gedanken eines neuen Lebens und versicherte, daß Jack und nur Jack allein derjenige war, der ihn angeregt hatte.

Doch sie war zu tief wie in eine Art Winterstarre entglitten, um gleich bei der ersten Berührung zu erwachen. Im März (glaube ich), fast ein Jahr nach dem Tod ihrer Mutter, machte er ihr einen Antrag, und sie wies ihn ab. Der Gedanke an den Schaden, an die verheerende Wirkung auf die feinen Fäden, die sich gerade über den Abgrund hinweg zu spinnen begannen, mag sie vielleicht abgeschreckt haben; und als sie ihrem Zukünftigen von Angesicht zu Angesicht gegenüberstand und versuchte, sich seiner großen Liebe, seiner Aufrichtigkeit und all seinen hingebungsvollen Wesenszügen zu öffnen, die in ihrer höchsten Ausdruckskraft leuchteten, fand sie noch immer etwas in ihrem Innern, das kalt, nachdenklich und skeptisch blieb, wo alles Zustimmung hätte sein sollen. Sie dachte daran, was sie vorher empfunden hatte. Doch der Sommer kam, und sie blickte mit Erleichterung auf Vanessa; und es mangelte nicht an maßgebenden Stimmen, die erklärten, daß ein solches Opfer – und sie nannten es bei seinem richtigen Namen – feige und außerdem kurzsichtig sei. Denn ihr Stiefvater, so argumentierten sie, würde noch auf Jahre hinaus den schönsten Trost aus ihrem Dasein schöpfen. Jack blieb nach wie vor hartnäckig und geduldig; und sie mußte sich gestehen, daß sie die Gewohnheit entwickelt hatte, sich in allen Belangen ganz auf ihn zu verlassen. Er war ein sehr wichtiger Faktor in ihrem Leben. Der Sommer ging seinem Ende zu, und niemand ahnte auch nur den Wechsel in Stellas Innern. Wir bauten auf sie, wie einfältige Menschen auf eine höhere Macht bauen, denn es schien für uns ganz selbstverständlich, daß immer jemand da war, der die Pflichten übernahm, die Stella zugefallen waren. Man hatte uns ein Haus in Hindhead überlassen, und eines Nachmittags Ende August kam Jack dorthin, da er mit seinem Rad irgendeinen Ort in der Nachbarschaft besuchte. Er hatte seine Besuche schon so oft auf diese Weise eingefädelt, daß wir nichts weiter erwarteten als die übliche Zurückhaltung, die er sich bei seinen Überfällen auferlegte, und wieder viele Belehrungen über Hunde und Fahrräder. Seine Meinung über diese Dinge wurde von uns hoch geschätzt. Er blieb zum Abendessen, was auch charakteristisch für sein Vorgehen war, aber nach dem Essen trat ein unerwarteter Bruch in der gewöhnlichen Etikette ein. Stella verließ das Zimmer mit ihm, um ihm den Garten oder den Mond zu zeigen, und schloß energisch die Tür hinter sich. Wir hatten noch gewisse Pflichten zu erfüllen und folgten ihnen bald mit einer Laterne, denn wir hatten die Gewohnheit, nach dem Abendessen Nachtfalter zu fangen. Ein paarmal erblickten wir sie, und immer verschwanden sie hastig um eine Ecke. Ein paarmal hörten wir Stellas Röcke rascheln und einmal auch Geflüster. Doch da der Mond sehr hell schien, waren keine Nachtfalter da. Stella und Jack schienen ins Haus gegangen zu sein, und wir kehrten ins Wohnzimmer zurück. Doch Vater war allein und äußerst unruhig; er blätterte die Seiten um, kreuzte die Beine und sah wiederholt auf die Uhr. Dann schickte er Adrian zu Bett, dann mich, dann Nessa und Thoby, und dabei war es doch erst zehn, und Stella und Jack waren immer noch draußen! Dann gab es eine Pause, und wir saßen in Adrians Zimmer, kalt, trübselig und seltsam unruhig. Dein Onkel Thoby bemerkte einen Landstreicher im Garten, der um etwas zu essen bettelte, doch Thoby schickte ihn mit einem großen Wortschwall weg, und wir fürchteten uns alle ein wenig, denn es war keine normale Nacht, und ominöse Dinge gingen vor. Dein Großvater lief aufgeregt auf der Terrasse hin und her, und wir waren alle wach und alle in Erwartung. Und noch immer geschah nichts. Nach einer Weile sah jemand aus dem Fenster und rief: »Stella und Mr. Hills kommen zusammen den Weg herauf!« Kamen sie Arm in Arm? Wußten wir plötzlich alles, was wir nicht zu vermuten gewagt hatten? Jedenfalls liefen wir in unsere Zimmer, und wenige Minuten später kam Stella herauf, mit entzückend geröteten Wangen, und erzählte uns – *wie* glücklich sie sei.

Die Neuigkeit wurde natürlich mit dem üblichen Stimmengewirr aufgenommen, in dem der einzelne ehrliche Glückwunsch immer unterzugehen droht. In diesen Momenten sind die Familien himmelhoch jauchzend, aber vielleicht auch zu Tode betrübt. Ich erinnere mich, daß dein Großvater einen von uns, den er in Tränen aufgelöst vorfand, scharf ins Gebet nahm, denn es sollte uns doch glücklich machen, sagte er, daß Stella glücklich war. Wahre Worte! Doch im nächsten Augenblick stöhnte er, daß dieser Schlag nicht wieder gutzumachen sei. Dann machten George und Gerald, die sehr verschwenderisch mit ihren Küssen umgingen und das Ihrige dazu beitrugen, daß sie und Jack allein zusammenbleiben konnten, Stella alsbald klar, daß es Schwierigkeiten geben würde, wenn Jack zuviel ins Haus käme. »Das ist nicht zu ändern«, sagte sie nur ergeben, »Männer sind so.« Und Kitty Maxse[15], die bei uns in dem Ruf profunden Wissens und ausgezeichneten Einfühlungsvermögens stand – eine überzeugende Kombination –, bestärkte sie ohne Zweifel in ihrer traurigen Einschätzung der Männlichkeit. »Das ist nicht zu ändern.«

Ihre Verlobungszeit hing von Anfang an von der Gnade vieler Kräfte ab. Immerhin gab es doch einige Spaziergänge in Hindhead oder eine gemeinsam verbrachte Woche in Corby[16], und Jack erfand Gründe, jeden Abend mit uns in London zu essen und dann sehr lange bei uns zu bleiben, bis George herunterkam und verlangte, daß der Anstand gewahrt werde, oder mit einigem Grund darauf bestand, daß Stella ihre Nachtruhe brauche. Etwas schien diese vielen beträchtlichen Ärgernisse zu überleben und war verwunderlich zu beobachten: der Lebenstrieb war in Stella von neuem erwacht. Ihr Auge leuchtete, ihre bleichen Wangen glühten ständig in einem zarten Rot. Sie lachte und war zu Scherzen aufgelegt. Manchmal überkam sie ein Angstgefühl und ließ sie nicht los: Sie hatte ihr Leben gelebt. Doch dann war Jack da, um ihr die Angst auszureden, sie zu küssen und ihr eine heile Zukunft, mit vielen Interessen und wesentlichen Dingen auszumalen. Sie hatte sich daran gewöhnt, auf sich selbst gestellt zu sein, was seine schmerzvolle Basis im realen Leben hatte; und ihre jetzige Liebe hatte nicht das geringste damit zu tun. Er hatte zwar einen stärkeren Lebenswillen als sie, doch sie nahm und gab mit offenen Augen. Es war schön; es war wiederum ein Flug mit entfalteten Schwingen in den Äther hinauf.

Doch alle diese Schwierigkeiten und Eifersüchteleien lösten sich alsbald in ein riesiges Problem auf: Wo sollten sie nach ihrer Heirat leben? Dein Großvater fand es ganz selbstverständlich, daß Stella ihn nicht verlassen würde, da sie unentbehrlich geworden war; und in ihrem ersten Freudentaumel hatten beide, Stella und Jack, zugestimmt, daß es möglich wäre, weiter in der Hyde Park Gate zu bleiben. Doch als sie dann versuchten, sich über Zimmerfragen, Lebensweise, Komfort und Rechte klar zu werden, stellte es sich alsbald heraus, daß der Plan unmöglich war. Und wenn sie falsch begännen, würden Unstimmigkeiten sich häufen; davon war Stella überzeugt, denn sie begann an der gerechtfertigten Vorstellung ihrer Unabhängigkeit als verheiratete Frau Gefallen zu finden, und George und Gerald waren ganz ihrer Meinung. Es ist indessen bezeichnend für den damaligen Gemütszustand deines Großvaters, daß er weiter mit der Erfüllung ihres übereilten Versprechens rechnete, als wäre das die natürliche und einzig mögliche Regelung, die keiner weiteren Überlegung bedürfe. Sein Erwachen war bestimmt sehr unerquicklich und löste auch viele unerquickliche Worte von seiner Seite aus: Sie hatten ihr Versprechen gegeben, und sie hatten ihn im Stich gelassen. Eines Abends jedoch ging Stella allein zu ihm in sein Arbeitszimmer hinauf und erklärte ihm, welche Bedenken sie hatten. Was sie gesagt, und was er geantwortet hat, kann ich nicht sagen; aber noch lange Zeit nachher konnte er nie von der Hochzeit sprechen hören, ohne laut zu stöhnen, und schon das leiseste Bedauern ermutigte ihn, genau zu erklären, wie sehr er leide, und wie wenig Grund er habe, sich zu freuen. Doch Stella war sehr geduldig und jetzt unter Jacks Einfluß auch imstande, die Bemerkungen ihres Stiefvaters in einem andern Licht zu sehen. Es gab Anzeichen, daß sie in den künftigen Jahren noch eine lebhafte und wunderschöne Freundschaft mit ihrem Stiefvater verbinden würde. Sie mieteten ein Haus am Ende der Straße, denn das war der Kompromiß, und Anfang April 1897 heirateten sie.

Da war nun soviel von Verlassenwerden, Einsamkeit und Veränderung die Rede gewesen, daß es überraschend war, zu sehen, wie der Haushalt am nächsten Tag fast normal weiterlief. Wir gingen nach Brighton, und von Stella und Jack begannen Briefe aus Florenz einzutreffen, die von zukünftigen neuen glücklichen Umständen berichteten. Es war tatsächlich schon eine Beruhigung, daß es ein separates Haus in einiger Entfernung von unserem und daher vermutlich unberührt von unserm Trübsinn war. Unter diesen Umständen schien selbst der Trübsinn sich aufzuhellen. Denn dein Großvater, der allein mit uns zurückgeblieben war, fand zweifellos vieles in unserer Unreife und unserem Mangel an Mitgefühl, das ihn erboste, doch gleichzeitig bekundete er auch ein großes Interesse an unserer Entwicklung, und wir begannen ihn mit spontanen Äußerungen, die sich auf Kunst und Literatur bezogen, zu überraschen. Aus Thoby würde ein »feiner Bursche« werden, und es fiel ihm plötzlich auf, daß deine Mutter »sehr hübsch« geworden war; kurzum, mit uns befreundet zu sein, war sein Lebenswunsch, und Stellas Heirat schien den Weg dafür freizumachen. Auch wir hatten unsere Theorie über die Art, ihn zu behandeln. Es war nicht Stellas Methode, versprach aber, sich zu bewähren. Als es Zeit war, wieder nach London zurückzukommen, waren wir deshalb auch begierig, Stella wiederzusehen, denn wir hatten ihr vieles zu erzählen, und wir waren sehr neugierig zu sehen, wie sie lebte. Doch am Morgen unserer Abreise kam ein Brief von George, in dem stand, daß Stella mit einer Erkältung zu Bett liege. Als wir nach Hause kamen, ging es ihr ein wenig schlechter, und kaum angekommen, schien es, als wären wir von schwerer Krankheit, Krankenschwestern, Konsultationen, Unterredungen und Geflüster umgeben. Wie ein Albtraum kam es auf uns zu und weckte schreckliche Erinnerungen, welche uns mit einer Möglichkeit konfrontierten, die wir einfach nicht glauben konnten; und dann war es, wie ein Albtraum, auch wieder verschwunden: Stella sei wieder gesund, hieß es. Sie ging auch tatsächlich ein wenig umher, kam zum Tee und zum Lunch zu uns und ging in Kensington Gardens spazieren. Doch sie bekam einen Rückfall und dann einen zweiten, und die Ärzte ordneten an, daß sie eine gewisse Zeit in ihrem Zimmer bleiben sollte. Aber wir durften sie besuchen; und obgleich die Zeit von schrecklichen Ängsten unterbrochen war – an die wir uns jedoch gewöhnt hatten – und wir nie sicher sein konnten, schien es, als würden sich unsere Hoffnungen erfüllen. Sie war ganz gewiß glücklich. Sie war weniger unsicher und weniger bescheiden als je zuvor, als hätte Jack sie endlich von ihrem Wert überzeugt. Das allerdings war ein Dienst, für den man ihm vieles verzieh; und unter dem Einfluß ihrer eindrucksvollen Gegenwart und Ruhe hatte er viele seiner schwierigen Gewohnheiten, wie sein emphatisches Festhalten an den Gemeinplätzen des Lebens, abgelegt und zeigte sich ergeben und freundlich wie immer, nur viel milder und sehr viel einsichtiger als früher. Er hatte vielleicht nur so ein Glück gebraucht, um alle seine Verschrobenheiten loszuwerden, die ohne Zweifel zum Teil durch die Notlage entstanden sind, daß er jahrelang gegen Hindernisse hatte ankämpfen müssen. Ihre Pläne waren alle erfolgreich: sie hatte ihren Stiefvater regelmäßig zum Tee bei sich und bewunderte seinen Geist und seine gute Gesundheit, und er war sehr liebevoll zu ihr, als er hörte, daß sie ein Kind erwartete. George und Gerald zogen ihre Erkundigungen selber ein. In jenem Sommer wurde deine Mutter auch »in die Gesellschaft eingeführt«, und Stella genoß eine der reinsten Freuden ihres Lebens, wenn sie ihre Schönheit betrachtete und ihre Glückschancen erwog. Sie empfand genau das, was eine Mutter empfunden hätte, und das war die Art von Glücksgefühl, das sie in höchstem Maße verstand; sie hatte es erfahren. Doch sie wurde wieder krank und schwebte sofort wieder in Lebensgefahr. Dieses Mal jedoch ging es nicht vorüber, sondern wurde immer schlimmer, bis uns plötzlich bewußt wurde, daß tatsächlich das Schlimmste zu erwarten war. Es scheint selbst heute noch unfaßbar.

Viertes Kapitel

In Zeiten bestürzender Ereignisse wie die, in der wir uns jetzt befanden, wird sofort eine Person zur zentralen Figur, zur Symbolfigur gewissermaßen, und bei diesem Anlaß war es deine Mutter. Viele Gründe kamen zusammen, die ihr diese prominente Rolle zuwiesen. Sie besaß viel von Stellas Schönheit und einige ihrer Charakterzüge, die wir mit ein wenig Phantasie für würdig erachten konnten, die Tradition fortzusetzen. Denn in unserer Trostlosigkeit und die großen Idealgestalten ständig vor Augen, hielten wir hartnäckig daran fest, daß es, um so zu sein wie Mutter oder wie Stella, darum ging, den Gipfel menschlicher Vollkommenheit zu erreichen. So wurde Vanessa mit achtzehn Jahren in der tragischsten Weise auf einen ungewöhnlichen Posten gestellt, der Autorität und Verantwortung erforderte. Jeder wandte sich an sie, und sie bewegte sich wie eine vom Prunk ihrer zeremoniellen Robe niedergedrückte junge Königin, bestürzt, voll tiefer Trauer und unsicher ihres Weges. Die dringendste Aufgabe war jetzt, Jack zu trösten, vielmehr, sich um ihn zu kümmern. Er hatte unendlich viel mehr verloren, als irgendein Mensch ermessen konnte. Seine Trauer schien die kommenden Jahre zu überdauern, sie dahinwelken zu lassen und seine Vergangenheit in ein düsteres Licht zu tauchen. Noch nie hat es einen so grausamen Verlust gegeben; denn er war in der härtesten Weise grausam, weil er ihn irgendwie zu zermalmen schien. Wie ein Tier, das durch einen Schlag auf den Kopf wie betäubt ist, ging er, elend und schrecklich anzuschaun, systematisch seiner Arbeit nach und bekundete urplötzlich ein mechanisches Interesse an substantiellen Fakten wie die Herstellung eines Fahrrades oder wie viele Menschen in der Schlacht bei Waterloo getötet wurden. Doch Abend für Abend kam er und saß bei deiner Mutter; und er verlor seine kritische Verkrampftheit und ließ seiner Trauer freien Lauf. Armer verstörter Mann! Auf seine stumme Weise hatte er die Schönheit angebetet; es hatte lange Zeit großer Charakterstärke bedurft, und im stillen mag er wohl gezweifelt haben, ob er solche Höhen je erreichen könnte. Während seiner ganzen zielstrebigen Jugend war Stella sein höchstes Ziel gewesen; er hatte sie und ihre Mutter mit aller Liebe geliebt, die in ihm war; sie waren Poesie und Jugend für ihn gewesen. Ein sehr hochstehender Charakter hätte vielleicht noch das Echo hinübergerettet, aber Jack neigte mehr dazu, unentwegt die Qual seines Verlustes im Auge zu behalten, als wäre ihm das Unrecht von einem skrupellosen, feindseligen Menschen zugefügt worden. Seine Haltung war wirklich tapfer, wenn auch auf eine verbissene Art, aber sie enthielt wenig Hoffnung, und sie drohte seine Zukunft einzuengen.

Deine Mutter, die dieses Erbe mit all seinen Komplikationen antrat, war, wie ich schon sagte, bestürzt: so viele Ansprüche wurden an sie gestellt. In gewisser Weise war es, bei solchen Vorbildern, leicht, das zu sein, was man von ihr erwartete, aber ebenso schwer war es auch, sie selbst zu sein. Sie war doch gerade erst achtzehn geworden, und wo sie hätte frei und noch unentschieden sein sollen, mußte sie bestimmt und entschieden sein. So kam es denn, daß sie sich zunächst so benahm, als hätte sie ihre Lektion auswendig gelernt, ohne ihr viel Sinn beizumessen: George gegenüber war sie herzlich und ergeben, Gerald gegenüber liebevoll, ihrem Vater gegenüber hilfsbereit und uns gegenüber fürsorglich. Ich habe das Gefühl, daß sie durch Stellas Tod einsamer zurückblieb als sonst einer von uns, des glücklichen Zusammenlebens beraubt, das täglich enger geworden war; und auch, weil sie eine so große Verantwortung hatte und keine Frau da war, die älter war als sie, um die Verantwortung mit ihr zu teilen.

Merkwürdig war die Situation, in der sie sich damals befand, und ein wohlwollender Beobachter hätte sich vielleicht mit Recht besorgt gefragt, mit welcher Charaktereigenschaft sie wohl imstande wäre, sich dem zu widersetzen. Ein Blick auf sie mochte ihn beruhigt und doch nichts anderes bewirkt haben, als seine Besorgnis auf etwas anderes zu lenken. Sie schien so fest in sich zu ruhen, und so erwachsen, daß sie bestimmt niemals Dummheiten machte; doch es lag auch eine so vielversprechende Gedankenfülle und Entwicklungsmöglichkeit in Blick und Stirn und in diesem leidenschaftlichen Mund, daß sie bestimmt nicht lange schweigen würde. Die momentane Ruhe war nur ein instinktiver Schild, um ihre verwundeten Gefühle zu verbergen. Diese würden sich jedoch sehr bald sammeln und gegen alle diese Schwierigkeiten ankämpfen, die ihnen so im Übermaß auferlegt worden waren – und mit welchem Resultat wohl?

Sie war schön, aber sie hatte diese achtzehn Jahre nicht gelebt, ohne zu beweisen, daß sie auch eine starke, lebhafte und zielbewußte Intelligenz besaß, die sich schon im Kinderzimmer gezeigt hatte, wenn sie mit Thoby argumentierte und den Dingen immer auf den Grund ging, ob es sich nun um Fragen der Kunst oder der Moral handelte. Sie war im geheimen auch sehr empfänglich für alle Schönheit in Farbe und Form; doch das verbarg sie, weil ihre Ansichten mit denen ihrer Umgebung nicht übereinstimmten und sie fürchtete, zu verletzen. Ferner waren Unlauterkeit des Charakters wie Widersprüchlichkeit in der Diskussion etwas, was sie im Nu erkannte, und das eine war bei ihr genauso verpönt wie das andre, denn sie legte strenge Maßstäbe an. An gewisse Menschen jedoch war sie durch eine instinkthafte Zuneigung gebunden, die keine Kritik zuließ, da sie, wie gesagt, ganz instinktiv war. Eine solche Zuneigung hatte sie vor seiner Heirat für Jack empfunden, und es war die erste Bresche in ihrer Beziehung zu ihrer Mutter und zu Thoby. Wenn ihre Mutter gelebt hätte, könnte man sich leicht vorstellen, daß Vanessa um sie herum gewesen wäre wie ein verspielter Hund und zum größten Vergnügen ihrer Mutter einen Versuch nach dem andern unternommen hätte, zu diskutieren, zu malen, sich in Freundschaften zu versuchen und Widersprüchlichkeiten in Diskussionen aufzudecken; und sie wäre über den Geist und den Eifer ihrer Tochter entzückt gewesen und hätte nur ihren Mangel an praktischer Erfahrung bedauert, hätte über ihre Fehler gelacht und sich über ihre Intelligenz gefreut. Aber das alles gehört zu den Dingen, die hätten geschehen sollen und doch, so unglaublich es scheint, nie geschehen sind, denn der Tod verhinderte diese edlen Versuche. Und Vanessa war statt dessen durch den Tod ihrer Mutter und das unnatürliche Leben, das er eine Zeitlang zur Folge gehabt hatte, zum erstenmal ganz verstört gewesen; und nun versetzte Stellas Tod sie wieder in eine gänzlich neue Situation.

Menschen, die ihrem Vorbild im Äußeren sogar bis auf die Farbe der Augen und die Form der Nase folgen müssen und es lieben, wie in einem Sensationsroman zu leben, proklamierten sie jetzt zur auserwählten Erbin aller weiblichen Tugenden, hatten aber in einer gewissen Verwirrtheit die energischen Charakterzüge deiner Großmutter und Stellas weiche vergessen und ein Modell als Vorbild für Vanessa geschaffen, das zwar äußerlich schön, im Innern aber tödlich leer war. Und wieder durchlebten wir dieselben Beileidsbezeugungen. Wir hörten immer wieder aufs neue, daß es eine solche Tragödie noch nie gegeben hätte. Manchmal machte sie fast den Eindruck eines Kunstwerks; öfter noch enthüllte sie ein ungestaltetes Trauerspiel, aus dem es keine Erlösung gab. Zum Glück war es Zeit für uns, London zu verlassen. Wir hatten ein Haus in Painswick gemietet, und die schrecklichen Trauergäste, die Verwandten und Freunde, kehrten wieder in ihre eigenen Behausungen zurück.

Aber für uns fing die Tragödie erst an. Wie im Fall von andern Wunden war der Schmerz im Augenblick betäubt und machte sich erst später bemerkbar, als wir uns zu rühren begannen. In allen unseren Obliegenheiten saß der Schmerz oder eine dumpfe Beklemmung, eine Art Unruhe und eine Ziellosigkeit, die noch schlimmer waren. Ein solches Elend sucht sich auf ein Objekt zu konzentrieren, wenn es eines finden kann, und es gab eine Person, die sich für unseren

Zweck sehr gut eignete. Dein Großvater war merkwürdig lebhaft, und kaum, daß wir wieder denken konnten, richteten wir unsere Blicke auf ihn und fanden genügend Grund für unseren Zorn. Wir erinnerten uns, wie er Stellas Kräfte überbeansprucht und ihr die wenigen Monate ihres Glücks verbittert hatte, und jetzt, wo er zerknirscht sein sollte, bekundete er weniger Gram als sonst jemand. Im Gegenteil, keiner war ungebrochener; und es gab auch schon Anzeichen, daß er fest entschlossen war, Vanessa als nächste zu opfern. Wenn er traurig sei, erklärte er, solle sie auch traurig sein, und wenn er ärgerlich werde, wie es periodisch geschah, wenn sie einen Scheck von ihm verlangte, solle sie weinen; statt dessen stand sie vor ihm wie ein Stein. Doch ein Mädchen mit Charakter dachte nicht daran, solche Reden hinzunehmen, und als sie sie mit andern Worten gleicher Art in Verbindung brachte, die er an die erst kürzlich verstorbene Schwester und sogar an ihre Mutter gerichtet hatte, war es kein Wunder, daß sie ein unbändiger Zorn packte. Wir machten ihn zum Inbegriff all dessen, was wir in unserm Leben haßten, er war ein Despot von unfaßbarem Egoismus, der die Schönheit und Fröhlichkeit der Toten durch Häßlichkeit und Trübsinn ersetzte. Wir waren bitter und hart und großenteils ungerecht. Und doch scheint es mir selbst heute noch, daß in unserer Anklage ein Körnchen Wahrheit steckte und Grund genug, weshalb beide Teile damals, ohne besonderes Verschulden, nicht imstande waren, zu einem guten Einvernehmen zu kommen. Wäre er zehn Jahre jünger und wir älter gewesen, oder wäre eine Mutter oder eine Schwester dagewesen, um zu vermitteln, hätte viel Kummer und Ärger und Einsamkeit vermieden werden können. Doch wiederum zerstörte der Tod, was so herzlich hätte sein sollen.

Wir hatten auch noch einen anderen Grund, uns zu kränken, und der uns hinderte, gerecht zu urteilen. Jack, der einen schrecklichen Sommer in London zubrachte, kam regelmäßig am Sonntag zu uns. Er war müde und mürrisch, und es schien sein einziger Trost zu sein, stundenlang mit deiner Mutter oder mit mir in einer kleinen Laube im Garten zu sitzen; er sprach – wenn er sprach – von Stella und der

Vergangenheit, und wenn Worte sinnlos wurden, herrschte Schweigen. Ich erinnere mich an die Umrisse eines kleinen Baumes, der in einer flachen Mulde vor uns stand, wie ich plötzlich, während ich dort saß und Jacks Hand hielt, diesen Baum als das Sinnbild der Trauer empfand, denn er war so still und ergeben und ohne Frucht. Doch von Zeit zu Zeit machte Jack eine bittere Bemerkung über deinen Großvater und sein Verhalten Stella gegenüber und daß ihr Tod ihn gar nicht erschüttert habe. Das genügte, um unsere feindlichen Gefühle gegen ihn noch zu verschärfen, denn wir hatten den innigen Wunsch, Jack zu helfen, und er schien wirklich der Mensch zu sein, der unser Elend verstand. Aber obgleich ich mich an diesen Vigilien von Anfang an genauso beteiligt hatte wie Vanessa, wendete sich Jacks Vorliebe und Vertrauen allmählich mehr ihr zu als mir, und je mehr eine solche Vorliebe gezeigt wird, um so eindrücklicher und nachhaltiger wird sie. Sie war die geeignete Person, sich um ihn zu kümmern, und außerdem hatte sie, wie ich sagte, früher schon eine Zuneigung für ihn empfunden, die, wenn auch noch kindlich, leicht der Auftakt zu stärkeren und leidenschaftlicheren Gefühlen sein konnte, und der Anreiz war stark.

So tieftraurig das auch alles sein mochte, das Unerträgliche daran war das Gefühl der Gegensätzlichkeit der Charaktere und ihrer Bemühungen, die Tag für Tag unter Menschen zum Ausdruck kam, die miteinander leben mußten. Denn Stella hatte viele, sonst widersprüchliche Eigenschaften in sich vereinigt. Wir (dieses ›wir‹ bezieht sich in Zukunft auf deine Mutter und mich) gingen allein spazieren, wenn wir konnten, und diskutierten das Verhalten der verschiedenen Beteiligten, und wie sie sich noch über ihrem Grab weiter zu streiten drohten. Bis jetzt drohten sie nur, doch ein Mann oder eine Frau von Welt, wie George zum Beispiel oder Kitty Maxse, sagten vielleicht schon den größten Skandal der Zukunft voraus. Im Augenblick verbot es der Anstand noch, offen darüber zu reden; aber der Verdacht war ohne Zweifel vorhanden und zeigte sich bei George in einer Hochspannung und Gefühlstiefe, die uns auffiel, die wir uns aber noch nicht erklären konnten. George war tatsächlich eine sehr wichtige

Persönlichkeit geworden und sollte es auch bleiben. Er war so plötzlich in die engste Beziehung zu uns getreten, daß es kein Wunder war, wenn wir in unserer Ahnungslosigkeit übereilte und leichtfertige Urteile über ihn fällten. Er war einmal, als wir noch Kinder waren, unser Idol gewesen – stark, schön und gerecht; und er lehrte uns, unsere Kricketschläger gerade zu halten und die Wahrheit zu sagen, und wir wurden rot vor Freude, wenn er uns lobte. Die ganze Welt, soweit wir das beurteilen konnten, bewunderte ihn. Seine Gegenwart löste in deiner Großmutter helles Entzücken aus, und gefühlvoll, wie Kinder sind, glaubten wir, daß er vielleicht ihrem toten ersten Gatten gliche, und vielleicht hatten wir sogar recht. Seine Erfolge bei italienischen Gräfinnen und bei Uhrmachern in den Slums, die ihm sofort ihr ganzes Herz ausschütteten, gehörten zu unserer täglichen Unterhaltung. Und er pflegte mit uns auch hinten im Garten zu spielen und behauptete, unsere Schulaufsätze zu lesen, was wir aber nicht glaubten. Seine Gefühle, sein Charakter und seine Seele waren, soviel wir wußten, makellos und errangen täglich aufs neue diesen schweren und geheimnisvollen Sieg, den die Tugend in Büchern über den Intellekt erringt. Gerald verkörperte merkwürdigerweise im Unterschied dazu den Intellekt. In Wirklichkeit war George ein dummer, gutmütiger junger Mann mit überschwenglichen, schnell wechselnden Gefühlen, die zu Lebzeiten seiner Mutter in Grenzen gehalten wurden. Als sie starb jedoch, schien ein Damm zu bersten. Er zeigte sich so traurig, so liebevoll, so unbeschreiblich selbstlos, was seine Pläne betraf, daß die Stimmen aller Frauen laut sein Lob sangen. Die Männer waren gerührt von seiner Bescheidenheit, wunderten sich aber gleichzeitig. Was hatte er nur, das ihn von anderen Männern so unterschied? Dumm war er und gutmütig, aber solche Eigenschaften waren nicht so einfach: Sie waren unbestimmt, verworren, verdreht und exaltiert und schwammen in einem Ozean rasender Gefühle, bis man vollkommen verloren war und überhaupt nicht mehr wußte, wo man stand. Die Natur, so kann man annehmen, hatte ihn mit einem Übermaß an animalischer Vitalität versorgt, hatte aber versäumt, ein gut funktionierendes Gehirn als Kontrollorgan einzusetzen. Das Resultat war, daß dieser gute, so von sich eingenommene Bursche alle Empfindungen, die er in der Schule und im College in sich aufgenommen hatte, auch noch beibehielt, als er bereits ein Mann war. Sie hatten sich nicht erweitert, drohten aber unter dem Einfluß heftiger Gefühlsausbrüche ungeheure Proportionen anzunehmen, und er erwies sich mehr und mehr als unfähig, sie zu zügeln. So erlaubte er sich unter dem Deckmantel der Selbstlosigkeit Handlungen, die ein differenzierterer Mensch tyrannisch genannt hätte; und zutiefst von der Reinheit seiner Liebe überzeugt, benahm er sich nicht viel besser als ein Rohling. Wieweit er sich bewußt täuschte, und wieweit er imstande war, zu erkennen, welche Gaukeleien in diesem obskuren Gehirn vor sich gingen, ist für uns immer ein Rätsel geblieben. Diese Kombination jedoch von etwas wie Vernunft und vielem, was man nur mit irrationalem Instinkt bezeichnen konnte, hat uns immer verwirrt und getäuscht und schließlich dazu geführt, daß wir ihm abwechselnd trauten und mißtrauten, bis seine Heirat[17] solche Spekulationen glücklicherweise nur noch zu gelegentlichen Hirngespinsten werden ließ. Doch im Augenblick schien sein Verhalten durchaus glaubhaft: Er war der einfache, häusliche Mensch, mit tiefem Gefühl, der sich aus angeborener Güte, nun, da seine Hauptfreude gestorben war, anschickte, alles zu tun, um Mutter, Schwester und Bruder in einem für uns zu sein. Er verbrachte seine Ferien mit uns und war immer bereit, mit deinem Großvater einen Spaziergang zu machen, mit Vanessa über ihre Schwierigkeiten zu sprechen und kleine Vorschläge zu machen, um uns zu zerstreuen. Wer wird sagen, daß darin nicht etwas echte Zuneigung lag, ein Bemühen, gegen seinen Willen etwas zu tun, was er für richtig hielt? Und doch, wie sollte man das Gute vom Schlechten, das Gefühl von der Gefühlsduselei, das Echte von der Pose unterscheiden? Aber wir waren einfach gutgläubig und bereit, seinem inneren Tumult mit unserer gewohnten tapferen Art zu begegnen. Tugend, schien es, siegte stets. Das waren die Personen, die, scheinbar gezwungen, in diesem großen Strudel vereint worden waren, und es brauchte nicht den Blick eines Sehers, um Zusammenstöße, Bruch und letzten Endes das Auseinandergehen aller Beteiligten vorauszusehen. Und tatsächlich: wo sind wir heute alle, die sich einmal so nahestanden?

Am Ende des Sommers drängte Jack uns sehr, doch eine Woche mit ihm in Corby zu verbringen; wir sollten ihm über den ersten Schock des Heimkommens hinweghelfen, oder eine Erfahrung machen, die wir anders nicht hätten machen können. Denn wenn man Gefühle durch das scharfe Mikroskop anschaut, das der Kummer leiht, ist es erstaunlich, wie sie sich, dem feinsten Blattgold gleich, über immense Flächen von Materie ausdehnen. Und wir armen Kinder hielten es für unsere Pflicht, unablässig auf die Suche nach diesen winzigen Stäubchen zu gehen, wo immer sie auf der Oberfläche des Erdballs, den großen Gebirgen und Ozeanen, verstreut liegen mochten. Es ist qualvoll, sich an die vielen Stunden zu erinnern, die wir mit solchen minutiösen Betrachtungen verbrachten.

Entweder hatte Jack einen Wunsch geäußert – oder hatten wir es uns nur eingebildet –, dann mußten wir den entsprechenden Trost herausspüren, die winzige, für uns aber so gigantische Wende – so oder so – im Verlauf der Dinge. Und dann würde uns allen viel erspart bleiben; und unsere schreckliche Aufgabe, alle Bruchstücke seines Lebens wieder zusammenzusetzen, wäre um eine Haaresbreite vorwärtsgegangen. Jack selbst konnte nicht erkennen, was wir im einzelnen für ihn taten; bestimmt aber war ihm mittlerweile das Ausmaß unserer, sagen wir lieber Vanessas Bemühungen klar geworden. Er begann langsam eine normale und unbewußte stille Freude an ihrem Zusammensein zu empfinden – ohne mich, nehme ich an, denn ich war manchmal eifersüchtig, wenn ich auch nur einen der vielen feinen Anpassungsversuche wahrnahm, die ihre Gegenwart bewirkte. Doch das war ein Beweis, wie ein gesunder Schlaf, daß der Heilungsprozeß wirklich im Gange war. Wir fuhren nach Corby und verbrachten dort eine der gräßlichsten Wochen unseres Lebens. Vielleicht kam unsere Mißstimmung zum Teil auch aus dem Verdacht, daß Jack möglicherweise nicht alle unsere

Bemühungen wahrnehmen könnte und die übrige Welt größtenteils gar nichts davon wußte. Hin und wieder lehnte ich mich in der alten Weise wieder gegen ihn auf, doch sofort mit einem Gefühl des Verrats, wenn ich merkte, mit welchem Schweigen Vanessa meinen Anklagen begegnete – wie jemand, der im Besitze geheimen Wissens ist.[18]

Anmerkungen

1 »Deine Mutter« ist natürlich Vanessa, Julian Bells Mutter. »Die drei kleinen Geschöpfe«, derer sie sich annimmt, sind ihre jüngere Schwester und ihre Brüder. – Virginia, Thoby und Adrian Stephen.

2 »Die andern« sind George, Stella und Gerald Duckworth, die Stiefgeschwister.

3 Julians Großeltern waren natürlich Julia und Leslie Stephen.

4 St. Ives in Cornwall, wo die Stephenfamilie von 1882 bis 1894 ihre Sommerferien verbrachte.

5 John (Jack) Waller Hills. Siehe S. 137 ff. »Es war ganz natürlich, sich ihm verpflichtet zu fühlen ... und ihm aus Dankbarkeit ... den Titel Onkel für irgend jemandes Kinder zuzugestehen.«

6 John Ruskin, englischer Kunstschriftsteller und Sozialreformer: *The Elements of Drawing* (Die Grundelemente des Zeichnens), London 1857.

7 Madge Symonds, eine Tochter J. A. Symonds' [Dichter und Kulturhistoriker], heiratete Virginias Vetter, William Wyamar Vaughan. Madge war die erste, die Virginias Leidenschaft erregte, deren Intensität in Mrs. Dalloways Erinnerungen an Sally Seton wiedergegeben ist.

8 Alfred Lord Tennyson (1809–1892), englischer Lyriker, bekannt für seine poetische Wiedergabe erlesener Gefühle und Stimmungen. Gilt als der viktorianische Dichter par excellence. [Anm. d. Übers.]

9 Die »vier anderen« waren Julias drei Kinder aus ihrer ersten Ehe mit Herbert Duckworth, und Laura, die Tochter von Leslie Stephen und seiner ersten Frau Minny.

10 Das »Mausoleum Book«, die Autobiographie, die Leslie Stephen nach dem Tode Julias begann. Die letzte Eintragung, die er Virginia diktierte, wurde 1903 gemacht.

11 *The English Utilitarians,* veröffentlicht 1900; kürzere Werke sollten folgen.

12 Tante Mary (geborene Jackson), Julias ältere Schwester, die Herbert Fisher heiratete und sieben Söhne und vier Töchter hatte.

13 Julia starb am 5. Mai 1895, im Alter von neunundvierzig Jahren. Vanessa wurde am 30. Mai sechzehn.

14 Seebad in Südengland. [Anm. d. Übers.]

15 Kitty Maxse (geb. Lushington) war ein häufiger Gast in der Hyde Park Gate. Nach Stellas Tod verband sie eine enge Freundschaft mit Vanessa.

16 Corby Castle, direkt östlich von Carlisle, war das Heim der Hills.

17 George heiratete Lady Margarete Herbert am 10. September 1904.

18 Jack Hills wurde 1906 ins Parlament gewählt. 1931 heiratete er Mary Grace Ashton.

Eine Skizze der Vergangenheit

Vor zwei Tagen – um genau zu sein, am Sonntag, dem 16. April 1939 – sagte Nessa zu mir, wenn ich nicht anfinge, meine Memoiren zu schreiben, wäre ich bald zu alt dazu. Ich wäre dann vielleicht fünfundachtzig und könnte mich nicht mehr erinnern – wie in dem traurigen Fall von Lady Strachey[1]. Da ich es zufällig auch satt habe, an Rogers Biographie[2] weiterzuarbeiten, werde ich vielleicht zwei oder auch drei Morgen dazu verwenden, eine Skizze zu schreiben. Allerdings gibt es einige Schwierigkeiten. Erstens, die enorme Anzahl von Dingen, an die ich mich erinnern kann, und zweitens, die vielen verschiedenen Arten, in denen Memoiren geschrieben werden können. Als leidenschaftliche Memoirenleserin kenne ich viele verschiedene Arten. Doch, wenn ich anfange, sie durchzugehen und sie und ihre Vor- und Nachteile zu analysieren, werden die Morgen vergangen sein – und mehr als höchstens zwei oder drei kann ich nicht dazu verwenden. Ich fange also an, ohne mich damit aufzuhalten, die mir passende Form zu finden, in der sicheren und festen Überzeugung, daß sie sich ganz von selbst ergeben wird (und wenn nicht, spielt es auch keine Rolle): die erste Erinnerung.

Sie bezieht sich auf rote und lila Blumen auf schwarzem Grund – das Kleid meiner Mutter, und sie saß entweder in einem Eisenbahnwagen oder in einem Omnibus, und ich saß auf ihrem Schoß. Darum sah ich auch die Blumen, die sie trug, aus allernächster Nähe, und mir ist, als sähe ich das Lila, das Rot und das Blau gegen das Schwarz noch immer vor mir; es müssen Anemonen gewesen sein, scheint mir. Vielleicht fuhren wir nach St. Ives – wahrscheinlicher jedoch ist, daß wir nach London zurückkamen, denn dem Licht nach müßte es Abend gewesen sein. Aber aus künstlerischen Gründen ist es mir lieber, anzunehmen, daß wir nach St. Ives fuhren, weil das zu meiner anderen Erinnerung führt, die mit zu meiner ersten zu gehören scheint, ja, die tatsächlich die wichtigste aller meiner Erinnerungen ist. Wenn das Leben ein Fundament hat, auf dem es steht, wenn es eine Schale ist, die man füllt und füllt und füllt – dann steht meine Schale zweifellos auf dieser Erinnerung: Ich liege halb schlafend, halb wach im Bett, im Kinderzimmer in St. Ives. Ich höre – hinter einem gelben Rouleau –, wie die Wellen sich, eins-zwei, eins-zwei, brechen und über den Strand hinaufschäumen, und sich dann wieder, eins-zwei, eins-zwei, brechen. Ich höre das Rouleau, das seine kleine Holzquaste an der Schnur über den Boden schleift, wenn der Wind es nach außen bauscht; ich liege und höre dieses Schäumen und sehe dieses Licht, und ich habe das Gefühl, es ist fast nicht möglich, daß ich tatsächlich hier bin, mit dem Gefühl der reinsten Ekstase, die ich mir vorstellen kann.

Ich könnte Stunden mit dem Versuch zubringen, das so zu schreiben, wie es geschrieben werden sollte, um dieses Gefühl wiederzugeben, das mich sogar in diesem Augenblick noch so stark bewegt. Aber ich werde versagen (es sei denn, ich hätte ganz großes Glück); dieses Glück zu haben, wäre mir allerdings nur gelungen, wenn ich mit der Schilderung von Virginia selbst begonnen hätte. Damit komme ich zu einer der Schwierigkeiten der Memoirenschreiber – zu einem der Gründe, weshalb von den vielen, die ich lese, so viele Versager sind. Sie lassen die Person außer acht, der die Dinge passierten. Der Grund dafür ist die große Schwierigkeit, einen Menschen zu schildern, und so sagen sie einfach: »Das und das ist passiert«, aber sie sagen nicht, wie die Person war, der es passiert ist. Und das Geschehen bedeutet sehr wenig, wenn man nicht weiß, wen es betroffen hat.

Wer war ich also?

Adeline Virginia Stephen, die zweite Tochter von Leslie und Julia Prinsep Stephen, geboren am 25. Januar 1882, entstammt einer langen Reihe von Vorfahren, einige berühmt, andere unbekannt; hineingeboren in eine große Familie, nicht von reichen, aber wohlhabenden Eltern; hineingeboren in eine sehr redselige, literarische, Briefe schreibende, Besuche machende, typische Gesellschaft des späten neunzehnten Jahrhunderts, so daß ich, wollte ich mir die Mühe machen, eine Menge nicht nur über meine Mutter und meinen Vater, sondern über Onkel und Tanten, Cousins und Cousinen und Freunde schreiben könnte. Aber ich weiß nicht, wieviel, oder welcher Teil davon mir das Gefühl gab, das ich im Kinderzimmer in St. Ives empfand. Ich weiß auch nicht, wieweit ich mich von andern Menschen unterscheide. Das ist eine andere Schwierigkeit für den Memoirenschreiber. Denn um sich selbst wahrheitsgemäß zu schildern, muß man einen Vergleichsmaßstab haben: War ich klug, dumm, hübsch, häßlich, leidenschaftlich, kalt? Teils auf Grund der Tatsache, daß ich nie auf einer Schule war, mich niemals mit Kindern meines Alters in irgendeiner Weise gemessen habe, war ich auch nie imstande, meine Begabungen und Mängel mit denen anderer Menschen zu vergleichen. Aber es gab natürlich einen äußeren Grund für die Intensität dieses ersten Eindrucks: das Gewahrwerden der Wellen und der Holzeichel an der Rouleauschnur, das Gefühl – wie ich es mir manchmal selbst beschreibe –, in einem dunklen Blaurot zu liegen und durch einen Schleier von halbdurchsichtigem Gelb zu schauen –, das zum Teil auf die vielen Monate zurückzuführen war, die wir in London verbrachten. Der Kinderzimmerwechsel bedeutete eine große Umstellung. Dazu kam die lange Reise mit dem Zug und die Aufregung. Ich erinnere mich an die Dunkelheit, die Lichter, an das Durcheinander beim Zubettgehen.

Doch, um beim Kinderzimmer zu bleiben – es hatte einen Balkon. Er hatte zwar eine Trennwand, hing aber mit dem Schlafzimmerbalkon meines Vaters und meiner Mutter zusammen. Meine Mutter kam gewöhnlich in einem weißen

Morgenrock auf ihren Balkon hinaus, an dessen Wand Passionsblumen wuchsen. Das waren große, sternförmige Blüten, mit violettem Fadenkranz und großen grünen Knospen, teils voll, teils leer.

Wenn ich eine Malerin wäre, würde ich meine ersten Eindrücke in einem blassen Gelb, Silber und Grün malen: wie die hellgelben Rouleaus, das grüne Meer und das Silbrige der Passionsblumen. Ich würde ein halbtransparentes Rundbild malen, ein Bild mit gewölbten Blütenblättern, mit Muscheln, mit Dingen, die halb durchsichtig wären; ich würde Arabesken ohne feste Umrisse malen, durch die das Licht scheint. Alles wäre groß und verschwommen, und was zu sehen wäre, wäre gleichzeitig auch zu hören – Geräusche würden aus dieser Blüte oder jenem Blatt kommen, Geräusche, die vom Bild selbst nicht zu unterscheiden wären. Geräusch und Bild scheinen also diese ersten Eindrücke zu gleichen Teilen auszumachen. Wenn ich an die frühen Morgen im Bett denke, höre ich auch das Krächzen der Krähen aus großer Höhe herunterfallen. Das Geräusch scheint durch eine elastische, gummiartige Luft zu fallen, die es aufhält, und die verhindert, daß es scharf und deutlich wird. Die Art der Luft über Talland House schien Geräusche aufzufangen und nur langsam heruntersinken zu lassen, als wäre sie in einem blauen, gummiartigen Schleier gefangen. Das Krächzen der Krähen gehört mit zum Sich-brechen der Wellen – eins-zwei, eins-zwei – und dem Schäumen des Wassers, wenn sie zurückweichen, um sich dann wieder zu sammeln. Und ich lag dort, halb wachend, halb schlafend, und sog eine solche Ekstase in mich ein, wie ich sie nicht beschreiben kann.

Die nächste Erinnerung – alle diese Farb- und Geräuscherinnerungen in St. Ives gehören zusammen –, war viel derber, sie war äußerst sinnlich. Sie war später. Mir wird noch jetzt heiß – als wäre alles reif, summend und sonnig, als röche ich so viele Gerüche zugleich, und alles vereint sich zu einem Ganzen und läßt mich noch jetzt innehalten – so wie ich damals innehielt, als ich zum Strand hinunterging: Ich blieb oben stehen, um auf die Gärten hinunterzuschauen. Sie lagen tiefer als der Weg. Die Äpfel hingen in Kopfhöhe. Aus den

Gärten drang Bienengesumm herauf, die Äpfel waren rot und golden; auch rosa Blumen gab es dort und graue und silbrige Blätter. Das Brummen und Summen und der Duft schienen wollüstig wie gegen ein Membran zu pressen, nicht um es zu sprengen, sondern um mich mit einer solchen Verzückung zu umsummen, daß ich stehenblieb, schnupperte und schaute. Doch wiederum kann ich diese Verzückung nicht beschreiben – es war viel eher eine Verzückung als eine Ekstase.

Die Stärke dieser Bilder – doch das Schauen war damals immer sosehr mit Geräuschen verbunden, daß ›Bild‹ nicht das richtige Wort ist – jedenfalls läßt mich die Stärke dieser Eindrücke wieder abschweifen. Jene Momente – im Kinderzimmer und auf dem Wege zum Strand – können noch heute realer sein als der gegenwärtige Augenblick. Das habe ich soeben überprüft. Denn ich stand auf und ging durch den Garten. Percy stach Spargel und Louie schüttelte gerade eine Matte vor der Schlafzimmertür aus.[3] Aber ich sah sie in der Umgebung, die mir hier eben vorschwebte: das Kinderzimmer und der Weg zum Strand. Manchmal kann ich mich noch konsequenter nach St. Ives zurückversetzen als heute morgen. Ich kann ein Stadium erreichen, wo ich Dinge so geschehen sehe, als wäre ich dort. Das bedeutet, wie ich annehme, daß mein Gedächtnis das produziert, was ich vergessen hatte; so daß es aussieht, als geschähe es unabhängig von mir, obwohl ich es doch in Wirklichkeit geschehen lasse. In gewissen günstigen Stimmungen tauchen Erinnerungen – etwas, was man vergessen hatte – wieder auf. Wenn das so ist, wäre es dann nicht auch möglich – frage ich mich oft –, daß Dinge, die wir mit großer Intensität erlebt haben, unabhängig von unserem Bewußtsein existieren, in Wirklichkeit noch immer existieren? Und wenn ja, wäre es dann nicht möglich, daß mit der Zeit eine Erfindung gemacht würde, durch die man sie verfügbar machen kann? Die Vergangenheit sehe ich als eine große breite Straße, die hinter mir liegt, ein langes Band von Szenen und Emotionen. Am Ende dieser Straße liegen noch immer der Garten und das Kinderzimmer. Doch anstatt mich hier einer Szene und dort eines Geräuschs zu erinnern, stecke ich einen Stecker in die Wand und höre mir die Vergangenheit an. Ich werde den August 1890 einschalten. Ich habe das Gefühl, daß starke Emotionen ihre Spur hinterlassen müssen, und es handelt sich nur darum, herauszufinden, wie wir uns selbst wieder einschalten können, so daß wir in der Lage sind, unser Leben von Anbeginn erneut zu durchleben.

Aber das Sonderbare an diesen beiden lebhaften Erinnerungen ist, daß jede sehr einfach war. Mich selbst empfinde ich kaum, sondern einzig diese Sinneswahrnehmung. Ich bin nur das Gefäß eines ekstatischen Gefühls, eines Gefühls der Verzückung. Vielleicht ist das charakteristisch für alle Kindheitserinnerungen; vielleicht erklärt das ihre Stärke. Später fügen wir den Gefühlen viel hinzu, was sie komplexer macht und deswegen abschwächt; und wenn nicht abschwächt, so doch weniger einzigartig, weniger einheitlich werden läßt. Aber statt zu analysieren, gebe ich hier ein Beispiel für das, was ich meine – mein Gefühl gegenüber dem Spiegel im Vorzimmer.

Im Vestibül von Talland House hing ein kleiner Spiegel. Ich erinnere mich, daß er eine Konsole hatte, auf der eine Kleiderbürste lag. Wenn ich auf Zehenspitzen stand, konnte ich mein Gesicht in dem Spiegel sehen. Als ich sechs oder sieben war, gewöhnte ich mir an, mein Gesicht im Spiegel zu betrachten. Doch ich tat es nur, wenn ich sicher war, allein zu sein. Ich schämte mich. Ein starkes Schuldgefühl schien automatisch damit zusammenzuhängen. Aber warum eigentlich? Ein einleuchtender Grund kommt mir da in den Sinn: Wir beide, Vanessa und ich, waren das, was man wilde Rangen nannte; das heißt, wir spielten Kricket, kletterten auf Felsen herum und auf Bäume, und es hieß, daß uns an Kleidern nichts läge, und so fort. Deshalb hätte es vielleicht unserem Kodex nicht entsprochen, wenn man uns dabei erwischt hätte, daß man in den Spiegel schaute. Doch ich glaube, mein Schamgefühl ging viel tiefer. Fast bin ich versucht, meinen Großvater mit hineinzuziehen – Sir James, der einmal eine Zigarre rauchte, Gefallen daran fand, sie deshalb wegwarf und nie wieder eine geraucht hat. Fast bin ich versucht zu glauben, daß ich etwas von diesem Puritaner der Clapham Sekte geerbt habe.[4] Jedenfalls habe ich die Spiegelscham mein Leben lang behalten, auch als die Wilde-Rangen-Phase längst vorbei war. Ich kann mir auch heute nicht die Nase vor Leuten pudern. Und alles, was mit Kleidern zu tun hat – anprobieren, in einem neuen Kleid einen Raum betreten –, erschreckt mich noch jetzt, macht mich verlegen und unsicher und ist mir peinlich. »Ach, wenn man doch wie Julian Morrell in einem neuen Kleid ungehemmt im ganzen Garten herumlaufen könnte«, habe ich noch vor wenigen Jahren in Garsington gedacht, wenn Julian ein Paket aufmachte, ein neues Kleid anzog und wie ein Hase im Garten umherhüpfte.[5] Und doch war das weibliche Element in unserer Familie sehr stark. Wir waren berühmt für unsere Schönheit – die Schönheit meiner Mutter und Stellas Schönheit haben mich mit Stolz und Freude erfüllt, solange ich denken kann. Was also gab mir dieses Schamgefühl, wenn nicht ein gegensätzlicher, ererbter Instinkt? Mein Vater war spartanisch, asketisch und puritanisch. Er hatte, glaube ich, kein Empfinden für Malerei, kein Ohr für Musik, keinen Sinn für den Klang der Sprache. Das weckt den Verdacht in mir, daß meine – ich würde ›unsere‹ sagen, wenn ich Vanessa, Thoby und Adrian gut genug kennen würde, aber wie wenig wissen wir doch, selbst von unseren Geschwistern – das weckt also den Verdacht in mir, daß meine natürliche Liebe zur Schönheit durch irgendeine angestammte Furcht gebremst wurde; was mich jedoch nicht gehindert hat, Ekstasen und Verzückungen spontan und intensiv und ohne jede Scham oder das geringste Schuldgefühl zu erleben – solange sie nichts mit meinem eigenen Körper zu tun hatten. Und hier entdecke ich ein anderes Element in meiner Scham, der Scham, die ich dabei empfand, überrascht zu werden, wenn ich mich draußen im Vestibül im Spiegel betrachtete. Ich muß mich meines Körpers geschämt oder Angst vor ihm gehabt haben. Eine andere Erinnerung – auch wieder vom Vestibül – trägt vielleicht dazu bei, das zu erklären. Außen an der Speisezimmertür war eine Abstellplatte für Geschirr. Einmal, als ich noch sehr klein war, hob Gerald Duckworth mich hinauf, und als ich dort saß, begann er, meinen Körper abzutasten. Ich kann mich noch an das Gefühl erinnern, als seine Hand sich unter meine Kleider schob und sich energisch und ständig immer tiefer vorschob. Ich erinnere mich, wie sehr ich hoffte, daß er aufhören würde, wie ich mich steif machte und wand, als seine Hand näher an meine Geschlechtsteile kam. Aber sie hielt nicht inne. Seine Hand tastete auch meine Geschlechtsteile ab. Ich erinnere mich, daß es mich empörte und abstieß – was ist das richtige Wort für so ein dumpfes und wirres Gefühl? Es muß stark gewesen sein, da es mir noch immer im Gedächtnis ist. Das scheint zu beweisen, wie instinktiv ein Gefühl für gewisse Teile des Körpers sein muß, daß sie nicht berührt werden dürfen, und wie falsch es ist, sie berühren zu lassen. Es beweist, daß Virginia Stephen nicht am 25. Januar 1882, sondern viele Jahrtausende früher geboren wurde und vom ersten Augenblick an Instinkten begegnen mußte, die Tausende ihrer schwesterlichen Ahnen bereits in grauer Vorzeit entwickelt hatten.

Und das wirft ein Licht nicht nur auf meinen eigenen Fall, sondern auch auf das Problem, das ich anfangs erwähnte: weshalb es so schwierig ist, die Person zu schildern, die etwas erlebt. Die Person ist offensichtlich ungewöhnlich kompliziert. Beweis: die Episode mit dem Spiegel. Obgleich ich mein möglichstes getan habe, um zu erklären, warum ich mich schämte, mein eigenes Gesicht im Spiegel zu betrachten, war ich doch nur imstande, einige denkbare Gründe dafür herauszufinden; es mögen noch andere vorhanden sein. Ich behaupte nicht, daß ich der Wahrheit nähergekommen bin; doch das ist nur eine kleine Episode, ich habe sie persönlich erlebt, und ich habe keine Veranlassung, sie falsch darzustellen. Trotz alledem schreiben Leute ›Lebensgeschichten‹ – wie sie es nennen – anderer Menschen: das heißt, sie stellen eine Reihe von Geschehnissen zusammen, und die Person, die sie erlebt hat, bleibt unbekannt. Ich möchte noch einen Traum anfügen, denn er steht vielleicht im Zusammenhang mit der Spiegelepisode. Ich träumte, daß ich in einen Spiegel sah, als plötzlich ein schreckliches Gesicht – eine Tierfratze – über meiner Schulter auftauchte. Ich kann nicht mit Bestimmtheit sagen, ob es nur ein Traum oder ob es Wirklichkeit war. Habe ich vielleicht eines Tages in den Spiegel geschaut, als etwas im Hintergrund sich bewegte und mir zu leben schien? Ich bin nicht sicher. Aber das andere Gesicht im Spiegel ist mir immer in Erinnerung geblieben, ob es nun Traum oder Wirklichkeit war, und es hat mich geängstigt.

Das also sind einige meiner ersten Erinnerungen. Doch im Hinblick auf meine Biographie sind sie natürlich irreführend, weil die Dinge, an die man sich nicht erinnert, genauso wichtig, ja vielleicht noch wichtiger sind. Wenn ich mich nur an einen einzigen ganzen Tag erinnern könnte, würde es mir gelingen, wenigstens skizzenhaft zu schildern, wie man als Kind das Leben empfand. Leider erinnert man sich nur an das, was außergewöhnlich ist. Und eigentlich scheint kein Grund vorzuliegen, warum das eine außergewöhnlich sein soll und das andere nicht. Warum habe ich so viele Dinge vergessen, die, wie man gemeint hätte, denkwürdiger gewesen sein müssen als jene, an die ich mich erinnere? Warum erinnere ich mich an das Summen der Bienen im Garten, als ich zum Strand hinunterging, und vergesse vollkommen, daß ich von Vater nackt ins Meer geworfen wurde? (Mrs. Swanwick sagt, sie habe es gesehen.[6])

Das führt zu einer Abweichung, die vielleicht ein wenig meine eigene Psychologie, vielleicht sogar die anderer Menschen erklären mag. Oft, wenn ich an einem meiner sogenannten Romane schrieb, hat mich das gleiche Problem in Verlegenheit gebracht, nämlich, wie soll man beschreiben, was ich in meiner eigenen Stenographie mit »Nicht-Sein« bezeichne. Jeder Tag enthält viel mehr Nicht-Sein als Sein. Gestern, Dienstag, der 18. April, zum Beispiel, war zufällig ein guter Tag, überdurchschnittlich voll an »Sein«. Es war wunderbar; freudig schrieb ich diese ersten Seiten, mein Kopf war von dem Druck befreit, über Roger schreiben zu müssen, ich spazierte über Mount Misery[7] und am Fluß entlang, und außer, daß Ebbe war, zeigte die Landschaft sich – die ich immer sehr genau betrachte – farbig und schattiert, wie ich sie liebe – ich erinnere mich der Weiden in ihrem Blattgefieder, die dort standen, die sich zartgrün und violett gegen die Himmelsbläue abzeichneten. Auch habe ich Chaucer mit

Vergnügen gelesen und ein Buch begonnen – die Memoiren der Madame de la Fayette –, das mich interessierte. Diese vereinzelten Seinsmomente waren jedoch in viele Momente des Nichtseins eingebettet. Ich habe schon vergessen, worüber Leonard und ich beim Lunch und beim Tee gesprochen haben; und obgleich es ein guter Tag war, war das Gute daran in etwas wie undefinierbare Watte eingehüllt. Das ist immer so. Ein großer Teil des Tages wird nicht bewußt gelebt. Man geht spazieren, ißt, sieht alles mögliche und befaßt sich mit dem, was getan werden muß: mit dem defekten Staubsauger, dem Planen des Dinners, dem Schreiben der Einkaufsliste für Mabel, mit Waschen, Kochen, Buchbinden. An einem schlechten Tag ist der Anteil des Nicht-Seins viel größer. In der vorigen Woche hatte ich etwas Temperatur, und fast der ganze Tag bestand in Nicht-Sein. Der echte Romancier kann irgendwie beide Arten des Seins zum Ausdruck bringen. Jane Austen kann es und Frances Trollope, vielleicht noch Thakkeray und Dickens und Tolstoi. Ich habe nie beide vereinen können. In *Night and Day* und in *Die Jahre (The Years)* habe ich es versucht. Aber für den Moment möchte ich hier den literarischen Aspekt beiseite lassen.

Damals als Kind, wie auch heute noch, enthalten meine Tage ein verhältnismäßig großes Quantum dieser Watte, dieses Nicht-Seins. Woche auf Woche verging, und nichts hinterließ einen Eindruck bei mir. Dann plötzlich, und ohne daß ich den Grund dafür weiß, bekam ich einen heftigen Schock: etwas so Wahnsinniges geschah, daß mir die Erinnerung daran mein Leben lang geblieben ist. Ich will einige Beispiele wiedergeben: das erste: Ich kämpfte mit Thoby auf dem Rasen. Wir schlugen gegenseitig mit Fäusten aufeinander ein. Gerade, als ich wieder meine Faust hob, um ihn zu schlagen, überfiel mich das Gefühl: weshalb einem anderen Menschen weh tun? Ich ließ meine Hand augenblicklich sinken, blieb stehen und ließ mich von ihm schlagen. Das Gefühl ist mir noch in Erinnerung. Es war ein Gefühl hoffnungsloser Traurigkeit. Es war, als würde mir etwas Schreckliches bewußt und meine eigene Machtlosigkeit. Ich schlich mich allein davon und war entsetzlich deprimiert. Das zweite Beispiel ereignete sich auch im Garten in St. Ives. Ich betrachtete das Blumenbeet bei der Eingangstür. »Das ist die Ganzheit«, sagte ich. Ich schaute auf eine Pflanze mit einer Fülle von Blättern hinunter, und es schien mir plötzlich klar, daß die Blume selbst ein Teil der Erde war, daß ein Kreis die Blume umschloß, und daß das die wahre Blume war: teils Erde, teils Blume. Es war ein Gedanke, den ich mir aufbehielt, weil er mir später vielleicht noch sehr nützlich werden könnte. Der dritte Fall spielte sich gleichfalls in St. Ives ab. Einige Leute mit dem Namen Valpy waren in St. Ives gewesen und wieder weggefahren. Eines Abends saßen wir beim Essen, als ich meinen Vater oder meine Mutter sagen hörte, daß Mr. Valpy sich umgebracht habe. Als nächstes erinnere ich mich daran, daß ich nachts im Garten war und auf dem Pfad beim Apfelbaum ging. Es schien mir, als hätte der Apfelbaum etwas mit dem schrecklichen Selbstmord von Mr. Valpy zu tun. Ich konnte nicht vorbeigehen. Ich stand da und starrte, vor Entsetzen wie gebannt, auf die graugrünen Furchen der Rinde – es war eine mondhelle Nacht. Ich schien hoffnungslos in einen Abgrund völliger Verzweiflung hinuntergezogen zu werden, aus dem es kein Entkommen für mich gab. Mein Körper schien paralysiert zu sein.

Das sind drei Beispiele von außergewöhnlichen Momenten. Ich spreche oft darüber, oder sie tauchen eher unerwartet auf. Aber jetzt, da ich sie zum erstenmal aufgeschrieben habe, fällt mir etwas auf, was mir bisher nie aufgefallen ist. Zwei dieser Momente endeten in einem Zustand der Verzweiflung. Der andere endete, im Unterschied dazu, in einem Zustand der Befriedigung. Als ich von der Blume sagte: »Das ist die Ganzheit«, fühlte ich, eine Entdeckung gemacht zu haben. Ich fühlte, daß ich in meinem Gedächtnis etwas aufbehalten hatte, auf das ich zurückkommen würde, um darüber nachzudenken und es zu untersuchen. Es dünkt mich jetzt, daß dieser Unterschied so entscheidend war, weil es sich um den Unterschied zwischen Verzweiflung und Befriedigung handelte. Ich glaube, dieser Unterschied ergab sich aus der Tatsache, daß ich gänzlich außerstande war, mit der schmerzlichen Erkenntnis fertig zu werden, daß Menschen einander wehtun, daß ein Mann, den ich gesehen hatte, Selbstmord verübte. Das Gefühl des Entsetzens lähmte mich. Doch im Fall der Blume fand ich eine Logik und war deshalb auch imstande, mich mit der Entdeckung auseinanderzusetzen. Ich war ihr nicht ausgeliefert. Ich war mir bewußt, daß ich sie irgendwann – wenn auch nicht in absehbarer Zeit – begründen würde. Ich weiß nicht mehr genau, ob ich, als ich die Blume sah, schon älter war als zur Zeit der beiden anderen Erlebnisse. Ich weiß nur, daß viele dieser außergewöhnlichen Momente Entsetzen und einen physischen Zusammenbruch mit sich brachten: sie schienen überwältigend, ich selbst passiv. Daraus ist zu schließen, daß man mit zunehmendem Alter eine größere Fähigkeit hat, durch Logik eine Erklärung zu finden, und daß diese Erklärung die Wucht des Holzhammerschlages abschwächt. Ich glaube, daß das so ist, weil sie mir – obgleich ich diese Eigenart, von plötzlichen Schocks überfallen zu werden, noch immer habe – jetzt jederzeit willkommen sind; und nach dem ersten Schreck empfinde ich sie stets als besonders wertvoll. Und so bin ich weiterhin der Meinung, daß diese Sensibilität für Schocküberfälle das ist, was mich zur Schriftstellerin macht. Ich wage die Erklärung, daß ein Schock in meinem Fall sofort von dem Bedürfnis gefolgt ist, ihn zu begründen. Ich fühle, daß ich einen Schlag bekommen habe; doch ist er nicht, wie ich als Kind glaubte, bloß ein Schlag von einem Feind, der sich hinter der Watte des Tagesablaufs verbirgt, er ist oder wird zu einer gewissen Offenbarung, ist der Beweis von einer Wirklichkeit hinter den Erscheinungen, und ich konkretisiere es, indem ich es in Worte fasse. Nur dadurch, daß ich es in Worte fasse, mache ich es zur Ganzheit, und diese Ganzheit bedeutet, daß der Schlag seine Macht, mich zu verletzen, verloren hat; und dadurch, daß ich das tue, eliminiere ich vielleicht den Schmerz, und es erfüllt mich mit großer Freude, die getrennten Teile zusammenzufügen. Das ist wahrscheinlich die größte Freude, die ich kenne. Es ist die Verzückung, in die ich gerate, wenn mir, während ich schreibe, bewußt wird, was zusammengehört, wenn mir eine Szene gelingt, wenn ich einen Charakter gestalte. Daraus ergibt sich für mich, was ich vielleicht eine Philosophie nennen möchte. Jedenfalls bin ich der festen Meinung, daß hinter der Watte ein Plan versteckt ist, daß wir – ich meine, alle Menschen – damit im Zusammenhang stehen, daß die ganze Welt ein Kunstwerk ist, und daß wir alle Teile dieses Kunstwerks sind. *Hamlet* oder ein Beethoven-Quartett sind das Wahre über dieser ungeheuren Materie, die wir die Welt nennen. Aber es gibt keinen Shakespeare, es gibt keinen Beethoven und bestimmt und ganz entschieden gibt es keinen Gott; wir sind die Sprache, wir sind die Musik, wir sind das Ding an sich. Und ich sehe das, wenn ich einen Schock habe.

Diese meine Intuition – sie ist so instinktiv, daß sie mir angeboren und nicht von mir erzwungen scheint – hat ganz bestimmt von der Zeit an, da ich die Blume im Beet neben der Eingangstür in St. Ives sah, mein Leben geprägt. Würde ich mich malen, müßte ich irgendeinen – sagen wir, Maßstab – finden, etwas, das die Vorstellung wiedergeben könnte. Es beweist, daß unser Leben nicht auf unseren Körper und auf das, was man sagt und tut, beschränkt ist, sondern daß man ununterbrochen nach gewissen Maßstäben und Vorstellungen des Unbewußten lebt. Meine ist die, daß hinter dieser Watte ein Plan steckt. Und diese Vorstellung beeinflußt mich jeden Tag. Das beweise ich jetzt, indem ich den Vormittag damit verbringe, zu schreiben, während ich ein Geschäft führen oder irgend etwas erlernen könnte, was im Falle eines Krieges nützlich wäre. Ich aber habe das Gefühl, daß ich dadurch, daß ich schreibe, etwas weit Nützlicheres tue.

Ich nehme an, daß alle Künstler etwas Ähnliches empfinden. Es ist eines der rätselhaftesten Elemente im Leben, das nie viel diskutiert worden ist. In fast allen Biographien und Autobiographien wurde es weggelassen, sogar in denen von Künstlern. Warum hat Dickens sein ganzes Leben damit verbracht, Geschichten zu schreiben? Was war seine Vorstellung? Ich erwähne Dickens zum Teil deswegen, weil ich im Augenblick gerade *Nicholas Nickleby* lese, und teilweise auch, weil mir auf meinem gestrigen Spaziergang plötzlich bewußt wurde, daß diese Seinsmomente von mir im Unbewußten gestützt wurden und das unsichtbare und unbemerkte Element meines kindlichen Lebens waren. Aber bewußt waren mir natürlich Menschen, und diese Menschen glichen den Charakteren bei Dickens sehr stark. Sie waren Karikaturen, sie waren sehr simpel, sie waren ungeheuer lebendig. Sie könnten mit drei Federstrichen gezeichnet werden, wenn ich zeichnen könnte. Dickens verdankt seine erstaunliche Fähigkeit, Charaktere so lebendig zu machen, der Tatsache, daß er sie sah, wie ein Kind sie sieht, wie ich Mr. Wolstenholme, C. B. Clarke und Mr. Gibbs gesehen habe.

Ich nenne diese drei, weil sie gestorben sind, als ich noch ein Kind war. Deshalb sind sie auch nie geändert worden. Ich sehe sie heute noch genauso, wie ich sie damals sah. Mr. Wolstenholme war ein sehr alter Herr, der jeden Sommer als Gast bei uns weilte. Er war braun; er hatte einen Bart und sehr kleine Augen in dicken Wangen, und er paßte in einen braunen Korbstuhl, als wäre er sein Nest. In diesem Korbstuhl saß er rauchend und las. Er hatte nur ein Charakteristikum: wenn er Pflaumenkuchen aß, sprühte er den Saft durch die Nase, so daß sein grauer Schnurrbart violett gesprenkelt war. Das schien zu genügen, um uns ein fortgesetztes Vergnügen zu bereiten. Wir nannten ihn »Der Wollige«. Während ich ihn so ein wenig charakterisiere, erinnere ich mich, daß wir sehr nett zu ihm sein mußten, weil er zu Hause nicht glücklich war; daß er sehr arm war – und doch hatte er Thoby einmal eine halbe Krone geschenkt –, daß er einen Sohn gehabt hatte, der in Australien ertrunken war. Er war auch ein großer Mathematiker, das weiß ich noch. In der ganzen Zeit, da ich ihn kannte, sprach er nie ein Wort. Und dennoch war er für mich ein ausgesprochener Charakter, und wenn immer ich an ihn denke, muß ich lachen.

Mr. Gibbs war vielleicht weniger einfach. Er trug einen Krawattenring, hatte einen wohlwollenden Kahlkopf, war langweilig, gepflegt und korrekt und hatte Hautfalten unter dem Kinn. Er reizte Vater derartig, daß er aufstöhnte – »warum kannst du nicht verschwinden – warum kannst du denn nicht verschwinden?« Und er schenkte jedem von uns, Vanessa und mir, ein Hermelinfell, mit einem Schlitz in der

Mitte, aus dem unendlicher Reichtum floß – Ströme von Silbermünzen. Ich erinnere mich noch, wie er sterbend im Bett lag, ausgemergelt, in einem Nachthemd, und uns Zeichnungen von Retsch[8] zeigte. Auch Mr. Gibbs scheint mir ein geschlossener Charakter zu sein, der mich sehr amüsierte.

Was C. B. Clarke betrifft – er war ein alter Botaniker, und er sagte zu meinem Vater: »Ihr jungen Botaniker liebt alle Osmunda.«[9] Er hatte eine alte Tante, die sich mit achtzig Jahren auf eine Wandertour in den New Forest begab.[10] Das ist alles – das ist alles, was ich über diese drei alten Herren zu sagen habe. Aber wie echt sie waren! Wie haben wir über sie gelacht! Welch eine enorme Rolle haben sie in unserem Leben gespielt!

Noch eine Karikatur kommt mir in den Sinn, obgleich in diesem Fall mit Mitleid gemischt. Ich denke an Justine Nonon. Sie war ungeheuer alt. Kleine Haare sprossen auf ihrem vorstehenden, knochigen Kinn. Sie war bucklig und lief wie eine Spinne und tastete sich mit ihren langen, dürren Fingern von einem Stuhl zum andern. Meistens saß sie in dem Lehnstuhl neben dem Kaminfeuer. Ich saß gewöhnlich auf ihrem Knie, und das Knie wippte auf und ab, und dazu sang sie mit einer heiseren, gebrochenen Stimme, »Ron ron ron – et plon, plon, plon –«, und dann streckte sie das Knie, und ich purzelte auf den Boden. Sie war Französin und hatte bei den Thackerays (der Familie von Minny, der ersten Frau meines Vaters) gelebt. Sie kam nur zu Besuch zu uns. Sie lebte allein in Shepherd's Bush und pflegte Adrian ein Glas Honig mitzubringen. Ich hatte den Eindruck, daß sie sehr, sehr arm war, und es bedrückte mich, daß sie diesen Honig mitbrachte, weil ich das Gefühl hatte, sie wollte ihren Besuch dadurch akzeptabel machen. Auch pflegte sie zu sagen: »Ich bin in meinem Zweispänner gekommen« – womit sie den roten Omnibus meinte. Und sie tat mir deswegen leid; auch weil sie asthmatisch zu pfeifen begann und die Pflegerinnen meinten, sie würde nicht mehr lange leben. Und bald darauf starb sie auch. Mehr weiß ich nicht von ihr, aber ich erinnere sie als einen echten, vollkommenen Charakter – wie die drei alten Herren –, an dem nichts fehlte.

2. Mai . . . Ich schreibe das Datum hin, weil ich glaube, eine mögliche Form für diese Aufzeichnungen gefunden zu haben. Das heißt, sie sollen auch die Gegenwart umfassen – wenigstens als Vergleichsbasis. Es wäre doch interessant, die beiden Personen, mein heutiges und mein damaliges Ich, gegenüberzustellen. Und außerdem wird die Vergangenheit stark vom gegenwärtigen Moment beeinträchtigt. Was ich heute schreibe, werde ich wahrscheinlich in einem Jahr nicht mehr schreiben. Aber das kann ich nicht berechnen und überlasse es lieber dem Zufall, da ich ja sporadisch schreibe, sozusagen als Erholung von Rogers Biographie. Im Augenblick habe ich nicht die Energie, um sie auf diese entsetzliche Arbeit zu verwenden, die es braucht, um ein wohlgeordnetes und ausgesprochenes Kunstwerk zu schaffen, wo eins dem andern folgt und alles zu einem Ganzen zusammengefaßt wird. Vielleicht werde ich eines Tages, wenn ich davon befreit bin, Kunstwerke schaffen zu müssen, versuchen, auch das hier in die richtige Form zu bringen.

Doch um fortzufahren – die drei alten Männer und die eine alte Frau sind vollendet, wie ich schon sagte, weil sie gestorben sind, als ich ein Kind war. Keiner von ihnen hat weitergelebt, um sich zu verändern, wie ich mich verändert habe – so wie andere, wie die Stillmans oder die Lushingtons, die weiterlebten, sich vermehrten und nährten und letzten Endes doch unvollendet geblieben sind. Das gleiche gilt für Örtlichkeiten. Ich kann die Kensington Gardens nicht mehr sehen wie als Kind, denn ich habe sie erst vor zwei Tagen gesehen – an einem kühlen Nachmittag, alle Kirschbäume gespenstisch in dem kalten gelben Licht eines Hagelsturms. Ich weiß, daß sie damals – 1890, als ich sieben[11] war –, sehr viel größer schienen, als sie heute sind. Vor allem waren sie noch nicht mit dem Hyde Park verbunden. Jetzt gehe ich von einem Park in den andern. Wir fahren in unserm Auto hin und lassen es bei dem neuen Kiosk stehen. Aber damals war dort noch der Broad Walk, der Round Pond und der Flower Walk. Damals – ich will versuchen, mich zurückzuversetzen – gab es zwei Tore, eins gegenüber vom Gloucester Road, das andere gegenüber vom Queen's Gate. An jedem Tor saß eine alte

Frau. Die Queen's-Gate-Alte war eine lange, ausgemergelte Gestalt, mit einem gelben, pockennarbigen Ziegengesicht. Sie verkaufte Nüsse und Schnürsenkel, glaube ich. Und Kitty Maxse sagte von ihr: »Die Arme. Es ist der Alkohol, der sie zu dem macht.« Sie saß immer mit einem Schal da und hatte für mich eine schwache, ganz entfernte und herabwürdigende Ähnlichkeit mit Großmama, die auch ein längliches Gesicht hatte, aber einen sehr weichen Schal, wie Tapiocapudding, über ihrem Kopf trug, der durch eine mit Perlen besetzte Amethystbrosche festgehalten wurde. Die andere alte Frau war rundlich und hockte breit da. An ihr hing ein ganzes wogendes Bündel von Luftballons. Sie hielt dieses sich bauschende, ständig wogende, höchst begehrenswerte Bündel nur an einer dicken Schnur. Sie strahlten mir beharrlich rot und violett in die Augen wie die Blumen, die meine Mutter trug, und tanzten ständig in der Luft hin und her. Für einen Penny löste sie dann einen aus dieser üppigen weichen Masse, und ich tanzte mit ihm davon. Auch sie trug einen Schal, und ihr Gesicht war voller Runzeln; Runzeln, wie sie die Luftballons bekamen, wenn sie überlebt hatten und mit heimgenommen werden konnten. Ich glaube, die Kinderschwester und Sooney [der Gärtner] sprachen oft mit ihr, aber ich hörte nie, was sie sagte. Die Sträuße von blauen und violetten Anemonen, die jetzt verkauft werden, rufen die Erinnerung an dieses tanzende Luftballonbündel vor dem Tor der Kensington Gardens wieder wach.

Dann gingen wir den Broad Walk hinauf. Dieser Broad Walk hatte eine seltsame Eigenschaft: Wenn wir von St. Ives zurückkamen und unsern ersten Spaziergang dort machten, verwünschten wir ihn jedesmal: es sei überhaupt kein Hügel, sagten wir. Als die Wochen vergingen, wurde der Hügel langsam immer steiler, bis er im Sommer wieder zum Hügel geworden war. Der Sumpf – wie wir das einigermaßen trockengelegte Gelände hinter dem Flower Walk nannten – hatte für Adrian und mich wenigstens noch den Zauber der Vergangenheit an sich. Als Nessa und Thoby noch sehr klein waren, sei es, so erzählte man uns, noch ein richtiger Sumpf gewesen. Man hatte ein Hundeskelett darin gefunden. Er mußte mit Riedgras überwachsen und voller Tümpel gewesen sein, dachten wir, denn wir glaubten, daß der Hund verhungert und ertrunken war. Zu unserer Zeit wurde der Sumpf dann trockengelegt, war aber immer noch morastig. Doch für uns hatte er immer eine Vergangenheit. Und wir verglichen ihn natürlich mit dem Halestownmoor[12] in der Nähe von St. Ives. Das Halestownmoor, wo der Königsfarn und jene dicken Farne mit den knollenähnlichen Wurzeln wuchsen, die Jahresringe hatten, wenn man sie durchschnitt. Jeden Herbst brachte ich einige davon mit nach Hause, um Federhalter daraus zu schnitzen. Selbstverständlich verglichen wir Kensington Gardens immer mit St. Ives, wobei London natürlich stets den kürzeren zog. Eins der größten Vergnügen war es, krachend die Muschelschalen zu zertreten, die von Zeit zu Zeit über den Flower Walk gestreut wurden. Sie hatten kleine Riefen, wie die Muscheln am Strand. Andererseits war der Krokodilbaum noch derselbe und steht immer noch da – der Baum am Speke-Monument-Weg[13]; eine große Wurzel von ihm ragt heraus und ist poliert, teilweise durch die Reibung unserer Hände, denn wir pflegten darauf herumzukriechen.

Während wir gingen, erfanden wir, um die Fadheit dieser unzähligen Winterspaziergänge zu vertreiben, endlos lange Geschichten, die immer an der gleichen Stelle wieder aufgenommen und von jedem von uns abwechselnd fortgesetzt wurden. Da gab es die Jim, Joe und Harry Hoe-Geschichte von drei Brüdern, die Viehherden hatten und Abenteuer erlebten – welcher Art, weiß ich nicht mehr. Aber wiederum war die Jim, Joe und Harry Hoe-Erzählung eine Londoner Geschichte und deshalb schwächer als die Talland House-Gartengeschichte von Beccage und Hollywinks, bösen Geistern, die auf einem Kehrichthaufen lebten und durch ein Loch in der Eskalonia-Hecke entwischten – die ich mich erinnere, meiner Mutter und Mr. Lowell[14] erzählt zu haben. Die Spaziergänge in den Kensington Gardens waren langweilig. Aus Nicht-Sein bestand ein großer Teil unserer Londoner Zeit. Wie stumpfsinnig waren diese Spaziergänge – zweimal täglich in den Kensington Gardens. Um von mir zu sprechen, lastete das Nicht-Sein schwer auf diesen Jahren. Am Thermometer gingen wir vorbei – manchmal war es unter dem kleinen Gefrierstrich, aber nicht oft, außer in dem langen Winter von 1894/95, wo wir jeden Tag Schlittschuh liefen, wo ich meine Uhr fallen ließ und der grobe Mann sie mir gab und Geld verlangte, und wo eine freundliche Dame ihm drei Kupferpennies geben wollte, wo er aber sagte, er nehme nur Silber, und sie den Kopf schüttelte und verschwand – also am Thermometer gingen wir vorbei, vorbei an dem Torwächter, in seiner grünen Livree, mit der Goldborte am Hut, den Flower Walk hinauf und rund um den Teich. Natürlich ließen wir auch Schiffchen fahren. Da war der große Tag, als mein Kornischer Logger herrlich direkt in die Mitte des Teiches segelte und dann vor meinen erstaunten Augen plötzlich versank. »Habt ihr das gesehen?« schrie mein Vater, während er mit großen Schritten auf mich zukam. Wir hatten es beide gesehen und waren beide fassungslos. Doch dieses Kuriosum wurde noch überboten: Als ich sehr viel später, im Frühling, am Teich spazierenging und ein Mann in einem Flachboot den Teich von Algen reinigte, brachte er zu meiner unsagbaren Verblüffung meinen Logger in seinem Schleppnetz mit herauf. Ich erklärte ihm, daß er mir gehöre, er gab ihn mir, und ich rannte nach Hause, um mein phantastisches Erlebnis zu erzählen. Meine Mutter machte neue Segel, und mein Vater takelte sie auf; und ich sehe ihn noch heute, wie er nach dem Abendessen die Segel an der Rahnock festmachte, brennend interessiert war und mit seinem kleinen Schnaufer halb lachend so etwas sagte wie: »Absurd – wieviel Spaß sowas macht!«

Ich könnte sehr viel mehr solcher kleinen Episoden anführen – Szenen in den Kensington Gardens: wie wir, zu dem weißen Haus, nahe beim Palast, hinüberliefen wenn wir einen Penny hatten, und bei der katzenfreundlichen, rosawangigen Frau in dem grauen Baumwollkleid, die damals dort ein Konfitürengeschäft führte, Süßigkeiten kauften; wie wir an einem Tag in der Woche die neueste Nummer von *Tit-Bits* kauften und die Glossen lasen – ich las die ›Leserbriefe‹ am liebsten –, im Gras saßen und die Schokolade in

›Häppchen‹ teilten, wie wir es damals nannten, denn eine Pennytafel wurde in vier Teile geteilt; wie wir mit unserem kleinen Handwagen um eine scharfe Ecke bogen und in eine Dame hineinrasten, deren Schwester uns schrecklich beschimpfte; wie wir Shag[15] an einem Gitter festbanden, und ein paar Kinder dem Parkwächter erzählten, wir seien grausam – aber die Erlebnisse damals waren nicht sehr aufregend, halfen jedoch immerhin die ewigen Rundgänge in den Kensington Gardens zu beleben.

Was wäre an Interessantem noch übrig? Noch einmal jene Seinsmomente. Zwei sind mir stets in Erinnerung. Da war der Augenblick mit der Pfütze quer über den Weg, als plötzlich alles, ohne jeden erfindlichen Grund, unwirklich wurde; ich schwebte, ich konnte nicht über die Pfütze steigen, ich versuchte, etwas zu berühren ... die ganze Welt wurde unwirklich. Als nächstes dann der Moment, wo der schwachsinnige Knabe, schlitzäugig und mit roten Augenlidern, aufsprang und miauend die Hand ausstreckte, und ich, ohne ein Wort zu sagen, von einem Gefühl des Entsetzens gepackt, eine Tüte russischer Toffees in seine Hand schüttete. Doch damit war es nicht zu Ende, denn an jenem Abend im Bad überkam mich das dumpfe Entsetzen wieder. Wieder fühlte ich jene hoffnungslose Traurigkeit, jene Nervenkrise, wie ich sie schon einmal beschrieben habe, als wäre ich, durch einen Holzhammerschlag betäubt, schutzlos und wehrlos einer ganzen Lawine des Ausgeliefertseins preisgegeben, die sich zusammengeballt hatte und auf mich herabstürzte, so daß ich regungslos an meinem Ende der Wanne kauerte. Erklären konnte ich es nicht, ich sagte nicht einmal Nessa etwas davon, die sich am andern Ende wusch.

Im Rückblick auf die damaligen Kensington Gardens kann ich zwar Situationen wieder aufleben lassen – viel mehr, als ich zu schildern die Geduld habe –, nicht aber die Betrachtungsweise und die Größenverhältnisse der damaligen Außenwelt. Mir scheint, daß Kinder eine wißbegierige Betrachtungsweise haben. Ein Kind schaut einen Luftballon oder eine Muschel mit äußerster Genauigkeit an – ich sehe diese roten und violetten Luftballons und die Riefen in den

Muscheln noch heute – doch diese Augenblicke sind in riesige Hohlräume eingeschlossen. Wie groß war denn zum Beispiel der Platz unter dem Kinderzimmertisch! Ich sehe ihn noch immer als großen dunklen Raum, an dessen ferner Peripherie das Tischtuch in Falten herunterhing, und mich selbst darin herumspazieren und Nessa begegnen. »Haben schwarze Katzen Schwänze?« hatte sie gefragt, und ich sagte, »NEIN«, und war stolz, daß sie mich etwas gefragt hatte. Dann geisterten wir wieder durch diese endlose Weite. Auch das Kinderschlafzimmer war riesig groß. Im Winter schlüpfte ich vor dem Schlafengehen hinein, um einen Blick auf das Feuer zu werfen. Ich war sehr besorgt, daß das Feuer schon schwächer war, wenn wir im Bett lagen, weil ich mich fürchtete, wenn es dann noch brannte. Das Flackern der kleinen Flammen an den Wänden machte mir Angst, aber Adrian hatte es gern; und als Kompromiß breitete die Kinderschwester ein Handtuch über das Kamingitter. Doch ich mußte einfach die Augen aufmachen, ich konnte nicht anders, und da war dann oft die flackernde Flamme, und ich schaute und schaute und konnte nicht schlafen. Und um Gesellschaft zu haben, fragte ich Nessa, obgleich sie schlief: »Was hast du gesagt, Nessa?« nur um sie zu wecken und jemandes Stimme zu hören. Das waren frühe Ängste; denn später, als Thoby im Internat war und es Nessa überließ, seinen Affen Jacko mit ins Bett zu nehmen, begannen wir, kaum daß die Tür geschlossen war, mit Geschichtenerzählen. Die Geschichte fing immer gleich an: »Clémont, liebes Kind, sagte Mrs. Dilke«, und dann folgten wilde Improvisationen über die Dilkefamilie[16] und Miss Rosalba, die Erzieherin, wie sie den Fußboden aufbrachen und Säcke voll Gold entdeckten, große Feste feierten, wo sie Spiegeleier »mit sehr viel Speck« aßen; denn der tatsächliche Reichtum der Dilkes im Vergleich zu unseren eigenen bescheidenen Mitteln beeindruckte uns. Wir beobachteten, wie viele neue Kleider Mrs. Dilke trug, und wie selten meine Mutter ein neues Kleid kaufte.

Viele leuchtende Farben, viele bestimmte Geräusche, einige komische Menschen, Karikaturen, verschiedene heftige Seinsmomente, alles innerhalb eines Kreises, der Szenerie, die sie bildeten, und alles umgeben von riesigen Hohlräumen – das ist eine flüchtige visuelle Darstellung von Kindheitseindrücken. Das ist meine Art, wie ich sie gestalte, und wie ich mich selbst als Kind in diesem Zeitraum herumbewege, der von 1882–1895 dauerte. Ich könnte ihn am besten mit einer großen Halle vergleichen, mit Fenstern, die ein fremdes Licht hereinfallen lassen, und Gemurmel und Sphären tiefen Schweigens. Aber irgendwie muß in dieses Bild noch der Eindruck von Bewegung und Veränderung gebracht werden. Nichts blieb lange statisch. Man muß den Eindruck gewinnen, daß alles sich nähert und dann verschwindet, groß wird und klein wird und mit unterschiedlichem Tempo an dem kleinen Geschöpf vorbeizieht; man muß das gleiche Gefühl des Getriebenwerdens haben, wie das kleine Geschöpf, das ganz von selbst, allein schon durch das Wachstum seiner Beine und Arme, angetrieben wurde; angetrieben, ohne imstande zu sein, es aufzuhalten oder zu ändern, angetrieben, wie eine Pflanze aus der Erde nach oben getrieben wird, hinauf, bis der Stengel wächst, die Blätter sprießen und Knospen schwellen. Das ist das Unbeschreibbare, und das ist es auch, was alle Bilder zu statisch macht; denn kaum hat man ausgesprochen, das sei so, ist es auch schon vorbei und verändert. Wie groß muß doch die Macht des Lebens sein, die ein Baby, das gerade einen roten und violetten Fleck auf schwarzem Grund zu erkennen imstande war, in das Mädchen verwandeln kann, das dreizehn Jahre später alles das zu empfinden vermochte, was ich am 5. Mai 1895 – jetzt fast genau auf den Tag vor vierundvierzig Jahren – empfunden habe, als meine Mutter starb.

Das zeigt, daß ich unter den zahllosen, in meiner Skizze ausgelassenen Dingen das Wichtigste ausgelassen habe – jene Naturtriebe, Liebe, Leidenschaft und menschliche Beziehungen – sie sind nicht in ein einzelnes Wort zu pressen, denn sie wechselten von Monat zu Monat –, die mich, glaube ich, vom ersten Moment meiner Bewußtwerdung an, an andere Menschen gefesselt haben. Wenn das stimmt, was ich oben gesagt habe, daß die Dinge, die in der Kindheit aufhören, leicht zu schildern seien, weil sie abgeschlossen sind, dann sollte es ja ein leichtes sein, zu beschreiben, was ich für meine Mutter empfand, die starb, als ich dreizehn war. Ich sollte also in der Lage sein, sie vollkommen unbeeinflußt von späteren Eindrücken zu sehen, genau wie ich Mr. Gibbs und C. B. Clarke sah. Doch diese Theorie, die auf die beiden zutraf, versagt bei ihr vollkommen. Sie versagt auf eine seltsame Weise, die ich erklären will; denn vielleicht erklärt das dann auch, weshalb es mir so merkwürdig schwer fällt, sowohl mein Gefühl für sie, als auch sie selbst zu beschreiben.

Bis in meine Vierzigerjahre – ich könnte das Datum genau feststellen, wenn ich nachschauen würde, wann ich *Die Fahrt zum Leuchtturm (To the Lighthouse)*[17] geschrieben habe, bin aber im Augenblick zu bequem, um mir die Mühe zu machen – hat mich die Gegenwart meiner Mutter verfolgt. Ich hörte ihre Stimme, sah sie vor mir, stellte mir vor, was sie tun oder sagen würde, während ich meinen täglichen Obliegenheiten nachging. Sie war eine der unsichtbaren Gegenwarten, die letzten Endes in jedermanns Leben eine wichtige Rolle spielen. Dieser Einfluß (womit ich das Bewußtsein meine, daß andere Einflüsse, wie die öffentliche Meinung und was die Leute sagen und denken, sich uns aufdrängen, dieses ganze Blendwerk, das uns entweder suggeriert, dem zu entsprechen oder aber abstößt und uns veranlaßt, anders zu sein) wurde bisher in keiner der sogenannten Biographien – die ich doch so besonders gerne lese – analysiert oder jedenfalls nur sehr oberflächlich.

Doch solche unsichtbaren Gegenwarten sind es, durch die das »Objekt dieses Rückblicks« hin- und hergerissen wird, und zwar jeden Tag seines Lebens: Sie sind es, die ihn aufrecht halten. Man bedenke nur, mit welch immensen Kräften die Gesellschaft auf jeden von uns einwirkt, wie diese Gesellschaft sich von Jahrzehnt zu Jahrzehnt und auch von Klasse zu Klasse verändert. Wenn wir also diese unsichtbaren Präsenzen nicht analysieren können, verstehen wir sehr wenig vom behandelten Thema und erkennen aufs neue, wie sinnlos das Schreiben von Biographien wird. Ich komme mir vor wie ein Fisch, der zwar in einem Strom herumschwimmt, den Strom aber nicht beschreiben kann.

Um auf den besonderen Fall zurückzukommen, der bestimmter und eingehender geschildert werden sollte als zum Beispiel der Einfluß der »Cambridge Apostles«[18] oder der Einfluß von Galsworthy, Bennett, von H. G. Wells' utopischen Romanen, oder der Einfluß der Wahlen oder des Krieges auf mich – das ist der Einfluß meiner Mutter. Es ist absolut wahr, daß meine Mutter mich, trotz der Tatsache, daß sie starb, als ich dreizehn war, bis zu meinem vierundvierzigsten Lebensjahr verfolgte. Dann, eines Tages, als ich um den Tavistock Square[19] herumspazierte, konzipierte ich – wie ich meine Bücher manchmal konzipiere – *Die Fahrt zum Leuchtturm,* in großer, scheinbar unfreiwilliger Hast. Eine Idee griff in eine andere über. Das Pusten von Seifenblasen aus einem Rohr gibt ungefähr den Eindruck der rasch aufeinanderfolgenden Fülle von Ideen und Szenen wieder, die sich in meinem Kopf bildeten, so daß meine Lippen aus eigenem Antrieb Silben zu formen schienen, während ich ging. Was verursachte die Seifenblasen? Was wohl? Ich habe keine Ahnung. Aber ich schrieb das Buch sehr schnell, und als es geschrieben war, wurde ich nicht mehr von meiner Mutter verfolgt. Ich höre ihre Stimme nicht mehr, und ich sehe sie auch nicht mehr vor mir.

Ich nehme an, daß ich für mich selbst getan habe, was die Psychoanalytiker für ihre Patienten tun. Ich formulierte eine sehr lange und tief empfundene Gemütsbewegung. Und indem ich sie formulierte, erklärte ich sie gleichzeitig, und dann legte ich sie ad acta. Doch was heißt das, ich »erklärte« sie? Weshalb, sollten meine Gefühle für meine Mutter und meine Vision von ihr so viel blasser und schwächer werden, nur weil ich sie und meine Gefühle für sie in diesem Buch geschildert habe? Vielleicht finde ich auch eines Tages noch den Grund, und wenn ja, würde ich ihn mitteilen. Doch im Augenblick will ich fortfahren zu schildern, was mir in Erinnerung ist, denn es könnte stimmen, daß das, an was ich mich jetzt noch erinnere, sich später noch mehr abschwächen wird. (Diese Bemerkung ist interimistisch, um teilweise zu erklären, warum es jetzt so schwierig ist, eine klare Beschreibung von ihr zu geben.)

Gewiß ist, daß sie genau im Mittelpunkt dieser großen Kathedrale stand, die sich Kindheit nennt, und dort stand sie von Anfang an. Meine erste Erinnerung an sie ist ihr Schoß, und dabei fällt mir das Kratzen der Glasperlen an ihrem Kleid wieder ein, wenn ich meine Wange dagegenpreßte. Dann sehe ich sie in ihrem weißen Morgenrock auf dem Balkon, und die Passionsblume mit dem violetten Stern auf ihren Blütenblättern. Ihre Stimme ist mir noch ganz entfernt im Ohr – entschieden und lebhaft, und besonders die drei kurzen »ha-ha-ha . . .«, mit denen ihr Lachen endete. Auch ich ende zuweilen ein Lachen in der gleichen Weise. Und ich sehe ihre Hände vor mir, wie Adrians; mit den ganz charakteristischen breiten Fingerspitzen – jeder Finger hatte eine schmale Stelle in der Mitte –, deren Nägel nach oben breiter wurden. (Meine Finger haben alle die gleiche Stärke, so daß ich auch einen Ring an meinen Daumen stecken kann.) Sie hatte drei Ringe: einen Brillantring, einen Smaragdring und einen Opalring. Meine Augen starrten gewöhnlich fasziniert auf die irisierenden Reflexe in dem Opal, während er über die Seite des Lehrbuchs glitt, wenn sie uns unterrichtete, und ich war glücklich, daß sie ihn mir vererbt hatte (ich habe ihn dann Leonard geschenkt). Auch höre ich noch immer das Klirren ihrer geflochtenen silbernen Armreifen, wenn sie im Hause umherging, die Mr. Lowell ihr geschenkt hatte; ganz besonders, wenn sie abends mit einer Kerze, die sie mit der Hand abschirmte, heraufkam, um zu sehen, ob wir schliefen. Das ist eine besonders lebhafte Erinnerung, weil ich manchmal wach blieb und sie herbeisehnte. Dann riet sie mir, an alle schönen Dinge zu denken, die mir in den Sinn kämen – Regenbogen, Glockengeläute . . . Aber wie kam mir, neben diesen kleinen Einzelheiten, zum ersten Mal das zum Bewußtsein, was schon immer dagewesen war – ihre Schönheit? Vielleicht ist sie mir auch niemals bewußt geworden – ich glaube fast, ich habe ihre Schönheit als das natürliche Attribut hingenommen, das einer Mutter gebührte – die als solche zwar typisch und universal, aber hier in erster Linie doch unsere eigene war –, weil sie den Vorzug hatte, unsere Mutter zu sein. Es gehörte einfach zu ihr. Ich glaube auch nicht, daß ich ihr Gesicht je von dieser Gestalt und ihrem ganzen Wesen getrennt habe. Dabei drängt sich mir gerade jetzt ein Bild von ihr auf, wie sie den Weg neben dem Rasen in St. Ives entlangkam, schlank und ebenmäßig. Sie hielt sich sehr gerade. Ich spielte, und ich hörte auf, um mit ihr zu sprechen. Doch sie wendete sich halb von uns ab und senkte den Blick. Dieser unbeschreiblich traurigen Bewegung entnahm ich, daß Philips, der Mann, der überfahren worden war und den sie besucht hatte, gestorben war. Es ist vorbei, schien sie zu sagen. Ich verstand, und der Gedanke an den Tod bedrückte mich. Gleichzeitig aber empfand ich, daß ihre Bewegung als Ganzes wunderschön war. Sehr früh schon mußte ich durch Kinderschwestern oder gelegentliche Besucher gehört haben, daß sie als sehr schön galt. Doch dieser Stolz war snobistisch, kein reines, persönliches Gefühl; er mischte sich mit dem Stolz auf die Bewunderung anderer Leute und ähnelte entschieden dem noch snobistischeren Stolz, der eines Abends von den Kinderschwestern in mir geweckt wurde, die sich unterhielten, während wir unser Abendbrot aßen: »Sie sind aus sehr guter Familie . . .«

Aber wie war sie selbst, abgesehen von ihrer Schönheit, falls man beides überhaupt trennen kann? Sehr schlagfertig, sehr direkt, praktisch und amüsant, sage ich spontan. Sie konnte scharf sein, denn Affektiertheit war ihr ein Greuel. Ich erinnere mich, daß sie einmal zu mir sagte, als wir im Wagen vor einem Haus hielten: »Wenn du deinen Kopf so schief hältst wie jetzt, kommst du nicht mit auf die Party.« Sie war ernst, mit einem Hintergrund von Erfahrung, der sie traurig machte. Sie hatte ihr persönliches Leid, das auf sie wartete, dem sie sich im stillen hingab. Einmal, als sie uns Schulaufgaben machen ließ, schaute ich von meiner Arbeit auf und sah sie lesen – die Bibel, möglicherweise; und von dem Ernst ihres Gesichts betroffen, stellte ich mir vor, daß ihr erster Mann ja ein Geistlicher gewesen sei, und daß sie, während sie las, was er gelesen hatte, an ihn dachte. Das war nur eine Erfindung meinerseits, die aber zeigt, daß sie sehr traurig aussah, wenn sie nicht sprach.

Aber kann ich ihr denn auf andere Weise näherkommen, als die Schilderungen und Anekdoten zu benutzen, die sich meinem Bild von ihr nach ihrem Tode aufdrängten? Sehr flink, sehr entschieden und sehr aufrichtig, und hinter der Aktivität die Trauer und das Schweigen. Und sie war natürlich Mittelpunkt. Ich schätze, das Wort »Mittelpunkt« kommt dem Gefühl am nächsten, das ich gewöhnlich hatte, so absolut in ihrer Atmosphäre zu leben, daß man sich nie weit genug von ihr entfernen konnte, um sie als Person zu sehen. (Das ist auch ein Grund, weshalb ich die Gibbses und die Beadles und die Clarkes soviel schärfer sehe.) Sie war alles: Talland House war voll von ihr, die Hyde Park Gate war voll von ihr. Jetzt sehe ich auch, wenngleich diese Feststellung übereilt, vage und nicht sehr verständlich ist, weshalb sie bei einem Kinde keinen sehr persönlichen und besonderen Eindruck hinterlassen konnte. Ich möchte fast sagen, sie hielt ihren lebendigen Schutz wie einen Baldachin ständig über uns gebreitet, unter dem wir alle zusammen lebten. Ich sehe jetzt, daß sie einen so ausgedehnten Wirkungskreis und deshalb weder die Zeit noch die Kraft hatte – außer für einen Augenblick, wenn man krank oder sonst in einer kindlichen Krise war –, sich besonders um mich oder irgendeinen von uns zu kümmern – falls es nicht Adrian war. Ihn liebte sie besonders zärtlich. Sie nannte ihn »Meine Freude«. Die spätere Einsicht, das Verständnis, das ich jetzt für ihre Stellung habe, muß zu Wort kommen und hat mir klargemacht, daß eine Frau von Vierzig, mit sieben Kindern – von denen drei schon als Erwachsene behandelt werden mußten und vier noch im Kindesalter waren –, dazu noch ein achtes, Laura[20], eine Idiotin, die dennoch mit uns lebte; und dann mit einem Gatten, der fünfzehn Jahre älter, schwierig, anspruchsvoll und auf sie angewiesen war, daß eine solche Frau, die das alles aufrechterhalten und kontrollieren mußte, für ein sieben- oder achtjähriges Kind eher so etwas wie eine Institution als eine private Person gewesen sein mußte. Kann ich mich überhaupt erinnern, je mehr als ein paar Minuten mit ihr allein gewesen zu sein? Irgend jemand kam immer dazwischen. Wenn ich unverhofft an sie denke, ist sie immer in einem Raum voller Menschen: Stella, George und Gerald sind da, mein Vater sitzt mit übergeschlagenen Beinen da und liest und dreht eine Haarsträhne um seinen Finger. »Geh, und nimm den Krümel aus seinem Bart«, flüsterte sie mir zu, und schon trottete ich los. Es sind Besucher da, junge Männer wie Jack Hill, der Stella liebt, viele junge Leute, Georges und Geralds Freunde aus Cambridge, alte Herren, die um den Teetisch herumsitzen und sich unterhalten – Vaters Freunde, darunter Henry James, J. A. Symonds[21] (ich sehe ihn noch unten an der breiten Treppe in St. Ives, mit seinem nervösen, gelblichweißen Gesicht und einer aus einer gelben Kordel bestehenden Krawatte, mit zwei Plüschpompons an den Enden, zu mir hinaufspähen), Stellas Freunde, die Lushingtons und die Stillmans; ich sehe sie am oberen Ende des Tisches unter der blau kolorierten Radierung der Beatrice sitzen, das Geschenk einer alten Erzieherin; ich höre Witze, Gelächter, Stimmengewirr, man neckt mich, ich sage etwas Komisches, sie lacht, das macht mich froh, ich werde furchtbar rot, sie sieht es, jemand lacht über Nessa, als sie sagt, daß Ida Milman ihr B. F.[22] sei; und Mutter sagt beschwichtigend und gütig: »Das soll beste Freundin heißen.« Ich sehe sie mit ihrem Einkaufskorb in die Stadt gehen, und Arthur Davies begleitet sie; ich sehe sie strickend auf den Eingangsstufen sitzen, während wir Kricket spielen; ich sehe sie mit ausgestreckten Armen auf Mrs. Williams zugehen, als der Gerichtsvollzieher Besitz von ihrem Haus ergriff, und der Hauptmann am Fenster stand und brüllend Krüge, Schüsseln und Nachttöpfe auf den Kies hinunterschleuderte – »Kommen Sie zu uns, Mrs. Williams«; »Nein, Mrs. Stephen«, schluchzte Mrs. Williams, »ich lasse meinen Mann nicht im Stich.« – Ich sehe sie in London schreibend an ihrem Tisch sitzen, die Silberleuchter und den hochlehnigen, geschnitzten Stuhl mit den Klauen und dem rosa Sitz und das dreieckige Tintenfaß aus Bronze; ich schaue verstohlen unter den Rouleaus hindurch und warte verzweifelt, daß sie die Straße herunterkommt, wenn sie sich verspätet hat und die Laternen schon angezündet sind, und ich bin überzeugt, daß sie überfahren worden ist. (Mein Vater überraschte mich einmal dabei und fragte mich und sagte etwas besorgt, aber vorwurfsvoll: »Du solltest nicht so nervös sein, Jinny.«) Und dann sehe ich sie zum letzten Mal – sie lag im Sterben, ich kam, um sie zu küssen, und als ich aus dem Zimmer schlich, sagte sie: »Halt dich gerade, mein Zicklein.« ... Was für ein Durcheinander von Erinnerungen an meine Mutter mir so durch den Kopf gehen, wenn ich meinen Gedanken freien Lauf lasse – aber ich sehe sie immer in Gesellschaft, immer umringt, immer der Allgemeinheit gehörend, immer für alle da, allgegenwärtig, die Schöpferin dieser von Menschen wimmelnden, amüsanten Welt, die sich so fröhlich im Mittelpunkt meiner Kindheit drehte. Es ist wahr, daß ich jene Welt mit einer andern umschloß, die mein eigener Charakter sich schuf; es ist wahr, daß ich von Anfang an viele Erlebnisse außerhalb jener Welt hatte und mich oft weit von ihr entfernte und ihr vieles vorenthielt; aber da war sie immer, in dem gemeinsamen, sehr amüsanten, sehr stimulierenden und von Menschen wimmelnden Familienleben, und sie war der Mittelpunkt, sie war jene Welt. Das zeigte sich am 5. Mai 1895. Denn nach diesem Tag war von dieser Welt nichts mehr geblieben. An dem Morgen, als sie starb, lehnte ich mich aus dem Kinderzimmerfenster. Es war ungefähr sechs Uhr, glaube ich. Ich sah Dr. Seton fortgehen. Er ging mit gesenktem Kopf, die Hände auf dem Rücken verschränkt. Ich sah die Tauben niedergleiten und sich setzen. Ein Gefühl der Ruhe, der Trauer und der Endgültigkeit überkam mich. Es war ein wunderschöner, blauer Frühlingsmorgen und sehr still. Das läßt das Gefühl wieder aufleben, daß alles an ein Ende gekommen war.

15. Mai 1939. Die Quälerei, eine kontinuierliche Biographie von Roger zu schreiben, ist wieder einmal unerträglich geworden, und so wende ich mich denn zur Erholung für ein paar Tage dem Mai 1895 zu. Der kleine Schauplatz, an dem ich mich gegenwärtig aufhalte, ist, was das Wetter betrifft, feucht und kalt. Ich blicke zu meinem Mansardenfenster

hinauf – über den Wust von *Athenaeum*-Artikeln und Fry-Briefen (alle voller Sand vom Nachbarhaus, das abgerissen wird), ich blicke hinauf und sehe einen Himmel von der Farbe schmutzigen Wassers, der es widerzuspiegeln scheint. Und meine innere Landschaft sieht ähnlich aus. Gestern abend hat Mark Gertler[23] hier gesessen und die Vulgarität und Minderwertigkeit der sogenannten »Literatur« im Vergleich zur Integrität der Malerei heftig kritisiert. »Denn sie befaßt sich immer nur mit Mr. und Mrs. Brown«, sagte er – mit dem Persönlichen, dem Trivialen, heißt das; eine Kritik, die etwas Aufreizendes und zugleich Deprimierendes hat wie der Maihimmel. Doch um die Persönlichkeit meiner Mutter auch nur annähernd schildern zu können, müßte man ein Künstler sein. Das zu tun, wie es getan werden sollte, ist genauso schwer, wie einen Cezanne zu malen.

Eins der wenigen Dinge, die man sicher von ihr weiß, ist das Faktum, daß sie zwei ganz verschiedenartige Männer geheiratet hatte. Wenn man sie nicht von der Warte eines sieben- oder achtjährigen Kindes aus sieht, sondern von der einer Frau, die jetzt älter ist als sie in ihrer Todesstunde war, beinhaltet diese Tatsache etwas Wesentliches. Sie war nicht so schemenhaft und unbedeutend, nicht so bestimmt durch die Schönheit ihres Gesichts, wie es jetzt in der Erinnerung – und zwar zwangsläufig – der Fall ist. Denn wieviel kann von der Persönlichkeit eines Menschen faktisch noch lebendig bleiben, der vor vierundvierzig Jahren[24], mit neunundvierzig Jahren, gestorben ist, ohne ein Buch, eine Malerei oder sonst irgendein Werk zurückzulassen – abgesehen von den drei noch überlebenden Kindern, in denen die Erinnerung an sie lebendig ist? Die Erinnerung ist wohl da, aber es gibt nichts, um diese Erinnerung zu überprüfen, nichts, um sie zu begründen.

Immerhin gab es diese beiden Ehen, und sie beweisen, daß sie fähig war, zwei ganz verschiedene Männer zu lieben: der eine, um es kurz zu sagen, Inbegriff eines korrekten Gentleman, der andere Inbegriff eines Intellektuellen. Beiden konnte sie gerecht werden. Das muß mir bei meinem Versuch, ihren Charakter zu ermessen, als Maßstab dienen.

Die Entwicklung der Grundzüge dieses Charakters allerdings liegen im Halbdunkel. Sie wurde, glaube ich, 1848[25] und, wie ich glaube, in Indien als Tochter von Dr. Jackson und seiner halbfranzösischen Gattin geboren. Sehr viel Ausbildung war ihr nicht zuteil geworden. Eine alte Gouvernante – war sie diese Mademoiselle Rose? Hatte sie ihr die Radierung der Beatrice geschenkt, die im Eßzimmer von Talland House hing? –, hatte sie Französisch gelehrt, das sie mit einem sehr guten Akzent sprach, und sie konnte Klavier spielen und war musikalisch. Ich erinnere mich, daß sie der Quinceys *Opium Eater*, eines ihrer Lieblingsbücher, immer auf ihrem Tisch zu liegen hatte; und zu einem Geburtstag hatte sie sich die Werke von Scott gewünscht, die ihr Vater ihr in der Erstausgabe schenkte – einige Bände sind noch da, die andern sind verlorengegangen. Scott las sie leidenschaftlich gern. Sie hatte einen intuitiven, keinen geschulten Verstand. Aber ihr Instinkt scheint mir – zumindest was Bücher betraf – sehr ausgeprägt gewesen zu sein, und das gefiel mir, denn ich erinnere mich, daß sie zusammenfuhr, als ich ihr einmal *Hamlet* vorlas und aus Versehen »silver« statt »sliver« las – sie zuckte genauso zusammen, wie mein Vater bei einer falschen Betonung zusammenzuckte, wenn wir Vergil mit ihm lasen. Von drei Töchtern war sie die Lieblingstochter ihrer Mutter gewesen, und da ihre Mutter leidend war, war sie sogar als Kind schon gewöhnt, zu pflegen und an einem Krankenbett zu wachen. Während des Krim-Krieges hatten sie ein Haus in Well Walk und es gab eine Anekdote darüber, wie sie den Soldaten bei ihren militärischen Übungen auf der Heide zuschaute. Aber ihre Schönheit erregte sogar schon Aufsehen, als sie noch ein kleines Mädchen war. Denn es gibt da noch eine andere Anekdote, wonach sie niemals alleine ausgehen durfte, sondern von Mary begleitet werden mußte, um sie vor zu bewundernden Blicken zu schützen und davor zu bewahren, sich ihrer Schönheit bewußt zu werden – und mein Vater sagte, daß sie sich dieser tatsächlich sehr wenig bewußt war. Dieser Schönheit war es vermutlich auch zuzuschreiben, daß sie die Schulung bekam, die viel wichtiger war als alles, was ihr irgendwelche Erzieherinnen beibringen konnten – die Lebensschulung in Little Holland House. Als Kind war sie sehr viel in Little Holland House gewesen; zum Teil wahrscheinlich, weil sie bei den Malern dort und den Prinseps beliebt war – Tante Sara und Onkel Thoby müssen stolz auf sie gewesen sein.[26]

Little Holland House war damals ihre Welt. Aber wie sah diese Welt aus? Ich sehe sie als eine Sommernachmittagswelt. In meiner Vorstellung ist Little Holland House ein altes weißes Landhaus, inmitten eines großen Gartens. Hohe Glastüren öffnen sich zum Rasen. Durch sie strömen Damen in Krinolinen und kleinen Strohhütchen, von Herren mit Backenbärten und in Keilhosen begleitet. Die Zeit ist ungefähr um 1860. Es ist ein heißer Sommertag. Auf Teetischen, die überall auf dem Rasen aufgestellt sind, stehen große Schüsseln mit Erdbeeren und Sahne. Sie werden »präsidiert« von einigen der sechs bezaubernden Schwestern[27], die keine Krinolinen tragen, sondern in prächtige venezianische Stoffe gekleidet sind. Sie sitzen in königlicher Haltung da und unterhalten sich, fremdartig und emphatisch gestikulierend – auch meine Mutter gestikulierte, indem sie die Hände in die Luft warf – mit den bedeutenden Männern, indischen Potentaten, Staatsmännern, Dichtern und Malern (über die Lytton [Strachey] sich später lustigmachte). Meine Mutter tritt durch die Glastür heraus und trägt das hochgeschlossene gestreifte Seidenkleid mit dem weitwallenden Rock, in dem sie auf der Photographie zu sehen ist.[28] Sie ist natürlich »eine Vision«, wie man von ihr zu sagen pflegte; und sie steht schweigend dort, mit ihrem Teller Erdbeeren mit Sahne, oder wird vielleicht gebeten, einige Leute durch den Garten zum Atelier des Maestros [G. F. Watts] zu führen. Auch Musik tönt aus jenen langgestreckten niedrigen Räumen, in denen die großen Gemälde von Watts hängen. Joachim[29] spielt Violine, und man hört auch eine Stimme, die Gedichte rezitiert – Onkel Thoby liest wahrscheinlich seine Übersetzungen persischer Dichter vor. Wie leicht es doch ist, das Bild durch bestimmte Einzelheiten zu ergänzen, die ich in Memoiren gelesen habe – Tennyson mit seinem Schlapphut hineinzubringen, Watts in seinem Russenkittel, Ellen Terry im

Knabenanzug und Garibaldi in seinem roten Hemd; und Henry Taylor[30] wandte sich von ihm ab und meiner Mutter zu – »das Gesicht eines schönen Mädchens bedeutet mir mehr« –, so sagt er in einem Gedicht. Wie schwierig ist es dagegen, wenn ich mich meiner Mutter zuwende, um aufzuspüren, wie sie in Wirklichkeit war, nur eine Idee zu haben, was sie gedacht hat, ihr nur einen einzigen Satz in den Mund zu legen! Ich träume und gaukle mir Bilder eines Sommernachmittags vor.

Doch der Traum beruht auf einer Begebenheit. Als wir noch Kinder waren, nahm meine Mutter uns einmal mit in die Melbury Road; und als wir in die Straße kamen, die auf dem ehemaligen Garten angelegt worden war, machte sie einen kleinen Sprung vorwärts, klatschte in die Hände und rief: »Hier hat es gestanden!« – als wäre ein Märchenland verschwunden. Deshalb glaube ich auch, daß Little Holland House wirklich eine Sommernachmittagswelt für sie gewesen ist. Noch eine Tatsache ist mir bekannt: Daß sie ihren Onkel Thoby anbetete. Sein Spazierstock, mit dem Loch oben, in dem einmal eine Schlaufe gehangen haben muß, ein wunderschöner Stock aus dem achtzehnten Jahrhundert, stand immer am Kopfende ihres Bettes in der Hyde Park Gate. Sie war eine Heldenverehrerin, treuherzig, unkritisch und schwärmerisch. Mein Vater sagte immer, sie hat ihren Onkel Thoby viel mehr geliebt als ihren eigenen Vater – diesen »guten Dr. Jackson«; »respektabel«, aber abgesehen von seinem guten Aussehen und der erstaunlichen weißen Haarmähne, die wie ein Dreispitz um seinen Kopf stand, war er ein uninteressanter, prosaischer alter Mann, der die Leute mit seinen Geschichten über einen Giftfall in Kalkutta langweilte, und der von diesem poetischen Märchenland ausgeschlossen war; zweifellos auch gar keinen Sinn dafür hatte. Meine Mutter hegte keine zärtlichen Gefühle für ihn, hatte aber seinen Sinn für das Praktische und seine Gewandtheit geerbt, die zu ihren Qualitäten gehörten.

Little Holland House war also ihre Erziehung. Dort lehrte man sie, die Rolle zu spielen, die einem Mädchen im Leben berühmter Männer damals zukam: den Tee einzuschenken, ihnen Erdbeeren mit Sahne zu reichen, demütig und ehrfurchtsvoll ihren weisen Reden zu lauschen, Watts für einen großen Maler und Tennyson für einen großen Dichter zu halten und mit dem Prinzen von Wales zu tanzen. Denn die Schwestern waren, mit Ausnahme meiner Großmutter, die demütig und religiös war, in der extrem viktorianischen Art weltlich. Tante Virginia, soviel ist sicher, hat ihre eigenen Töchter – die Cousinen meiner Mutter – Torturen unterzogen, die, verglichen mit dem Spanischen Stiefel und dem Chinesischen Schuh, harmlos sind, um die eine mit dem Duke of Bedford und die andere mit Lord Henry Somerset zu verheiraten. (Daher kommt es, daß wir, wie die Kinderschwestern sich ausdrückten, so »vornehme Beziehungen« haben.) Doch hier versinke ich schon wieder in Reminiszenzen und lasse Julia Jackson, die Person, auf die es ankommt, außer acht. Die einzigen Fakten in jenen frühen Jahren, auf die ich mich stützen kann, sind die, daß zwei Männer bei ihr (oder vielmehr bei ihren Eltern) um ihre Hand angehalten haben; der eine war Holman Hunt, der andere Thomas Woolner, ein Bildhauer.[31] Beide Heiratsanträge wurden gemacht und zurückgewiesen, als sie kaum den Kinderschuhen entwachsen war. Ich weiß auch, daß sie einmal in einem Hut mit grauen Federn auf eine Schiffsparty ging, wo Anny Thackeray[32] war, und wo Nun (das ist Tante Caroline, Vaters Schwester) sie dort allein stehen sah und sich wunderte, daß sie nicht der Mittelpunkt einer großen Gruppe von Anbetern war: »Wo sind sie denn?« fragte sie Anny Thackeray, die antwortete: »Ach, die sind heute nicht hier« – eine kleine Szene, die mich vermuten läßt, daß Julia mit siebzehn oder achtzehn Jahren sehr reserviert war und gerade wegen ihrer großen Schönheit ein gewisses Schweigen um sich verbreitete.

Diese kleine Szene liegt lange zurück; Julia kann nicht älter gewesen sein als achtzehn, denn sie hat mit neunzehn Jahren geheiratet.[33] Sie war in Venedig, lernte Herbert Duckworth kennen, verliebte sich Hals über Kopf in ihn und er in sie, und sie heirateten. Mehr weiß ich nicht, und mehr wissen andere vielleicht von der wichtigsten Begebenheit in ihrem Leben auch nicht. Wie wichtig sie war, ist dadurch erwiesen, daß sie, als er vier Jahre später starb, »so unglücklich war, wie es ein menschliches Wesen überhaupt nur sein kann«. Ihre eigenen Worte waren, wie Kitty Maxse mir berichtet hat: »Ich bin so unglücklich und so glücklich gewesen, wie ein Mensch überhaupt nur sein kann.« Kitty erinnerte sich daran, weil es, obgleich sie doch so eng miteinander befreundet waren, das einzige Mal während ihrer ganzen Freundschaft war, daß sie davon sprach, was sie für Herbert Duckworth empfunden hatte.

Ich habe keine Vorstellung, wie meine Mutter gewesen ist, als sie »so glücklich war, wie ein Mensch überhaupt nur sein kann«. Kein Wort und keine Szene haben diese vier Jahre überdauert. Es ging ihnen gut, sie wohnten am Bryanston Square. Er nahm seinen Anwaltsberuf nicht sehr ernst (als sie einmal auf den verschiedenen Bezirksgerichten zu tun hatten, sagte ein Freund zu ihm: »Ich habe den ganzen Vormittag damit verbracht, ein schönes Gesicht anzuschaun« – Herberts Frau). George wurde geboren, dann Stella, und kurz vor Geralds Geburt starb Herbert Duckworth. Sie waren bei den Vaughans in Upton zu Gast[34], er streckte sich, um eine Feige für meine Mutter zu pflücken, ein Blinddarmabszeß platzte, und wenige Stunden später starb er. Das sind die einzigen Fakten, die ich aus jenen vier glücklichen Jahren kenne.

Wenn es eine Möglichkeit gäbe, etwas über Herberts Persönlichkeit zu erfahren, würde vielleicht ein Lichtstrahl auch auf meine Mutter fallen. Aber wie alle schönen Männer, die auf tragische Weise enden, hinterließ er nur eine Legende und kaum etwas Charakteristisches. Jugend und Tod verliehen einen Heiligenschein, durch den sich nur schwer ein wirkliches Gesicht erkennen läßt – ein Gesicht, das man vielleicht auch heute auf der Straße oder hier in meinem Arbeitszimmer sieht. Für Tante Mary – die Schwester meiner Mutter, die deshalb wahrscheinlich ihre Gefühle bis zu einem gewissen Grade auch teilen konnte – war er »Oh, Darling, ein Sonnenstrahl . . .« gewesen, »wie ich noch keinem begegnet bin . . . Wenn Herbert Duckworth lächelte . . . wenn Herbert Duckworth ins Zimmer trat . . .« hier fiel sie in Schweigen, schüttelte nur heftig den Kopf und verzog das Gesicht, als sei er überhaupt nicht zu schildern; es gab keine Worte, um ihn wirklich zu beschreiben. Und dieser Gefühlsausbruch war nur ein Echo der Gefühle, die meine Mutter, nur sehr viel tiefer und sehr viel stärker, bewegt haben müssen. Er muß für sie der ideale Mann gewesen sein, tapfer, schön und großmütig, »der große Achilleus, den wir kannten« – es scheint nur natürlich, Tennyson zu zitieren –, und dazu herzlich, liebenswert und unkompliziert und vor allem ihr Gatte und der Vater ihrer Kinder. Es war deshalb für sie als junges Mädchen nur natürlich gewesen, daß sie es vorgezogen hatte, den unkomplizierten, den liebenswürdigen, den normalen, durchschnittlichen Mann zu lieben, statt des sonderbaren, des robusten künstlerischen, des Intellektuellen, den sie kennengelernt hatte, und der sie hatte heiraten wollen. Herbert war der ausgesprochene Public School- und vollkommene englische Gentleman-Typ, behauptete mein Vater. Sie wählte ihn, und wie uneingeschränkt er sie befriedigte, beweist der vollständige Zusammenbruch, den sie erlitt, als er starb. Ihre ganze Fröhlichkeit und ihr ganzes gesellschaftliches Interesse hatte sie verloren. Sie war so unglücklich, wie ein Mensch überhaupt nur sein kann. Aus den davon beherrschten Jahren ist wenig bekannt. Nur heißt es – und Stella hat es mir einmal erzählt –, daß sie auf seinem Grab zu liegen pflegte. Bei ihrer zurückhaltenden Art scheint mir das der packendste Ausdruck ihres Leides.

Was bekannt und viel schwerwiegender war, ist die Tatsache, daß sie während jener acht Jahre – die sie, soweit es ihre Zeit neben ihren Kindern und dem Haus erlaubte, damit verbrachte, »Gutes zu tun«, Kranke zu pflegen und die Armen zu besuchen – ihren Glauben aufgab. Das schmerzte ihre Mutter, eine tief religiöse Frau, die ihr sehr viel bedeutete, so daß man annehmen muß, daß es aus einer echten Überzeugung geschah, ein Entschluß, der das Resultat eingehender, selbständiger Überlegung war. Es beweist nur, daß sie mehr in sich hatte als Bedürfnislosigkeit, Enthusiasmus und Romantik, und das erklärt auch ihre beiden inkongruenten Entscheidungen: Herbert und mein Vater. Sie war eine komplexe Natur; große Natürlichkeit und Offenheit verbunden mit einem skeptischen und ernsthaften Geist. Wahrscheinlich war diese Kombination auch der Grund für den tiefen Eindruck, den sie auf Menschen machte, den positiven Eindruck. Ihr Charakter wurde durch diese Mischung aus Natürlichkeit und Skeptizismus geprägt. Sie war freundlich und dennoch streng, sehr amüsant, aber auch sehr ernst, äußerst tüchtig, aber von einer Innerlichkeit ... »Sie war eine Mischung zwischen Madonna und einer Frau von Welt«, nach Miss Robins' Definition.[35]

Jedenfalls steht fest, daß sie, als sie allein zurückgeblieben war, die Bemerkung gemacht hat: »Oh, diese Qual, niemals allein gelassen zu werden!« – wer es erzählt hat, weiß ich nicht mehr –, die sich auf ihre Witwenschaft und das übertriebene Getue bezog, mit dem Freunde und Familie sie umgaben. Als sie dann endlich allein in der Hyde Park Gate war, begann sie über ihre Lage nachzudenken und las aus diesem Grunde vielleicht etwas, was mein Vater geschrieben hatte. Das gefiel ihr (sagt er im *Mausoleum Book*), als sie noch nicht sicher war, daß er ihr gefiel. Deshalb ist es auch berechtigt, sich vorzustellen, wie sie, nachdem die Kinder zu Bett gegangen waren, in ihrem Witwenkleid allein mit einem Exemplar des *Fortnightly* in dem von Weinranken beschatteten Salon sitzt und versucht, sich über die Gründe des Agnostizismus klar zu werden. Von da aus wanderten ihre Gedanken weiter zu Leslie Stephen, dem hageren bärtigen Mann, der die Straße weiter hinauf wohnte und mit Minny Thackeray verheiratet war. Er war in jeder Beziehung genau das Gegenteil von Herbert Duckworth, aber etwas an seiner Gelehrtheit interessierte sie. Eines Abends machte sie den Leslie Stephens einen Besuch und fand sie zusammen am Kamin sitzend, ein glücklich verheiratetes Paar, ein Kind im Kinderzimmer und ein zweites in Bälde zu erwarten. Sie saß und unterhielt sich. Dann ging sie und beneidete die beiden um ihr Glücklichsein und verglich es mit ihrer eigenen Verlassenheit. Am nächsten Tag starb Minny ganz unerwartet, und ungefähr zwei Jahre später heiratete sie den hageren bärtigen Witwer.[36]

»Wie hat Vater eigentlich um dich angehalten?« habe ich sie einmal gefragt, als wir Arm in Arm die Wendeltreppe zum Speisezimmer hinunterstiegen. Halb überrascht, halb schokkiert, lachte sie nur ihr kurzes Lachen, antwortete aber nicht. Er hatte sie in einem Brief gefragt, und sie hatte ihn abgelehnt. Dann, eines Abends, als er schon jede Hoffnung aufgegeben und bei ihr zu Abend gegessen hatte und sie wegen einer Erzieherin für Laura um Rat fragte, folgte sie ihm zur Tür und sagte: »Ich will versuchen, Ihnen eine gute Frau zu sein.«

Vielleicht lag Mitleid in ihrer Liebe, bestimmt aber auch tiefe Bewunderung für seinen Geist. Und so vermochte sie den beiden Ehen mit den beiden so verschiedenen Männern gerecht zu werden. Sie tauchte aus diesem Korridor achtjähriger Zurückgezogenheit auf, um noch fünfzehn Jahre weiterzuleben[37], vier Kinder zu gebären und am frühen Morgen des 5. Mai 1895 zu sterben. George führte uns hinunter, um ihr adieu zu sagen. Mein Vater taumelte aus dem Schlafzimmer, als wir kamen. Ich streckte die Arme aus, um ihn aufzuhalten, doch völlig verstört stürzte er an mir vorbei und schrie etwas, was ich nicht verstehen konnte. Und George führte mich hinein, um meine Mutter zu küssen, die soeben gestorben war.

28. Mai 1939. Jeder von uns bekam heiße Milch mit einem Tropfen Brandy, und in Badetücher gewickelt wurden wir von George ins Schlafzimmer gebracht. Wenn ich mich recht erinnere, brannten Kerzen, und ich glaube, die Sonne schien herein. Auf alle Fälle erinnere ich mich an den langen Ankleidespiegel mit den Schubladen zu beiden Seiten und an den Waschtisch und an das große Bett, auf dem meine Mutter lag. Ich erinnere mich sogar noch deutlich, daß eine der Krankenschwestern schluchzte, während wir zum Bett geführt wurden, und ein Bedürfnis zu lachen überkam mich; und ich sagte zu mir selbst – wie ich es seitdem in Krisenmomenten oft getan habe: »Ich fühle überhaupt nichts.« Dann beugte ich mich hinüber und küßte das Gesicht meiner Mutter. Es war noch warm. Sie war erst vor einem Augenblick gestorben. Danach gingen wir nach oben ins Kinderzimmer.

Vielleicht war es am nächsten Abend, daß Stella mich noch einmal ins Schlafzimmer nahm, um meine Mutter zum letzten Mal zu küssen. Sie hatte zuvor auf der Seite gelegen. Jetzt lag sie genau in der Mitte ihrer Kissen. Ihr Gesicht sah unendlich verschlossen, hohl und streng aus. Als ich sie küßte, war mir, als küßte ich kaltes Eisen. Wenn ich kaltes Eisen berühre, steigt dieses Gefühl seitdem immer in mir auf – ich fühle das Gesicht meiner Mutter – kaltes, körniges Eisen. Ich wich zurück. Dann streichelte Stella ihre Wange und knöpfte einen Knopf an ihrem Nachthemd auf. »So war es ihr immer am liebsten«, sagte sie. Als sie später ins Kinderzimmer hinaufkam, entschuldigte sie sich bei mir. »Verzeih mir«, sagte sie. »Ich habe gesehen, du hattest Angst.« Sie hatte bemerkt, daß ich zurückgeschreckt war. Als Stella mich um Verzeihung bat, daß sie mich einem solchen Schock ausgesetzt hatte, weinte ich – wir hatten mehr oder weniger schon den ganzen Tag geweint – und sagte: »Wenn ich Mutter sehe, sehe ich einen Mann bei ihr sitzen.« Stella sah mich an, als hätte ich sie zu Tode erschreckt. Habe ich das nur gesagt, um die Aufmerksamkeit auf mich zu lenken? Oder war es wirklich so? Ich bin nicht ganz sicher, denn bestimmt hatte ich ein starkes Bedürfnis, Aufmerksamkeit zu erregen. Aber es ist sicher wahr, daß ich, als sie zu mir sagte: »Verzeih mir«, meine Mutter wieder vor Augen hatte und einen Mann auf dem Bettrand zu sehen schien, der sich über sie beugte.

»Es ist schön, daß sie nicht allein sein muß«, sagte Stella nach einer kurzen Pause.

Die ganze Atmosphäre dieser drei, vier Tage vor dem Begräbnis war natürlich so dramatisch, theatralisch und unwirklich, daß jede Halluzination möglich war. Wir durchlebten sie in tiefem Schweigen, bei künstlichem Licht. Zimmer waren verschlossen, Leute schlichen leise hinein und hinaus, Leute kamen ständig an die Haustür. Wir saßen alle im Salon, rings um den Sessel meines Vaters, und schluchzten. Die Blumen im Vestibül verbreiteten einen schweren Duft. Sie lagen dort hoch aufgetürmt auf dem Tisch. Der Duft bringt jene Tage noch immer mit erstaunlicher Intensität zurück. Aber ich habe doch auch eine Erinnerung von großer

Schönheit: Man hatte Thoby ein Telegramm nach Clifton gesandt. Er sollte am Abend in Paddington ankommen. George und Stella flüsterten im Vorzimmer miteinander, wer ihn abholen sollte. Zu meiner Erleichterung zerstreute Stella die Bedenken von George und sagte: »Ich glaube aber, es würde ihr guttun, mitzukommen.« So wurde ich von George und Nessa im Taxi mitgenommen, um Thoby vom Paddington Bahnhof abzuholen. Die Sonne ging gerade unter, und die große Glaskuppel am Ende des Bahnhofs strahlte in feurigem Licht. Sie war in glühendes Gelb und Rot getaucht, und die Eisenträger lagen wie ein Muster darüber. Sie beeindruckte und erregte mich zutiefst. Sie war so riesig und so feurig rot. Ich ging den Bahnsteig entlang und starrte hingerissen auf diese herrliche Farbenpracht, während der Zug langsam in den Bahnhof dampfte. Der Kontrast zwischen diesem strahlenden, prachtvollen Licht und den verhüllten und verhangenen Räumen in der Hyde Park Gate war überwältigend. Zum Teil lag es auch daran, daß der Tod meiner Mutter enthüllte und intensivierte und mich plötzlich Wahrnehmungen entwickeln ließ, als hätte man ein Vergrößerungsglas über das gehalten, was im Dunkel geruht und geschlummert hatte. Natürlich war dieses plötzliche Erwachen nur spasmodisch. Doch es war überraschend – als wäre etwas ohne jede Anstrengung sichtbar geworden. Um einen ähnlichen Fall anzuführen: Ich erinnere mich, daß ich einmal, ungefähr um die gleiche Zeit, in Kensington Gardens spazierenging. Es war ein sehr warmer Frühlingsabend, und wir – Nessa und ich – legten uns in das hohe Gras hinter dem Flower Walk. Ich hatte *The Golden Treasury* mitgenommen. Ich schlug das Buch auf und begann irgendein Gedicht zu lesen. Und augenblicklich und zum ersten Mal verstand ich das Gedicht (welches es war, weiß ich nicht mehr). Es war, als würde es vollkommen durchsichtig. Ich hatte ein Gefühl, daß Wörter eine Transparenz bekommen, wenn sie aufhören, Wörter zu sein, und sich so steigern, daß man sie zu erleben, sie vorauszusagen scheint, als entwickelten sie das, was man bereits fühlt. Ich war so überrascht, daß ich versuchte, das Gefühl zu erklären. »Man scheint zu begreifen, was gemeint ist«, sagte ich ungeschickt. Nessa hat es wahrscheinlich vergessen, denn niemand hätte aus dem, wie ich mich ausdrückte, dieses seltsame Gefühl in dem hohen Gras nachempfinden können, daß Dichtung zugänglich wurde. Und auch das gibt das Gefühl nicht wieder. Es läßt sich mit dem vergleichen, was ich manchmal empfunden habe, wenn ich schreibe: Die Feder wittert die Fährte.

Doch immerhin erinnere ich mich noch genau an jene beiden Erlebnisse – an die glühende Glaskuppel am Ende des Paddington Bahnhofs und an das Gedicht, das ich in Kensington Gardens las. Jene beiden hellsichtigen Augenblicke sind fast die einzigen lichten Momente in der dumpfen Trauer, die dann über uns hereinbrach. Mit dem Tod meiner Mutter war das fröhliche, abwechslungsreiche Familienleben, das sie aufrechterhalten hatte, für immer zu Ende. Statt seiner senkte sich eine düstere Wolke auf uns herab. Wir schienen alle miteinander unter einer Nebeldecke heftiger Emotionen gefangen, traurig, ernst und beklommen. Auszubrechen schien unmöglich. Es war nicht nur beklemmend, es war gespenstisch. Ein Finger schien sich auf unsere Lippen gelegt zu haben.

Ich sehe uns jetzt alle, einheitlich schwarz gekleidet; George und Gerald in schwarzen Hosen, Stella mit einem breiten Trauerflor am Kleid, Nessa und ich mit einem etwas schmaleren, mein Vater von Kopf bis Fuß ganz in Schwarz – sogar das Briefpapier hatte einen so breiten schwarzen Rand, daß nur wenig Platz für Mitteilungen blieb –, ich sehe uns an einem schönen Sommernachmittag aus der Hyde Park Gate herauskommen und wie bei einer Prozession Hand in Hand spazieren – denn wir hielten uns immer bei den Händen –, ich sehe uns – ich ganz stolz auf das feierliche Schwarz und den Eindruck, den es machen mußte – in die Kensington Gardens hineingehen und wie golden der Goldregen leuchtete, und dann saßen wir schweigend unter den Bäumen. Das Schweigen war bedrückend. Ein Finger lag auf unseren Lippen. Man mußte ständig überlegen, ob das, was man gerade sagen wollte, auch das Richtige war. Es sollte eine Hilfe sein. Aber wie konnte man helfen? Vater saß gewöhnlich in Trübsinn versunken da. Wenn man ihn zum Reden bewegen konnte – und darin bestand ein Teil unserer Aufgabe –, sprach er über die Vergangenheit, von »den alten Zeiten«. Und wenn er sprach, endete es immer mit einem Stöhnen. Er wurde taub, und sein Stöhnen war lauter als es ihm bewußt war. Zu Hause lief er gestikulierend und weinend im Zimmer auf und ab, daß er Mutter nie gesagt habe, wie sehr er sie liebe. Dann schlang Stella protestierend die Arme um ihn. Oft wurde man zufällig Zeuge einer solchen Szene. Dann breitete er seine Arme aus und rief einen zu sich heran. Wir seien seine einzige Hoffnung, sein einziger Trost, pflegte er zu sagen. Und dort auf dem Fußboden kniend, versuchte man zu trösten – vielleicht weinte man auch nur.

Stella trug natürlich die Hauptlast. Sie wurde immer bleicher in ihrem tiefschwarzen Kleid. Sie saß mit dem schwarzgeränderten Briefpapier vor sich an ihrem Tisch und schrieb und beantwortete Kondolenzbriefe. Vor ihr stand eine Photographie von Mutter, und manchmal weinte sie, während sie schrieb. Im Laufe des Sommers kamen Besucher, teilnahmsvolle Frauen, alte Freunde. Sie wurden in den hinteren Teil des Salons geführt, wo Vater saß, wie die Königin bei Shakespeare – »here I and sorrow sit« –[38], und die Ranken des wilden Weins hingen wie ein grüner Vorhang vor dem Fenster, so daß das Zimmer wie eine grüne Grotte wirkte. Wir im vorderen Salon saßen zusammengekauert, hörten gedämpfte Stimmen und warteten, bis die Besucherin, noch mit Tränen auf den tränennassen Wangen, wieder herauskam. Das in Trauer gehüllte, zurückgezogene, freudlos gewordene Leben löste das ganze lustige Stimmengewirr und Gelächter des Sommers ab. Es gab keine Gesellschaften, keine lachenden jungen Männer und Mädchen mehr. Kein plötzliches Auftauchen weißer Sommerkleider, keine Hansoms mehr, die eilig zu Privataufführungen oder Abendgesellschaften fuhren, nichts mehr von dem zwanglosen Leben und der Fröhlichkeit, die meine Mutter verkörpert hatte. Die Erwachsenenwelt gab es nicht mehr, in die ich mich einen Augenblick lang gestürzt und in der ich einen Witz oder eine kleine Begebenheit aufgeschnappt hatte, um dann wieder nach oben ins Kinderzimmer zu stürzen. Es gab auch jene ›ergatterten‹ Augenblicke nicht mehr, die so lustig und aus irgendeinem Grunde so beruhigend und doch so aufregend waren, wenn man am Arm von Mutter die Treppen zum Dinner hinunterrannte oder den Schmuck aussuchte, den sie tragen wollte. Stolzer konnte man nicht sein, als wenn man etwas gesagt hatte, was sie amüsierte oder was sie sehr beachtenswert fand. Wie aufgeregt ich war, wenn am Montag morgen die *Hyde Park Gate News*[39] auf ihrem Frühstückstablett lag und wenn ihr etwas gefiel, was ich geschrieben hatte. Nie werde ich meine grenzenlose Freude vergessen – ich kam mir vor wie eine Geige, auf der man spielte –, als ich entdeckte, daß sie Madge Symonds eine Geschichte von mir geschickt hatte. Sie sei so phantasievoll, sagte sie. Die Geschichte handelte von Seelen, die herumfliegen und sich Körper auswählen, um hineingeboren zu werden.

Die Tragödie ihres Todes war nicht, daß er einen immer von neuem tief unglücklich machte, sondern daß er sie der Realität entzog und uns ernst und befangen machte. Wir waren gezwungen, Rollen zu spielen, die uns nicht entsprachen, nach Wörtern zu suchen, die wir nicht kannten. Er entstellte, er lähmte. Er machte einen scheinheilig und verstrickte einen in die Trauerkonventionen. Viele alberne und sentimentale Gedanken tauchten auf. Doch wir wehrten uns, denn bald lebten wir wieder auf, und es kam zu einem Konflikt zwischen dem, wie wir sein sollten, und dem, wie wir wirklich waren. Thoby formulierte das. Eines Tages, bevor er ins Internat zurückfuhr, sagte er: »Es ist ja albern, so weiterzumachen . . .« Er meinte das Geschluchze und das wehleidige Herumsitzen. Ich war empört über seine Herzlosigkeit; doch ich weiß, er hatte recht. Aber wie sollten wir uns davon freimachen?

Wieder war es Stella, die den düstren Vorhang hob. Ein kleiner Lichtschein fiel herein.

20. Juni 1939. Ich dachte, als ich gestern nacht den Kanal überquerte, plötzlich in einer ganz sprunghaften, unzusammenhängenden Weise an Stella, während vor der Kabinentür

Leute miteinander stritten; der Schiffszug lief ein, Ketten rasselten, und der Dampfer heulte jene jähen, heiseren Abfahrtssignale. Und da der Morgen nach einer unruhigen Nacht quälend und unproduktiv ist, werde ich, statt mich wieder mit Roger zu beschäftigen – was ich eigentlich tun sollte – einige meiner sprunghaften und unzusammenhängenden Gedanken niederschreiben, die, sollte die Zeit dafür reif sein, als Informationsmaterial dienen können.

Wie viele Menschen sind noch am Leben, um am 20. Juni 1939 noch an Stella zu denken? Nur sehr wenige. Jack starb vorige Weihnachten, George und Gerald ein, zwei Jahre vorher, und Kitty Maxse und Margaret Massingberd sind schon viele Jahre tot. Susan Lushington und Lisa Stillman leben noch, aber wie und wo sie leben, das weiß ich nicht. Vielleicht denke ich deshalb auch losgelöster und wahrheitsgetreuer an sie als irgendeiner der jetzt noch Lebenden, mit Ausnahme von Vanessa und Adrian – und vielleicht noch der alten Sophie Farrell.[40] Von ihrer Kindheit weiß ich praktisch nichts. Sie war die einzige Tochter des schönen Barristers[41] Herbert Duckworth, aber da er starb, als sie erst drei oder vier Jahre alt war, erinnerte sie sich nicht mehr an ihn, und auch nicht an die Jahre, als ihre Mutter so glücklich war, wie ein Mensch nur sein kann. Nach dem, was ich so gehört und was ich selbst bemerkt habe, glaube ich, daß die unglücklichen Jahre ihren Höhepunkt erreicht hatten, als sie, ein Kind noch, bewußt zu leben begann. Das würde auch einige von Stellas Wesenszügen erklären. Ihre erste Erinnerung war eine todtraurige verwitwete Mutter, die »herumging und Gutes tat« – Stella wollte, daß das auf den Grabstein kam –, in die Elendsquartiere ging und auch das Krebskrankenhaus in der Brompton Road besuchte. Unsere Quakertante hat mir berichtet, daß sie das ständig tat, denn sie habe ihr einmal erzählt, wie sehr ein Fall sie dort schockiert hätte. So lebte Stella also als Kind im Düster dieser Witwenschaft. Täglich sah sie diese schöne, in Trauer gehüllte Gestalt und entwickelte vielleicht damals die Neigung, die sie so entscheidend prägte – diese aufopfernde Liebe zu ihrer Mutter, die in ihrer rührenden Anbetung fast etwas Sklavisches hatte, diese passive, duldende Zuneigung und dazu noch diese vollkommen bedingungslose Unterwerfung.

Sie waren Sonne und Mond füreinander: meine Mutter die Positive und Führende, und Stella sie reflektierend und ihr Trabant. Meine Mutter war streng mit ihr. Ihre ganze Liebe galt George, der seinem Vater glich, und ihre Sorge Gerald, der nach dem Tod seines Vaters geboren wurde und sehr zart war. Stella gegenüber war sie unnachsichtig; und zwar in einem Maße, daß mein Vater vor ihrer Heirat dagegen zu protestieren wagte. Sie erwiderte, daß das stimmen mochte, aber sie sei so hart mit Stella, weil sie Stella als »ein Stück von mir« betrachtete. Ein blasses, stilles Kind, so stelle ich sie mir vor; empfindsam, bescheiden und zufrieden, das seine Mutter anbetet und nur daran denkt, wie es ihr helfen könnte; selbst ohne jeden eigenen Anspruch oder fast ohne eigenen Charakter. Und doch hatte das Kind Charakter. Sehr sanft, sehr ehrlich und in gewisser Weise individuell – so machte es seinen persönlichen Eindruck auf Menschen. Freundinnen, wie Kitty Maxse, die Brillante, die Geistreiche, liebten Stella um ihrer selbst willen mit einer echten, humorvollen Zärtlichkeit. Sie hatte großen Charme, der zum Teil auf dieser Bescheidenheit, auf dieser Ehrlichkeit, auf dieser völlig natürlichen, unaufdringlichen Selbstlosigkeit beruhte. Er beruhte auch auf dem Fehlen jeglicher Pose und jeden Snobismus, auf ihrer Echtheit und auf etwas, was – um es präzis auszudrücken – ganz und gar sie selbst, ganz individuell war. Diese namenlose Eigenschaft – diese Sensitivität für das Wesentliche – war bei einer Schwester von George und Gerald, die so verständnislos und konventionell waren – die einen angeborenen Respekt vor Konventionen und Prestige hatten –, doch seltsam. Durch einen merkwürdigen Schicksalstrick bei ihrer Geburt war sie jeglichem Anflug von Duckworthschem Philistertum entgangen. Sie hatte nichts von deren schlauer Mittelstandsselbstgefälligkeit. Statt deren kleinen braunen Augen, die so habgierig glitzerten, waren ihre Augen sehr groß und von einem eher lichten Blau. Es waren verträumte, aufrichtige Augen. Sie war ohne die instinktmäßige Weltlichkeit ihrer Brüder. Schön war sie auch, nur in einer weit unbestimmteren, weniger vollkommenen Art als meine Mutter. Sie erinnerte mich immer an jene großen weißen Blütendolden – von Holunder und Kerbel[42], die im Juni auf den Wiesen stehen. Möglich, daß mich der lächerliche Spitzname meiner Mutter – »Old Cow« – auf »cow parseley« gebracht hat. Auch ein weißer, blasser Mond an einem blauen Himmel erinnert an sie, oder auch jene großen weißen, halbtransparenten Rosen mit den vollen Blüten. Sie hatte wunderschönes hellblondes Haar und einen besonders schönen Haaransatz, und ihr Gesicht war ganz blaß. Was die Schulbildung angeht, hatte sie wahrscheinlich eine Erzieherin, erhielt einigen Unterricht, hatte bei Arnold Dolmetsch Violinstunden und spielte in Mrs. Marshalls Orchester. Aber es gab eine Barriere in ihrem Gehirn, eine gewisse Uninteressiertheit an Büchern und am Lernen. Wie Jack mir nach ihrem Tode erzählt hat, hielt sie sich für so dumm, ja, schon fast für beschränkt, und behauptete, der Gelenkrheumatismus, den sie als Kind gehabt hatte, habe sie (ich erinnere mich noch an den Ausdruck) »verblödet«. Aber was wiederum erstaunlich war, wenn man den – so äußerlichen, so robusten und so philiströsen – Duckworth-Klan betrachtet, ist die Tatsache, daß sie trotz ihrer geistigen Naivität nicht das geworden war, was sie als Georges Schwester so leicht hätte sein können, ein fröhliches, durchschnittliches junges Mädchen des gehobenen englischen Mittelstandes, mit rosigen Wangen und strahlenden braunen Augen. Sie war sie selbst. Sie steht mir ganz deutlich vor Augen. Das Komische ist, daß ich sie weder vom Charakter her, noch dem Gesicht nach mit irgend jemandem vergleichen könnte. Wie sie sich heute in einem Raum mit vielen Leuten ausnehmen würde, kann ich mir nicht vorstellen, auch nicht, was sie sagen würde. Ich habe nie jemanden getroffen, der mich an sie erinnert hätte, und dasselbe gilt für meine Mutter. Sie passen überhaupt nicht in das heutige Leben.

Sie war neunzehn, als ich sechs Jahre alt war, und da sie als junges Mädchen nicht allein in London herumgehen konnte, wurde ich kleines Kind ihr als Begleiterin beigegeben. Zu meinen frühesten Erinnerungen gehört die, mit ihr auszugehen, um Besorgungen oder irgendwelche Besuche zu machen, und wenn das erledigt war, ging sie immer mit mir in eine Konditorei und bestellte mir ein Glas Milch und Zuckerplätzchen. Und manchmal fuhren wir auch in der Droschke. Doch sie hielt sich natürlich sehr viel unten im Salon auf, schenkte den Tee ein, und wenn man einmal auf eine Sekunde hineingeplatzt kam, schienen immer viele junge Männer um sie herum zu sein. Irgendwie wußten wir, daß Arthur Studd und Ted Sanderson, und ich glaube, auch Richard Norton und vor allem Jim Stephen[43] in sie verliebt waren. Diese hohe Gestalt mit der tiefen Stimme, den wilden Augen und seinem Wahn, pflegte sie im Hause aufzusuchen, ins Kinderzimmer hineinzuplatzen und das Brot mit seinem Stockdegen aufzuspießen; und einmal bekamen wir den Auftrag, durch die Hintertür hinauszugehen und Jim zu sagen, falls wir ihm begegnen sollten, daß Stella fort sei.

19. Juli 1939. Ich mußte wieder unterbrechen, und ich fürchte fast, daß diese Unterbrechungen das Ende dieses Rückblicks sein werden.

Als wir vor einem Monat den Kanal überquerten, dachte ich über Stella nach. Seitdem habe ich mit keinem Gedanken mehr an sie gedacht. Die Vergangenheit steigt nur auf, wenn die Gegenwart so ruhig verläuft wie die dahingleitende Oberfläche eines tiefen Stromes. Dann sieht man durch die Oberfläche die Tiefen unten. In solchen Augenblicken finde ich meine größte Befriedigung. Nicht, weil ich an die Vergangenheit denke, sondern weil ich dann am intensivsten in der Gegenwart lebe. Denn wenn die Gegenwart von der Vergangenheit getragen wird, ist sie tausendmal tiefer als eine Gegenwart, die einen so dicht bedrängt, daß man nichts anderes mehr aufnehmen kann – wie der Film, der nur bis zum Auslöser gelangt. Doch um die Gegenwart über die Tiefen der Vergangenheit gleiten zu fühlen, bedarf es des Gleichmaßes. Die Gegenwart muß mechanisch, gewohnheitsmäßig verlaufen. Aus diesem Grunde versetzt mich auch jede Unterbrechung – wie zum Beispiel ein Wohnungswechsel – in höchste Erregung, weil sie den Ablauf des Lebens zerstört; sie zerbricht, sie verflacht und spaltet die Tiefe in harte, dünne Splitter auf. Als ich zu Leonard sagte: »Was hat das mit der Wirklichkeit zu tun? Werden wir jemals wieder ein vernünftiges Leben führen?«, antwortete er: »In Monks House.«

Also mache ich einen Vormittag Pause mit dem Feilen und Richtigstellen von Wörtern, wie Rogers Lebensgeschichte es von mir verlangt, und schreibe jetzt an dem hier – ich schreibe es teils, um mein Gefühl für die Gegenwart wiederzufinden, indem ich die Vergangenheit herbeizitiere, um diese zerbrochene Oberfläche heimlich zu beschatten. Laßt mich also wie ein Kind, das barfüßig in einem kalten Fluß watet, wiederum in diesen Strom hinabtauchen.

... Jim Stephen liebte Stella. Er war damals schon wahnsinnig, und zwar im fortgeschrittenen Stadium seines Wahnsinns. Er kam zum Beispiel in einer Droschke angerast und überließ es meinem Vater, sie zu bezahlen. Die Droschke hatte ihn den ganzen Tag in London herumgefahren. Der Kutscher verlangte vielleicht einen Sovereign. Er bekam ihn. Denn der »gute Jim« war besonders beliebt. Wie ich schon sagte, raste er einmal nach oben ins Kinderzimmer und spießte das Brot auf. Ein andermal nahm er uns plötzlich mit in sein Zimmer in den De Vere Gardens und malte mich auf einem kleinen Stück Holz. Er war eine Zeitlang ein großer Maler gewesen. Ich glaube, in seinem Wahn hielt er sich für allmächtig. Einmal kam er während des Frühstücks herein: »Savage[44] hat mir eben erklärt, ich sei in Gefahr, zu sterben oder verrückt zu werden«, lachte er. Und kurz darauf rannte er nackt durch Cambridge, wurde in eine Anstalt gebracht und starb. Diese große, wahnsinnige Gestalt, mit den breiten Schultern und dem scharf geschnittenen Mund, der tiefen Stimme und dem eindrücklichen Gesicht – und den tiefblauen Augen –, dieser Wahnsinnige rezitierte Gedichte für uns. An *The Burial of Sir John Moore* erinnere ich mich noch; und ich muß bei ihm immer an einen gepeinigten Stier denken, und auch an Achilles – *Achilles on his pressed bed, lolling, roars out a deep applause.*[45] Er liebte Stella – so absurd es auch war. Und wenn wir ihn auf der Straße trafen, mußten wir sagen, daß sie nicht in der Stadt, sondern bei den Lushingtons in Pyports sei. Die Liebe war damals ein großes Mysterium für uns.

Jim war der eine, der sie liebte. Der andere – das heißt, der Wichtigste –, der sie liebte, war Jack Hills. Es war in St. Ives gewesen, wo sie ihn abgewiesen hatte. Spät nachts hörten wir ihr Schluchzen durch die Mansardenwand. Er war sofort gegangen. Die Ablehnung eines Heiratsantrages war in jenen Tagen eine Katastrophe. Sie bedeutete den vollkommenen Bruch. Menschliche Beziehungen spielten sich, zumindest zwischen den Geschlechtern, damals so ab wie heutzutage die Beziehungen zwischen den Staaten – mit Unterhändlern und Verträgen. Die betreffenden Parteien trafen sich zu dem großen Anlaß des Heiratsantrages. Wurde dieser abgelehnt, kam es zu einer Art Kriegserklärung. Das erklärt auch, warum sie so bitterlich weinte. Sie hatte etwas von praktischer wie auch von emotioneller Tragweite getan. Er war sofort abgereist – zum Fischen nach Norwegen. Später trafen sie sich dann vielleicht ganz formell auf Gesellschaften wieder. Zaghafte Beziehungen wurden durch meine Mutter aufrechterhalten – man brauchte einen Vermittler. Dieses ganze Ritual verlieh der Liebe ihren feierlichen Ernst. Gefühle wurden auf Eis gelegt und Schweigezeiten eingeschaltet. In jeder Familie gab es einen Kodex, einen geheiligten Kodex, der sich auf geheimnisvolle Weise in den Kindern fortsetzte. Er war zwar geheim, aber wir ahnten ihn.

Als dann meine Mutter starb, blieb Stella ohne Vermittler zurück, denn mein Vater übernahm diese Rolle nicht. Jack muß zurückgekommen sein, und zwar den Abend zuvor, ehe meine Mutter starb – ein Zeichen, wie tief das Gefühl war, das eine solche Rückkehr rechtfertigte. Ihr Zustand war sehr schlimm, aber nicht hoffnungslos, denn ich erinnere mich, die Ärzte waren gegangen. Es war nach dem Abendessen, und Tante Mary[46] goß den Kaffee ein. (Während Stella im Schlafzimmer war.)

8. Juni 1940. Soeben habe ich diesen Stapel Notizen gefunden, die ich in den Papierkorb geworfen hatte. Ich war dabei, Ordnung zu machen, und hatte meine ganze Roger-Biogra-

phie in diesen großen Korb geschmissen und darunter auch diese Blätter. Jetzt korrigiere ich gerade die letzten Druckfahnen seiner Lebensgeschichte; und nur um mich etwas von dieser ameisenhaften, peniblen Tätigkeit zu erholen, hatte ich beschlossen, diese Aufzeichnungen herauszusuchen – werde ich sie wohl jemals beenden, oder gar ein Buch daraus machen? Der Krieg ist an seinem entscheidenden Punkt angelangt. Jede Nacht fliegen die Deutschen über England, und täglich rückt er näher an dieses Haus heran. Sollten wir ihn verlieren, dann – wie immer wir dieses Problem lösen, und eine Lösung ist anscheinend der Selbstmord (so wurde es jedenfalls vor drei Abenden in London unter uns beschlossen) –, dann wird das Bücherschreiben sowieso fraglich. Aber ich möchte gern weitermachen und nicht auf diesem unerquicklichen Wust sitzenbleiben.

Jack Hills kam, wie ich schon sagte, am Abend zurück, bevor meine Mutter starb, was beweist, daß da noch irgendeine Verbindung bestanden haben muß, obgleich die Beziehungen abgebrochen waren; wie hätte er denn sonst gerade am Abend der Krise kommen können? Wir waren im hinteren Salon, und dort stand das Teetablett, denn wir hatten die komische Gewohnheit, gegen neun Uhr abends Tee zu trinken. Der silberne Heißwasserkrug – den ich übrigens noch besitze, nur daß er ein Loch hat – hatte einen Henkel, der heiß wurde. Tante Mary, die von Brighton herbeizitiert worden war, nahm ihn auf und setzte ihn schleunigst wieder ab. »Nur Mrs. Stephen und Stella wissen damit umzugehen«, sagte Jack Hills mit seinem seltsam traurigen blassen Lächeln, das diesen kleinen Witz begleitete. Und ich erinnere mich, daß er »Stella« sagte. Und da er in jener letzten Nacht da war, muß die Beziehung noch bestanden haben – zumindest in der Form, um ihm zu gestatten, in dieser familiären Weise bei uns zu sein. Das war am 4. Mai 1895.

Die nächste Erinnerung, die ich habe, ist die Nacht in Hindhead (22. August 1896) – die dunkle und silbrige Nacht der geheimnisvollen Stimmen; die Nacht, als Vater uns so früh zu Bett schickte und wir Stimmen im Garten hörten und Stella und Jack vorübergehen und verschwinden sahen, als der Landstreicher kam und Thoby ihn verjagte, und als Nessa und ich aufblieben und in unserem Schlafzimmer warteten und Stella nicht kam, bis sie dann schließlich gegen Morgen hereinkam und uns erzählte, daß sie verlobt sei, und ich ihr zuflüsterte: »Hat Mutter das gewußt?« und sie murmelte: »Ja«.

Und am nächsten Morgen beim Frühstück herrschte große Aufregung, Rührung und Kummer. Adrian weinte, und Jack küßte ihn, und Vater sagte liebevoll, aber nachdrücklich: »Wir müssen alle glücklich sein, weil Stella glücklich ist« – ein Machtwort, dem der arme Mann selber nicht zu gehorchen vermochte.

Aber wer war eigentlich Jack Hills? Er war mit George in Eton gewesen. In meiner geistigen Bildergalerie verkörpert er einen Typus – einen begehrten Typus, den Typ des englischen Landedelmannes, wie ich es nennen möchte, um es noch zu verdeutlichen; und ich füge hinzu, daß das ein Typ ist, mit dem ich selten eng befreundet war – aber vielleicht ist überhaupt nie jemand mit einem solchen Typ eng befreundet; dennoch war ich mit Jack Hills neun Jahre eng befreundet; ein Grund, möglicherweise, daß wir später völlig auseinanderkamen. Nach dieser Freundschaft formell wieder anzufangen, war unmöglich. Und der Landedelmann trat zutage und trennte uns.

Darf ich diese Beschreibung noch schnell ergänzen? Beginnen wir also: Er war der Sohn eines durchschnittlichen kleinen rundlichen Mannes – Richter Hills –, in der Familie »Brummi« genannt, weil er wie eine Schmeißfliege herumbrummte. Ich sehe ihn noch genau vor mir: klein, lustig, in Knickerbockers, wie er uns oben in Corby russische Sahnebonbons gab. Brummi hatte einmal ein Sonett geschrieben – das man für eins von Shakespeare gehalten hatte – und liebte es, junge Damen durch kleine Neckereien in Verlegenheit zu bringen. So erinnere ich mich, daß Susan Lushington »nicht wußte, wo sie hinschauen sollte«, wie sie sagte, als er Anspielungen auf einen Gatten machte – »ich schien auf einem Dreifuß zu sitzen und in die Zukunft zu blicken«, sagte Brummi, der im Scherz das Wort Gatte gebraucht hatte, wo es

Vater hätte heißen sollen. Brummi lebte größtenteils in Ägypten, und Mrs. Hills – Anna hieß sie – lebte meist allein in Corby. Sie war eine harte, weltlich gesinnte Frau, die sich in London in enganliegenden Atlas kleidete; oben in Corby war sie die Landadlige, die emaillierte Schnupftabakdosen sammelte und den Ehrgeiz hatte, die Freundin intellektueller Männer zu sein. Frauen konnte sie nicht ausstehn, verstand sich aber sehr gut mit Andrew Lang.[47] Er hielt sich oft dort auf, und sie beschrieb eine Party, auf welcher der dortige Zahnarzt im Gehrock erschienen war – »alle anderen Männer wirkten in Knickerbockers so pittoresk«. Und sie bemerkte: »Ostern war ich für neun Menschen in Trauer«; und dann, als sie Pferde auf der Koppel betrachtete: »Das ist dann das *zweite* Gespann«; auch legte sie Wert auf die Bezeichnung »Unterstubenmädchen«, um damit Eindruck auf uns zu machen, da sie mehrere hatte, und betonte bei jeder Gelegenheit ihre vornehme Abstammung von den Curwens, mit denen sie verwandt waren. Auch fuhr sie jede Woche einmal nach Naworth, um einen Kranz auf Christopher Howards Grab zu legen. Er wurde ihr wie ein Picknickkorb in den Wagen gereicht – dieser wöchentliche Kranz. Ich sehe sie noch, wie sie sich im glänzenden schwarzen Atlas, mit dem viktorianischen Federhut, über das Grab auf dem Nashworther Friedhof beugt, und höre Susan aufgeregt flüstern: »Stell dir vor, Lady Carlisle oder einer von ihnen würde aus dem Grabe steigen und uns erwischen!« Diese Erinnerungen entspringen jener trostlosen und entsetzlichen Woche in Corby nach Stellas Tod, im Herbst 1897. Die Hills' hatten Corby von den Howards gepachtet; der Löwe stand mit seinem steil in die Höhe ragenden Schweif auf dem Dachfirst. Der Fluß rauschte durch das Gelände, und hier sah ich Jack auch einen Lachs fangen, und sein Gesicht hatte, nach diesen verzweiflungsvollen Monaten, zum erstenmal einen triumphierenden Ausdruck; und dieses plötzliche Frohlocken auf dem sonst so verhärmten Gesicht, als die Leine sich straffte und er den Fisch an der Angel hielt, überraschte mich. Wir sahen ihn später in der Speisekammer, und Mrs. Hills fragte: »Hat er diese kleinen Dinger?« Ich glaube, es ist ein Beweis, daß der Lachs frisch ist, wenn man Läuse an ihm findet. Tuddenham, der Gutsverwalter, der neben uns auf der Böschung stand, sagte: »Den hat er am Haken.«

Um auf Anna Hills zurückzukommen. Sie haßte Frauen. Ich glaube aber nicht, daß sie sexuelle Ambitionen hatte. Was sie wollte, scheint mir, war nichts weiter, als in einem Kreis korrekt gekleideter, halbwegs berühmter männlicher Wesen im wohlgesitteten, snobistischen viktorianischen Stil Hof zu halten. Sie war dankbar, daß sie keine Töchter hatte; und es war offensichtlich, daß es ihr zuwider war, zwei dumme Dinger wie uns beide als Gäste bei sich zu haben. »Dein Scheitel ist krumm«, sagte sie zu mir, während sie mich mit ihren kleinen schwarzen Augen fixierte. Glücklicherweise hatte sie drei Söhne, und sie wurden nach Eton und Oxford geschickt. Den sanften Eustace mit der melodischen Stimme und dem schleppenden Tonfall, mit seinen gefälligen Manieren und seiner vornehmen Art mochte sie bei weitem am liebsten. Das Verhältnis zwischen Jack und ihr war äußerst kühl. Deshalb war es ganz natürlich, daß er, als er allein in der Ebury Street lebte, wo es ihm sehr schlecht ging und er sehr angestrengt arbeitete, stotternd und vereinsamt bei meiner Mutter Trost suchte. Sie waren sehr vertraut miteinander. Als Kitty Maxse und ich einmal über meine Mutter und ihre dominierende Art sprachen, sagte sie tatsächlich: »Wie zum Beispiel hätte Mrs. Hills denn darüber froh sein sollen – nachdem Jack sich deiner Mutter gegenüber doch so benommen hat, als wäre es seine eigene.« Er war im allgemeinen herzlich, aufrichtig und häuslich und ein vollendeter Gentleman. Er war außerdem ein echter Landwirt, kein Angeber – ein Landwirt aus Leidenschaft. Er ritt sehr gut, war ein sehr guter Angler, und er hatte sogar eine poetische Ader. Als wir uns Jahre später wiedersahen, erzählte er mir einmal, daß er jeden Gedichtband lese und die jungen Dichter (damals Siegfried Sassoon, Robert Graves und de la Mare) für mindestens ebensogut halte wie die alten. Er las auch Philosophie. Nettleship, der Oxforder Philosoph, war eine Art Gott für ihn gewesen. »Er war wie Christus«, höre ich ihn noch in seiner emphatischen, knappen Art sagen, als er versuchte, uns Nettleships Philosphie sehr weitschweifig zu erklären. Er lieh uns dann das Buch. Damals in Warboys[48], erinnere ich mich, hatte er mir, Nessa und Marny Vaughan[49] Plato erklärt. Gerald, der draußen unter dem Fenster gesessen hatte, höhnte dann später: »Na, wie ist denn die Sonntagsschulpredigt ausgegangen?« Verglichen mit meinen eigenen Freunden war Jack nur ein einfacher, unkomplizierter Mensch. Im Unterschied zu ihnen jedoch – hatte ich ihn vielleicht deshalb so gern, obgleich ich ihm gegenüber nie ganz unbefangen sein konnte? – war er ein vielseitiger Mensch, der ohne eine vorherrschende Begabung sehr viele verschiedene Dinge tat. Er war ein Gunner.[50] »Ich habe gehört, er soll, auf einem Bein stehend, drei Pferde gelenkt haben«, schrieb Ethel Dilke, als die Verlobung offiziell war, »und ich zweifle nicht, daß er in allen andern Dingen ebensogut sein wird.« Er war ein guter Anwalt. In der Anwaltsfirma Roper and Whateley hatte er sich verbissen in eine hohe Position hinaufgearbeitet. Von Whateley pflegte er viele Geschichten zu erzählen: »Ein ekelhafter Mensch, aber in vieler Beziehung der fähigste, der mir je begegnet ist. Er war ein großer Angler – wie es heißt. Und seine Angelbücher gefallen mir.« Die Politik kam später. Er war auch manuell sehr geschickt. Aber intellektuell war er »nichts Außergewöhnliches«, wie ich meine Mutter einmal zu meinem Vater sagen hörte. Seine äußere Erscheinung entsprach dieser kurzen Beschreibung. Er hatte schöne braune Augen, eine Nase mit einer eigensinnig aufgestülpten Nasenspitze, lustige Fältchen rund um sein zurückweichendes Kinn, wie bei einem Dachshund. (Er war natürlich ein Hundefreund.) Er stotterte, und sein Stottern machte seine sehr überzeugenden Feststellungen – »Eine Ente braucht Wasser« – um so überzeugender, wenn er sie endlich herausgebracht hatte. Wir lachten über ihn und konnten ihn mit der Zeit auch kopieren. Er war penibel sauber – er wusch sich mehrmals am Tage von oben bis unten – und war penibel gut angezogen, sowohl als viktorianischer Stadtanwalt wie auch als Landwirt. Das Wort »penibel« fällt mir unweigerlich ein, wenn ich an Jack Hills denke. Er war penibel honorig, honorig im Sinne von Eton und Balliol; doch seine Honorigkeit beschränkte sich nicht nur darauf. Er war es, der als erster offen und rückhaltlos mit mir über Sex sprach – am Fitzroy Square[51], im Zimmer mit dem grünen Teppich und den zinnoberroten Vorhängen. Ganz bewußt, wie ich glaube, klärte er mich über die Rolle auf, die der Sex im Leben des durchschnittlichen Mannes spielt. Er schockierte mich zwar ein wenig, aber zu meinem Besten. So erzählte er mir, daß junge Männer dauernd von Frauen sprächen und sie auch dauernd »hätten«. »Aber sind sie denn –«, ich suchte nach einem Wort und platzte dann heraus: »ehrenhaft?« Er lachte. »Aber natürlich – natürlich«, versicherte er. Sexuelle Beziehungen hätten nichts mit Ehre zu tun. Frauen zu haben sei im Leben eines Mannes nur eine Bagatelle, erklärte er, beeinträchtige seine Ehrenhaftigkeit – seine Reputation bei anderen Männern – nicht um ein Jota. Ich war unglaublich – aber nur teilweise – naiv. Ich hatte keine Ahnung, wie normale Männer leben, und glaubte, alle Männer liebten, wie mein Vater, nur eine Frau und wären, wenn unmoralisch, genauso »ehrlos« wie Frauen. Gleichzeitig aber wußte ich, da ich Plato gelesen hatte, ungefähr seit meinem sechzehnten Lebensjahr alles über Sodomie. Das war Jacks Wohlanständigkeit, und sie unterschied sich von der Georges oder Geralds. Keiner von denen hätte so lauter, so humorvoll und offen mit einem Mädchen über Sex gesprochen. Diese Eigenschaft hatten wir schon als Kinder in ihm gespürt, und außerdem brachte er auch das Landleben in unsere differenzierte, literarische, Bücher liebende Welt. Er lehrte uns, Bäume[52] anzuzapfen, er schenkte uns sein Exemplar von Morris' *Schmetterlinge und Nachtfalter*[53], über dem ich viele Stunden verbrachte, um unsere Ausbeute unter all den Faltern, Schwärmern und Spinnern ausfindig zu machen; denn ich hatte in unserer Entomologischen Gesellschaft die Aufgabe, die Namen festzustellen, und war schon, wie ich mich erinnere, von Thoby wegen Laxheit schwer beschimpft worden. Eines Abends beim Essen verriet Gerald durch seine boshaften Anspielungen und sein höhnisches Lachen, wie wir eine Sammlung sterbender Insekten in alten Zahnpulvergläsern im Brunnenschacht deponiert hätten. Zu unserer großen

Erleichterung begriffen Mutter und Vater, glaube ich, unsere Besessenheit, und statt uns zu schelten und es uns zu verbieten, gaben sie dem Ganzen eine legale Basis, kauften uns Netze und Spannbretter, und Mutter ging sogar mit Walter Headlam[54] in den Gasthof von St. Ives hinunter und kaufte uns Rum. Schon eine komische Szene – meine Mutter Rum kaufend. Die Behälter mit dem Zuckersaft sammelte sie ein, nachdem wir im Bett waren.

Aber um auf Jack zurückzukommen – als Stella ihm ihr Jawort gab, waren wir in unserer Republik einverstanden, die, wenn sie auch rapide an Gesicht verlor, nach Mutters Tod doch immerhin noch lebendig war. Die Ehe wäre, glaube ich, eine sehr glückliche gewesen. Viele Kinder hätten aus ihr hervorgehen sollen. Und Stella wäre vielleicht trotzdem noch am Leben gewesen. Er liebte bestimmt leidenschaftlich, sie anfangs eher passiv. Und durch diese Beziehung hatte ich meine erste Vision – sie war so intensiv, so aufregend, so hinreißend, daß das Wort Vision darauf zutrifft –, meine erste Vision also von Liebe zwischen Mann und Frau. Sie war für mich wie ein Rubin, diese Liebe, die ich in jenem Winter ihrer Verlobung entdeckte, glühend, rot, klar und intensiv. Sie gab mir einen Begriff, was Liebe heißt, einen Maßstab für Liebe, ein Bewußtsein, daß nichts auf der ganzen Welt so lyrisch, so harmonisch ist wie ein junger Mann und eine junge Frau in ihrer ersten Liebe. Das ist für mich mit einer offiziellen Verlobung verbunden; bei nicht legalisierter Liebe habe ich dieses Gefühl nie. »Meine Liebe ist wie eine rote, rote Rose, die jüngst im Juni erblüht ist« – das war das Gefühl, das ich bei ihnen hatte, das Gefühl, das immer wiederkommt, wenn ich von »einer Verlobung« höre, aber nicht, wenn ich von »einer Liebesaffäre« höre. Es ist auf Stella und Jack zurückzuführen, und es hat seinen Ursprung in der Ekstase, die ich in meinem Schlupfwinkel hinter den Flügeltüren im Salon der Hyde Park Gate empfand. Dort saß ich versteckt, halb irrsinnig vor Verlegenheit und Nervosität, und las Fanny Burneys Tagebuch und fühlte, wie immer wieder Wellen sehr starker Erregung mich überkamen – manchmal der Wut; wie oft war ich damals wütend auf Vater! –, der Liebe, oder auch ihrer Reaktion. Es war etwas Körperloses, ein Licht, eine Verzückung, aber auch von außergewöhnlich langer Dauer. Einmal stieß ich zufällig auf einen Brief von Jack, den sie zwischen die Löschblätter geschoben hatte – ein Zeichen für die mangelnde private Sphäre, in der wir lebten –, und las ihn. »Es gibt nichts Süßeres auf dieser Welt als unsere Liebe«, schrieb er. Ich legte das Blatt wieder zurück, aber gar nicht so schuldbewußt wegen meiner Neugierde, sondern zitternd vor Erregung über dieses Bekenntnis. Noch immer kann ich Worte nicht zweimal lesen, die mich in dieser Weise erzittern lassen. Wenn ich einen Brief erhalte, der mich innig freut, lese ich ihn nie noch einmal. Warum wohl, frage ich mich? Aus Angst vielleicht, er könnte sich in Luft auflösen?

Dieses Rosige, diese Glut, waren in Stellas ganzem Körper. Ihre Blässe wurde durchglüht, ihre Augen wurden blauer. Sie hatte in jenem Winter etwas wie Mondlicht um sich, wenn sie sich im Haus umherbewegte. »So etwas hat es auf der Welt noch nie gegeben«, sagte ich – oder so etwas Ähnliches –, als sie mich eines Nachts schlaflos fand. Und sie lachte zärtlich und sehr weich und küßte mich und sagte: »Oh, sehr viele Menschen sind so verliebt wie wir. Du und Nessa werden es eines Tages auch sein.« Einmal sagte sie zu mir: »Du mußt darauf gefaßt sein, daß die Leute euch beide anstarren werden.«

»Nessa ist viel schöner, als ich je war«, erklärte sie – mit sechsundzwanzig Jahren sprach sie von ihrer Schönheit als einem Faktum der Vergangenheit. Sie berichtete Tante Mary – ich glaube, ich habe das auch nichtswürdigerweise in einem zwischen Löschblätter geschobenen Brief gelesen –, sie könne erst jetzt gepflegt und ordentlich sein, sie müsse uns für das Liebesleben flottmachen, müsse uns in das normale Frauenleben hinauslavieren, das so vielversprechende Schätze barg. Bei einer Gesellschaft – Nessas erster möglicherweise, wo diese Weiß und vielleicht Amethyste trug – einer Gesellschaft, wo Desmond[55] die Bemerkung machte, sie benehme sich »wie ein griechischer Sklave«, war sie sicher, daß George Booth[56] sich in Nessa verliebt hatte, und fürchtete, in liebevoller Vorausahnung, doch auch stolz und froh, wie die

Booths wohl reagieren würden, wenn sie ihm einen Korb gäbe. Bei dieser Erinnerung drängt sich mir der Gedanke auf, wie anders dieses »Debüt«, jene griechische Sklavenjahre, mit all ihrer Plackerei, ihrem Terror und ihrer Rebellion gewesen wären, wenn Stella gelebt hätte!

Aus einem bestimmten Grund zog sich Stellas und Jacks Verlobungszeit monatelang, vom Juli bis zum April, hin. Es war eine gemeine, grausame und unnütze Quälerei für die beiden. Rückblickend scheint es, als sei alles ohne Überlegung oder Rücksichtnahme, ungeschickt, mit Vorbedacht so arrangiert worden. Ich stelle mir vor, daß sie sich während der monatelangen Wartezeit langsam aus dem dumpfen Erstarrungszustand löste, in dem Mutters Tod sie zurückgelassen hatte. Vor allem fand sie bei Jack Ruhe und Rückhalt, eine Zuflucht vor all den Sorgen und Verpflichtungen in »der Familie«, auch Erholung von jenen düsteren Stimmungen, die Vater nie unterdrückte und an ihr ausließ. Langsam wurde sie lebensbejahender, weniger indifferent, und fand Jacks Ansprüche genauso berechtigt, wie ihren Wunsch nach ihrem eigenen Zuhause, ihrem eigenen Gatten, ihrem eigenen gemeinsamen Leben und Heim. Letztlich wurde das – anscheinend von Vater erpreßte und stillschweigend zugestandene – Versprechen unerträglich, daß sie auch nach ihrer Heirat weiter mit uns leben würden; ein Übereinkommen, das jetzt unglaublich scheint, aber damals getroffen wurde. Und eines Abends ging sie nach oben zu Vater ins Arbeitszimmer und sagte ihm das; und er »explodierte«.

Im Laufe der Verlobungszeit wurde Vater tatsächlich zunehmend despotischer. Er konnte den Namen »Jack« nicht leiden, und ich erinnere mich an seinen Ausspruch, er höre sich an wie ein Peitschenknall. Er war eindeutig eifersüchtig. Sonst war damals nichts eindeutig. Er beharrte auf seiner üblichen Pose: Er war der einsame, der verlassene, der alte unglückliche Mann. In Wirklichkeit war er egoistisch, gekränkt, eifersüchtig auf den jüngeren Mann. Es gab keine Ausrede, die ihm nicht recht gewesen wäre, hätte man ihn nach dem Grund seiner Ausbrüche gefragt. Und da er sich inzwischen weg von jeder Wahrheit in eine Welt vergraben hatte, die zu schildern fast unmöglich ist – denn ich kenne heute niemanden mehr, der in einer solchen Welt leben könnte –, war die Verlobung unglaublich kompliziert, gestört und gefährdet. Im April 1897 endlich fand dann die Hochzeit – in aller Form, feierlich, mit Glockengeläut, geladenen Gästen und silbergravierten Hochzeitseinladungen – in der Kirche St. Mary Abbots statt. Nessa und ich verteilten Blumen an die Gäste, und Vater schritt, mit Stella am Arm, durch den Mittelgang zum Altar.

»Er findet es selbstverständlich, daß er der Brautführer ist«, brummten George und Gerald empört. Daß sie ein Anrecht darauf hatten, ignorierte er einfach. Niemand hätte es gewagt, ihm dieses Privileg streitig zu machen. Irgendwie war es typisch für ihn – seine Arroganz, und wie er seine Rolle genoß. Sie fuhren nach Italien, wir nach Brighton. Vierzehn Tage dauerte ihre Hochzeitsreise. Und gleich, nachdem sie zurückgekommen war, wurde sie krank. Es war eine Blinddarmentzündung. Sie war in der Hoffnung. Auch da wurden Fehler gemacht, und so starb sie nach drei Monaten intermittierenden Leidens, am 27. Juli 1897, in der Hyde Park Gate 24.

Zu der Zeit, als ich das Zimmer bekam – ich war damals fünfzehn Jahre alt –, waren »wir vier« (wie wir uns nannten) voneinander getrennt worden. Das wurde durch unsere separaten Zimmer symbolisiert. Thoby war in Clifton[57], Adrian in Evelyns[58]. Doch wir kamen nicht so auseinander, wie das in dem Alter bei Geschwistern manchmal der Fall ist. Ich nehme an, daß der Tod von Mutter und Stella uns zusammenhielt. Wir sprachen nie von ihnen, und ich kann mich erinnern, wie peinlich Thoby es vermieden hatte, »Stella« zu sagen, als ein Schiff gesunken war, das *Stella* hieß. (Ich erinnere mich aber auch, als Thoby starb, daß Adrian und ich beschlossen, von ihm zu sprechen. »Jetzt sind es schon so viele Menschen, die tot sind«, sagten wir.) Doch hinter diesem bewußten Schweigen verbarg sich etwas. Und wenn ich mich mit fünfzehn schildern sollte, müßte ich auch Nessa und Thoby in allen Einzelheiten schildern, denn sie waren mein Leben, genau wie alles andere. Thoby war knapp zwei Jahre älter als ich. Er beherrschte uns vier. Er war ein dicker kleiner Junge, der aus seiner Norfolkjacke platzte, und war, scheint mir, kein sympathisches, für sich einnehmendes Kind: napoleonisch, wie ihn eine der Tanten als kleinen Buben schilderte, der mit seinem Fischernetz auf einem Stein saß und in sich gekehrt vor sich hinstarrte. »Diese gedankenverlorenen Augen« – sagte jemand. Er entwuchs den Kindergewohnheiten sehr schnell. An ihn kann ich mich nicht so erinnern wie an Adrian, der bezaubernd und kindlich war. Florence[59] nannte ihn ihr »blaues Mäuschen«, und Mutter nannte ihn ihren Benjamin. Thoby war ein willensstarker, energischer kleiner Junge, dessen Wutausbrüche sehr eindrucksvoll und gewaltig waren. Ich sehe ihn noch mit Gerald ringen oder sich mit den Kindermädchen herumschlagen, so daß Vater zu Hilfe gerufen werden mußte. Er hatte einen scharfen Verstand und beherrschte die Dinge lieber gründlich, als sich mit Vermutungen zufriedenzugeben. Er war nicht klug, aber talentiert. Er hatte eine natürliche, ursprüngliche zeichnerische Begabung. So nahm er zum Beispiel ein Blatt Papier, rückte es in eine seltsame Lage und begann an irgendeiner Stelle damit, einen Vogel zu zeichnen, aber so, daß ich mir gar nicht vorstellen konnte, wie daraus ein Vogel werden sollte. Geistig war er seinem Alter nicht voraus: er gewann zwar hin und wieder einen Preis, aber ein Eton-Stipendium zu gewinnen, gelang ihm nicht. Sein Latein und sein Griechisch seien holprig, sagten die Professoren, seine Aufsätze verrieten große Intelligenz. Ich erinnere mich an seine nachlässige, energische, schludrige Schrift. Ich glaube, die Schule war ihm recht – was er durchzustehen hatte, stand er stillschweigend durch. War er unglücklich, drangsalierte man ihn? Gesprochen hat er nie darüber. Ich vermute, daß er sich ziemlich leicht behauptete und lieber unter Jungens als zu Hause war. Und doch war er sensibel – obgleich er, Berichten zufolge, als grob und schlampig galt –; immerhin war er es, der mir zum erstenmal – weil er sie als etwas Wissenswertes weitergab – die Geschichte der Griechen erzählt hat. An dem Tag, als er das erstemal aus Clifton zurückkam, war er sehr scheu, sehr befangen und doch, in seiner merkwürdig verschlossenen Art herzlich, und froh, zu Hause zu sein. Und wir wanderten miteinander treppauf und treppab, und er erzählte mir die Geschichte der Griechen: von Hektor und Troja. Ich hatte das Gefühl, als habe er Hemmungen, sie zu erzählen und müsse deshalb in Bewegung bleiben; und so wanderten wir denn weiter, erst treppauf, dann treppab, und er erzählte mir von den Griechen, sprunghaft und aufgeregt. Um das zu tun, mußte er die Schülerkonvention, ihre »Arbeit« betreffend, verletzen. Aber Freunden gegenüber gab es keine solche Konvention. Er erzählte mir Geschichten von den Jungen in Evelyns, dann von denen in Clifton; und in der gleichen Weise von seinen Cambridgefreunden. Diese Geschichten fanden in jeden Ferien ihre Fortsetzung. Das war ganz charakteristisch. Er hatte eine starke Neigung, seine Freunde zu bewundern und gern zu haben. Deshalb fand er die Schule wahrscheinlich auch erträglich. Doch er selbst behauptete sich auch. Er war nicht leicht aus der Fassung zu bringen. Er erwartete nicht, Auszeichnungen zu gewinnen, noch lag ihm sehr viel daran. Ich hatte das Gefühl, daß er eine Bestandsaufnahme seiner eigenen Kapazität gemacht hatte, seine Freunde auf seine Weise beherrschte und überzeugt war, daß er seine Begabungen zu gegebener Zeit nutzen würde. Er konnte über ihre Begabungen im höchsten Maße begeistert sein und fand seine Freunde immer amüsant. Er bewunderte sie, hielt sehr viel von ihnen, empfand sich aber auf seine Art als ihnen ebenbürtig und ließ sich nicht abkanzeln. Diese Mischung aus Überlegenheit und Sensibilität, aus Freundlichkeit und Zurückhaltung war sehr charakteristisch für ihn. Er war erstaunlich beherrscht. Keine Gefühlsäußerung durfte ihm entschlüpfen. Und dennoch war unter dieser merkwürdigen verlegenen Zurückhaltung eine ganz eigene Art von Verbundenheit, ein Stolz auf uns spürbar.

An diesem regennassen Tag (22. September 1940) fahre ich nun mit dem Schreiben fort, und wir denken jetzt an das Wetter, wie es sich wohl auf die Invasion und wie auf die

Luftangriffe auf London auswirken mochte – nicht an das Wetter, wie es uns persönlich gefällt oder mißfällt. Ich schreibe hier weiter, weil ich bei meinem Roman an einem schwierigen Knoten festsitze.[60] Als ich unterbrach, war ich dabei, über Thoby zu schreiben. Und vorige Nacht habe ich an St. Ives gedacht, um mich zu beruhigen und Schlaf zu finden (da ich »außer Rand und Band« war, wie Clive[61] sagen würde, wegen der Anreps, die hierherkommen wollen[62]). Ich werde über St. Ives schreiben und so ganz leicht, wenn auch nur indirekt, wieder auf Thoby zu sprechen kommen.

Vater war, glaube ich, wieder auf einer seiner Wanderungen – es muß 1881 gewesen sein –, als er St. Ives entdeckte. Er muß Talland House – das der G. W. R.[63] gehörte – gesehen und festgestellt haben, daß es zu vermieten war. Er muß das Städtchen gesehen haben, das noch fast genauso aussah wie im sechzehnten Jahrhundert, und die Bucht, die schon seit Urzeiten so dagelegen hatte wie damals. Es war das erste Jahr, wie ich gehört habe, daß die Eisenbahnlinie von St. Erth nach St. Ives eröffnet wurde; bis dahin war St. Ives acht Meilen von jeder Bahnstation entfernt gewesen. Und ich nehme an, daß ihm, möglicherweise oben in Tregenna, während er an seinem Sandwich kaute, der Gedanke kam, das könnte die passende Sommerfrische für uns sein – und ihn dann, mit seiner üblichen Vorsicht, in die Tat umsetzte. Das war kurz vor meiner Geburt. Und obwohl sie ihre Familie in Grenzen halten wollten, bewies meine Empfängnis (Geburt 1882), daß sie keinen Erfolg hatten. Adrian sollte dann noch, auch gegen ihre Absicht, (1883) folgen. Es ist ein Zeichen für die Sorglosigkeit und Unbekümmertheit jener Zeit, daß ein Mann, für den Geld ein grauenvoller Albtraum war, es dennoch für angängig hielt, am äußersten Fußnagel von England (wie er sich ausdrückte) ein Haus zu mieten – so daß er jeden Sommer die Kosten aufzubringen hatte, Familie, Kindermädchen und Hauspersonal vom einen Ende Englands zum andern zu übersiedeln. Doch er tat es. Die Entfernung war ein Nachteil, denn sie bedeutete, daß wir nur im Sommer nach St. Ives gehen konnten. Unser Landaufenthalt war auf zwei oder zweieinhalb Monate beschränkt. Aber das machte ihn um so intensiver. Und rückblickend, war uns wahrscheinlich nichts, was wir als Kinder hatten, so wichtig wie unser Sommer in Cornwall. Bis an das Ende von England zu reisen, unser eigenes Haus, unsern eigenen Garten zu haben – diese Bucht, dieses Meer und den Hügel mit Clodgy- und Halestownheide zu haben, die Carbis Bay, Lelant, Zennor, Trevail und den Gurnardskopf und in der ersten Nacht, hinter den gelben Rouleaus, das Brechen der Wellen zu hören, im Lugger zu segeln, im Sand zu buddeln, über die Felsen zu kriechen und im tiefen, klaren Wasser dazwischen die Seeanemonen zu beobachten, die ihre Fangfäden spielen ließen, um ab und zu einen der kleinen Fische zu erwischen, die dort zappelten; im Eßzimmer vom Schulbuch aufzuschauen und den Wechsel des Lichts auf den Wellen zu beobachten; in die Stadt hinunterzugehen und für einen Penny Schachteln mit irgendwelchen Nägeln oder sonst etwas bei Lanhams zu kaufen – Mrs. Lanham trug rund um ihr Gesicht falsche Locken, und die Dienstmädchen sagten, Mr. Lanham hätte sie »auf eine Annonce hin« geheiratet; all die Fischgerüche in den steilen kleinen Straßen zu schnuppern und die unzähligen Katzen und die Frauen zu beobachten, die von den erhöhten Stufen ihrer Häuser aus Eimer mit Schmutzwasser in die Rinnsteine leerten; jeden Tag eine große Schale Cornish Cream[64] zu bekommen, die mit sehr viel braunem Zucker herumgereicht wurde ... Ich könnte Seiten mit einer Erinnerung nach der andern füllen, welche die Sommer in St. Ives zum günstigsten Auftakt für ein künftiges Leben machten. Als sie Talland House mieteten, haben mir mein Vater und meine Mutter jedenfalls etwas gegeben, was ich für ein unschätzbares Geschenk halte. Sich vorzustellen, ich könnte nur an Surrey oder Sussex oder die Isle of Wight denken, wenn ich an meine Kindheit zurückdenke!

Die Stadt war damals großenteils noch so, wie sie im sechzehnten Jahrhundert gewesen sein muß: ein Gewirr, eine Pyramide weißgetünchter Granithäuser, welche den Hang bedeckte, der von unten aus der Bucht der Halbinsel aufstieg. Sie war als ein Zufluchtsort gebaut worden – gebaut für ein paar Fischer, als Cornwall noch ein Land war, das weiter abseits von England lag als Spanien heute. Es war eine steil aufsteigende kleine Stadt. Viele Häuser hatten Treppen, die vom Bürgersteig direkt zur Haustür hinaufführten. Die Mauern waren dicke Granitblöcke, um Wind und Meer zu widerstehen, wie ich annehme. Sie hatten einen Verputz von der Farbe der Cornish Cream. Sie hatten nichts Liebliches an sich. Es gab keine roten Ziegel, es gab keine Strohdächer. Hier hatte das achtzehnte Jahrhundert keine Spur zurückgelassen, wie es im Süden der Fall war. St. Ives könnte gestern oder zur Zeit Wilhelms des Eroberers gebaut worden sein. Es hatte keine Architektur, keine geplante Gliederung. Der Marktplatz war ein ungestalteter, kopfsteingepflasterter offener Platz, die Kirche ein Granitbau – aus welchem Zeitalter, weiß ich nicht. Es war eine windige, laute, nach Fisch riechende Stadt, mit engen Straßen, von der Farbe einer Miesmuschel oder einer Schnecke; gleich einem aufgehäuften Durcheinander roher Schalentiere, Austern oder Muscheln.

Unser Haus, Talland House, lag außerhalb der Stadt, auf dem Hügel. Wann es von der G. W. R., und für wen es gebaut worden war, weiß ich nicht, wahrscheinlich aber in den vierziger oder fünfziger Jahren. Ein quadratisches Haus, ein Haus wie eine Kinderzeichnung; bemerkenswert nur durch sein flaches Dach und ein Gitter aus gekreuzten Holzstäben, welches um das Dach herumlief. Es hatte eine ideale Aussicht, wie wir feststellten, als wir dort ankamen – über die ganze Bucht hin, bis zum Godrevyer Leuchtturm hinüber. Am Hang des Hügels gab es kleine Rasenflächen, die von dichten blühenden Büschen eingerahmt waren, deren Blätter man pflückte, zusammenpreßte und an denen man roch. Es hatte soviele Winkel und Rasenflächen, daß sie alle einen Namen hatten: der Kaffeegarten, der Springbrunnen, das Kricketfeld, der Liebeswinkel unterhalb des Treibhauses, wo ein Jakaranda wuchs, unter dem Leo Maxse sich mit Kitty Lushington verlobte (ich glaubte, Paddy mit seinem Sohn sprechen zu hören, verkündete Thoby); das Erdbeerbeet, der Gemüsegarten, der Teich und der hohe Baum. Alle diese verschiedenen Plätze waren in dem einen Garten zu finden, denn es war ein großer Garten – mindestens zwei oder drei Acres[65], schätze ich. Man betrat Talland House durch ein großes hölzernes Tor – das Geräusch vom Einschnappen seines Schlosses ist mir wieder gegenwärtig; man ging den Fahrweg an seiner hohen Mauer entlang, auf der vereinzelte Mesembrianthemums wuchsen, und kam dann rechter Hand zum »Lugaus«. Das war ein mit Gras bewachsener, unbepflanzter Erdwall, der über die Gartenmauer herausragte. Dort stand man und beobachtete, ob das Signal unten war. Wenn es unten war, war es Zeit, zum Bahnhof aufzubrechen, um den Zug aus St. Erth zu erreichen – der Zug, mit dem Mr. Lowell, Mr. Gibbs, die Stillmans, die Symondses und die Lushingtons kamen. Doch Freunde zu empfangen war eine ausschließliche Erwachsenenaffäre. Wir hatten nie Freunde bei uns, die dablieben. Wollten wir sie überhaupt? Ich glaube, »wir vier« genügten uns vollkommen. Als einmal ein Mädchen – Elsie hieß es – von Mrs. Westlake aus Zennor mit herübergebracht wurde, »fegte ich mit ihm durch den Garten«, und die Erwachsenen lachten darüber und hatten nichts dagegen. Sie hatten es gern, wenn wir selbständig waren.

Vom Lugausplatz hatte man damals einen ganz freien Ausblick auf die Bucht. Mr. Symonds meinte, sie erinnere ihn an die Bucht von Neapel. Die Bucht dehnte sich weit, silbrig-grün, mit vielen kleinen Einbuchtungen, sandigen Ufern und Dünen, die sich an einer Seite bis zu den Leuchtturmfelsen hinzogen, die zwei dunkle Endpunkte bildeten, und der eine von ihnen trug den schwarz-weißen Leuchtturm. Auf der anderen Seite bildete ein Fluß, der Hayle, einen Abschluß, der sich wie eine Ader durch den Sand wand, und die Rammpfähle, auf denen die Möwen saßen, markierten die Fahrrinne. Dieses große Seebecken wechselte ständig seine Farbe: dunkelblau – smaragdgrün – grün – violett – silbern. Schiffe fuhren dauernd ein oder aus, meistens die kleinen Dampfer der Haines-Linie, die nach Cardiff hinauffuhren, um Kohle zu laden. Bei schwerem Wetter kamen alle möglichen Trampdampfer[66], schutzsuchend, herein – niedrige, rostrot gestrichene Schiffe, mit einer

Ausbuchtung in der Mitte. Manchmal ging auch ein großes Schiff mit drei Schornsteinen vor Anker und einmal auch eine berühmte weiße Yacht. Außerdem gab es im Hafen ein dauerndes Ausfahren von Fischerbooten – Lugger, mit ihren halbaufgetakelten Segeln; ziemlich schwere, plumpe Boote, die zum Tiefseefischen hinausfuhren; und leichtere Makrelenfänger, die am Abend eilig zurückkamen, um die Insel herumfuhren und die Segel refften. Anfang September schrien wir gewöhnlich an einem Morgen: »Die Sardinenboote sind draußen!« Die Sardinenboote lagen den größten Teil des Jahres oben auf dem Strand. Aber regelmäßig im Frühherbst wurden sie von Pferden heruntergezogen und gingen dann nicht weit vom Ufer vor Anker, wo sie wie schwarze Schuhe aussahen. Denn jedes hatte an dem einen Ende einen Wetterschutz aus Persenning und eine große Rolle Netze am andern. Dort lagen sie Woche für Woche und warteten, daß der Späher in dem kleinen weißen Wachthaus oben in Carbis Bay die Sardinen sichtete und das Signalhorn blies. Dann würden sie das Schleppnetz ausbringen. Aber Jahr für Jahr lagen die Boote wartend da. Die Sardinen, hieß es, seien durch die Dampftrawler gestört worden und kämen nie mehr in die Bucht von St. Ives. Einmal jedoch hörten wir den Späher – ein langgezogener, durchdringender Klageton ertönte. Alle Schleppnetze wurden ausgebracht. Wir konnten die Korkenkreise und das dunkle Netz darunter sehen. Doch der große Sardinenschwarm, den der Späher aus seiner Höhe im Wasser gesichtet hatte, schwamm aus der Bucht hinaus, und die Netze wurden wieder eingeholt. (Erst 1905, nach Vaters Tod, als wir vier ein kleines möbliertes Haus in Carbis Bay gemietet hatten, kamen die Sardinen; und eines Morgens ruderten wir früh hinaus, und das Meer brodelte und spritzte lauter Silber. Ich erinnere mich, daß ein Fremder in dem Boot neben uns einen Armvoll der brodelnden Masse in unser Boot hinüberschwappte. Ich entsinne mich auch, einen Artikel darüber geschrieben zu haben, der aber wahrscheinlich nicht angenommen wurde.) In den ganzen Jahren, die wir in St. Ives waren, sind die Sardinen nie gekommen, und die Sardinenboote dösten in der Bucht. Wir pflegten dann hinauszuschwimmen und uns am Bootsrand festzuhalten; und da sahen wir dort einen alten Mann unter einem Persenningdach liegen. Das war ein Anblick, der Vater traurig stimmte, denn er hatte große Achtung vor den Fischern. Ihre Armut bekümmerte ihn; und Mutter ging natürlich unten in St. Ives herum und organisierte ihren gemeinnützigen Pflegebund – *The Julia Prinsep Stephen Nursing Association* wurde gegründet, als sie schon tot war, und soll, wie man mir erzählt hat, noch immer existieren.

Jedes Jahr fand eine Regatta in der Bucht statt. Da lag das Boot des Richters, und Schnüre mit kleinen Fähnchen zogen sich von Mast zu Mast. Die Honoratioren von St. Ives gingen an Bord. Dann kamen alle die kleinen Boote. Eine Kapelle spielte. Wir gingen auf die Malakoff, standen in der Menge und lauschten der Blasmusik, die über das Wasser schallte. Und dann wurde ein Schuß abgefeuert, und los rasten die Boote, rasten rund um die Bucht – oder die Schwimmer sprangen ins Wasser, und man konnte die kleinen Köpfe im Wasser auf und ab schnellen und die Arme aufblitzen sehen. In dem einen Jahr wurde der schöne, lockenköpfige Briefträger Zweiter. »Ich habe den andern Mann gewinnen lassen«, sagte er, »weil es seine letzte Chance war.« Es gab Wettbewerbe für Männer, für Knaben, für Lugger und Privatyachten. Es war sehr fröhlich, mit den flatternden Fahnen, dem Schießen und der Musik der St. Ives-Kapelle, die vom Regattaboot über das Wasser schallte. Eine Menschenmenge sammelte sich auf der Malakoff[67] – dieser achteckigen Plattform am Ende der Terrasse, die vermutlich im Krimkrieg entstanden ist, und der einzige Versuch war, den die Stadt unternommen hatte, ein Seebad zu sein. Sie hatte keinen Pier, keine Strandpromenade, nur dieses eckige Stück Boden mit den paar Steinbänken, wo die betagten Fischer in ihren blauen Wollsweatern saßen, rauchten und plauderten. Regattatag – immer ein schöner Tag – ist mir unvergeßlich und erinnert mich immer, mit seinen flatternden Wimpeln, seinen kleinen Booten, seinem Getriebe und den Leuten, die im Sand und im Wasser wie Punkte wirkten, und mit der Musik, die über das Wasser wehte, an ein französisches Gemälde.

In jenen Tagen hatte St. Ives, bis auf ein paar Maler, keine Besucher. Seine Bräuche waren eigenständige Bräuche: im August fand die Regatta statt, und einmal alle fünf Jahre tanzten die alten Männer und Frauen immer rund um den Kirchturm, und das Paar, das am längsten tanzte, bekam – einen Shilling? – eine Halbe Krone? – ich weiß es nicht mehr – vom Bürgermeister, Dr. Nicholls, der bei diesem Anlaß einen pelzbesetzten Rock trug. Von Zeit zu Zeit marschierte der Stadtschreier vorbei, schwang seine Glocke und schrie: »Oyez! Oyez! Oyez!« Was er schrie, weiß ich nicht, außer bei einer Gelegenheit, als einer unserer Gäste eine Brosche verloren hatte, und der alte Charlie Pearce es ausrief. Er war blind, hatte ein langes verwüstetes Gesicht, graue Augen, wie die Augen von gekochten Fischen, und trug einen verbeulten Zylinder und einen Gehrock, der, fest zugeknöpft, seinen mageren Körper umspannte. Und er watschelte vorbei, schwang seine Glocke und schrie: »Oyez! Oyez! Oyez!« Wir kannten ihn, wie wir so viele Originale von St. Ives durch die Dienstmädchen, größtenteils aber durch Sophie[68], kannten. Ich denke dabei an Alice Curnow, die die Wäsche in einem großen Deckelkorb ablieferte, und an unsere Fischfrau, Mrs. Adams, die die Fische brachte. Die Hummer, die noch lebendig und blau waren und in ihrem Korb herumhoppelten, setzte sie auf den Küchentisch, und die dicken Scheren öffneten und schlossen sich und kniffen. Erinnere ich mich da an etwas tatsächlich Geschehenes, wenn ich mich an einen langen, dicken Fisch erinnere, der in der Speisekammer an einem Haken zappelte, und an Gerald, der mit einem Besenstiel auf ihn einschlug, bis er tot war?

Die Küche – Sophies Küche – lag direkt unter unserm Kinderschlafzimmer. Abends, während des Dinners, ließen wir gewöhnlich einen Korb an einer Schnur hinunter und über dem Küchenfenster baumeln. Wenn sie gut gelaunt war, zog sie den Korb herein und füllte ihn mit dem, was vom Dinner der Erwachsenen übriggeblieben war; doch wenn sie schlechte Laute hatte, riß sie den Korb mit einem Ruck hinein und schnitt die Schnur durch. Ich erinnere mich noch heute, wie verschieden uns zumute war: wenn wir den schweren

Korb heraufzogen, oder wenn wir den Ruck und die leichte Schnur spürten.

Jeden Nachmittag machten wir einen Spaziergang. Später wurden diese Spaziergänge zu einer Strafe – Vater mußte immer einen von uns zum Spazierengehen haben –, und Mutter war, was seine Gesundheit und sein Vergnügen betraf, völlig besessen und, wie ich jetzt glaube, nur allzu bereit, uns auf diesem Altar als Opfer darzubringen; und sie hinterließ ihm auf diese Weise ein Vermächtnis seiner Abhängigkeit, was nach ihrem Tode zu einer schrecklichen Zwangsvorstellung wurde. Schließlich war ja St. Ives immerhin das Land. Wieviel besser wäre es für ihn und für uns gewesen, wenn sie ihn allein hätte spazierengehen lassen und sich zu überarbeiten, wenn er das wollte. Seine Gesundheit war ihr Fetisch. Sie starb mit neunundvierzig Jahren an Überarbeitung – und leicht. Ihm fiel es sehr schwer, mit zweiundsiebzig an Krebs zu sterben.

Doch trotz dieser Zwischenbemerkung verkörperte St. Ives für uns alle die selbe reine Augenweide, die ich sogar in diesem Augenblick hier vor mir sehe. Die zitronengelben Blätter an den Ulmen, die runden Äpfel, die rot im Obstgarten glühen, und das Rascheln der Blätter lassen mich innehalten und überlegen, wie viele andere außer den menschlichen Kräften auf uns einwirken. Während ich das schreibe, verändert sich das Licht und färbt einen Apfel leuchtend grün. Das wirkt auf mich ein – wie wohl? – Und dann gibt die kleine Eule ein schnatterndes Geräusch von sich. Eine andere Einwirkung. Um einen obskuren Gedankengang über die andere Stimme, oder die anderen Stimmen und ihre Beziehung zur Kunst, zur Religion abzubrechen: metaphorisch könnte ich einen Schnappschuß von dem machen, was ich mit meiner Vorstellung meine, in einem Element zu treiben, das unausgesetzt auf Dinge anspricht, für die wir keine Namen haben – einer unsichtbaren Blende ausgesetzt. Doch statt mich hier damit abzuquälen, um das zu formulieren, um die dritte Stimme zu analysieren und herauszufinden, ob »reine Augenweiden« etwas mit Kunst oder Religion zu tun haben, ob ich die Wahrheit spreche, wenn ich doch sehe, wie ich fortgesetzt den Hauch aus diesen Stimmen in meine Segel aufnehme und im täglichen Leben hin und her laviere, indem ich mich ihnen überlasse – stelle ich statt dessen nur ihren Einfluß fest, vermute auch, daß er von großer Wichtigkeit ist, und weiß doch nicht, wie ich seine Wirkung auf andere Menschen eindämmen kann. Und so erhebe ich denn jetzt einen Finger, um darauf aufmerksam zu machen, daß es sich hier um einen Gedankengang handelt, auf den später noch einzugehen ist.

Um auf St. Ives zurückzukommen: Unser Sonntagsspaziergang führte regelmäßig zum Tren Crom[69] hinauf, wie Vater ihn zu nennen liebte – Trick Robins, wie wir ihn nannten. Von dort aus hatte man einen Blick auf beide Buchten – auf der einen Seite die Mounts Bucht, auf der andern die St. Ives Bucht. Wie alle Hügel Cornwalls war auch dieser übersät mit Granitblöcken, und in einige hatte man Löcher gebohrt, wie für Torpfosten. Andere waren aufeinandergeschichtet und unbearbeitet. Auf dem Tren Crom gab es einen Wagstein, auf den wir kletterten, und dessen rauhe, mit Flechten überwachsene Oberfläche ausgehöhlt worden war, um, wie man sagte, das Opferblut aufzunehmen. Enge Pfade führten zwischen Besenheide und Erika zum Gipfel hinauf. Unsere Beine wurden, während wir aufstiegen, zerstochen und zerkratzt, und der Stechginster war gelb und duftete süß, wie nach Nüssen. Im Märchenland, wie wir einen Wald nannten, der von einer Mauer umgeben war, gab es große, hohe Farne, die über unsere Köpfe hinauswuchsen. Dabei denke ich an Galläpfel und Eicheln. Er war sehr dunkel und verschwiegen. Wir gingen oben auf der Mauer entlang, blickten in die hohen Farne hinunter und atmeten den Duft von Eicheln und Galläpfeln. Überall an den Granitmauern wuchsen Tuffs von Moosen und kleinen Blumen. Im Halestownmoor hüpfte man von einer festen Stelle zur nächsten hinüber, und es gluckste unter den Füßen. Dort wuchs auch der Osmunda, der Königsfarn, und der seltene Frauenhaarfarn, und man platschte bis über die Knie in dem braunen Moorwasser herum. Etwa alle zehn Tage gingen wir gewöhnlich segeln. Thoby durfte steuern. Er mußte das Segel vor dem

Wind halten, und Vater sagte dann: »Zeig ihnen, daß du sie reinbringen kannst, mein Junge«, und mit verbissenem Gesicht und hochrot vor Anstrengung saß er da und brachte uns um die Landspitze herum. Einmal wimmelte das Meer von quabbligen Quallen, verschiedenfarbig, wie Lampenschirme, nur mit gleitenden Fanghaaren. Wenn man sie anrührte, brannte es. Wir bekamen Angelruten, mit Fischstückchen als Köder, und die Schnur im Wasser vibrierte in den Fingern; und dann gab es einen heftigen Zug, einen eigenartigen, aufregenden Ruck, man zog die Schnur ein, und aus dem Wasser herauf kam der weiße, sich windende Fisch, und es war ein Knurrhahn oder eine Makrele. Da lag er dann und schlug mit dem Schwanz in die Wasserlache am Boden. Einmal bemerkte Vater zu mir: »Ich kann nicht mit ansehen, wenn man Fische fängt, deshalb komme ich auch nicht mit – aber du kannst ruhig mitgehn, wenn es dir Spaß macht.« Das war ein höchst bewundernswertes Verhalten, finde ich. Keine Behinderung, kein Verbot, nur eine einfache Feststellung, über die ich nachdenken und meine eigene Entscheidung treffen konnte. Das veranlaßte mich, zu entscheiden, daß ich dem Angelsport abgeneigt sei – obgleich meine Leidenschaft dafür – für das Virbrieren der Leine und den Ruck – unbeschreiblich gewesen war. Der Wunsch zu angeln verblaßte, ohne Bitterkeit zu hinterlassen. Und aus der Erinnerung an meine eigene Passion bin ich auch heute noch imstande, die Sportleidenschaft nachzuvollziehen. Das ist einer jener unschätzbaren Keime – denn da es unmöglich ist, jede Erfahrung gemacht zu haben, muß man sich mit Keimen behelfen – Erregern von dem, was hätte sein können. Und so lege ich denn das »Angeln«, mit anderen vorübergehenden Eindrücken – ähnlich jenen flüchtigen Blicken, die ich in die Kellerwohnungen werfe, wenn ich durch Londons Straßen gehe – vorläufig ad acta.

Die Galläpfel, die Farne mit kleinen Samenknötchen auf ihrer Rückseite, die Regatta, Charlie Pearce, das Einschnappen des Gartentors, die von Ameisen wimmelnde Stufe, Nägel kaufen gehen, segeln, der Geruch des Halestownmoors, die kleinen Ausflüge zum Tee im Bauernhaus bei

Trevail, der Wechsel von Ebbe und Flut – Mr. Wolstenholme in seinem hochlehnigen Korbsessel, die fleckigen Ulmenblätter auf dem Rasen, das Krächzen der Saatkrähen, wenn sie frühmorgens über das Haus hinwegflogen, die blühenden Sträucher, deren Blätter vom Grün ins Grau wechselten, der Lichtbogen in der Luft, als das Pulvermagazin in Hayle explodierte, das dumpfe Dröhnen der Ankerboje, das sind die Dinge, die mir aus irgendeinem Grund zuallererst in den Sinn kommen, wenn ich an St. Ives denke – eine uneinheitliche, vielfältige Zusammenstellung – kleine Korken, die ein versenktes Netz markieren. Und um dieses Netz an Land zu ziehen und seinen Inhalt unsortiert liegen zu lassen, füge ich noch hinzu: Zwei oder drei Jahre vor Mutters Tod hörten wir ominöse Andeutungen, daß wir St. Ives vielleicht aufgeben würden. Die Entfernung war eine Belastung geworden: George und Gerald arbeiteten in London. Die ständig drohenden Ausgaben wurden drückender: Thobys Schulgelder, Ausbildungskosten . . . Und dann stand plötzlich gerade gegenüber vom Lugausplatz eine Tafel. Das Land war zu verkaufen. Im darauffolgenden Sommer war mitten in unserem Blickfeld ein Hotel entstanden. Meine Mutter beklagte sich, daß die Aussicht ruiniert sei. Ein großer quadratischer Bau, in der Farbe von Hafermehl, erhob sich dort. Und während eines Oktobers tauchte auf unserm Rasen die Tafel eines Grundstücksmaklers auf. Aus irgendeinem Grund mußte sie gestrichen werden. Ich durfte aus einem Farbtopf einige der Buchstaben ausfüllen. Keine Interessenten meldeten sich. Die Gefahr war gebannt. Und dann starb Mutter. Und vielleicht einen Monat später fuhr Gerald nach St. Ives – jemand mit Namen Millie Dow wollte das Haus übernehmen. Unser Vertrag wurde an sie verkauft, und St. Ives entschwand für immer.

Heute nun (am 12. Oktober 1940, einem diesigen Herbsttag – London wird jede Nacht bormbardiert) ergibt sich aus diesen skizzenhaften Aufzeichnungen für mich nur ein wirklich lebendiges Bild von Thoby: wie er uns um die Inselspitze herumsteuert, ohne das Segel schlagen zu lassen. Mir steht das

Bild eines Schuljungen wieder vor Augen, dessen Jacke zu eng war, dessen Arme für die Ärmel zu lang waren, dessen Augen blauer wurden und dessen Gesicht sich rötete, wenn er so vor Eifer brannte. Er fühlte die Verantwortung, die ihm durch Vaters Stolz auferlegt wurde, sehr viel früher als die meisten Jungen: die Verantwortung, der Stolz, ein Mann zu sein. Weshalb drücke ich mich davor, den Jungen einfach vom Boot in mein Wohnschlafzimmer in der Hyde Park Gate zu versetzen, was doch für eine berufsmäßige Schriftstellerin wie mich gar nicht so schwer wäre? Weil ich an St. Ives denken will, weil ich viele andere Bilder von ihm dort ausgelassen habe, weil ihm immer noch das Land anhängt – wie der Tau, der im Herbst an einem rauhen Mantel hängen bleibt – mit seinen Schmetterlingen, seinen Vögeln, dem Matsch und den Pferden, und endlich, weil ich nicht wieder in mein Zimmer in der Hyde Park Gate zurückgehen will. Es graut mir vor den Jahren 1897 bis 1904 – den sieben unglücklichen Jahren. So viele Leben waren frei von Leiden wie den unsrigen. Warum mußte unser Leben – allein zweier schwerwiegender Fehleinschätzungen wegen – so schmerzerfüllt und kummervoll sein? Der Schlag, der willkürlich, wie der eines der Kontrolle entgangenen Rammhammers, sinnlos und brutal die beiden Menschen tötete, welche normaler- und natürlicherweise jene Jahre, wenn auch vielleicht nicht glücklich, so doch normal und natürlich gestaltet hätten. Mutters Tod. Stellas Tod. Ich denke nicht an sie, ich denke an den unsinnigen Schaden, den ihr Tod heraufbeschworen hat. Deshalb möchte ich auch Thoby nicht aus dem Boot in mein Zimmer versetzen.

Ohne ihren Tod – um auf einen früheren Gedankengang zurückzugreifen – hätte er nicht so verschlossen und doch ebenso ehrlich an uns gehangen. Wenn an dieser Verstümmelung natürlicher Gefühle etwas gut ist (ich bezweifle es), dann nur, daß sie sensibilisiert – sei es auch nur, um sich der Unsicherheit des Lebens bewußt zu werden, sich an etwas Vergangenes zu erinnern, dann und wann eine merkwürdig verlegene Kameradschaft zu empfinden, wie ich sie für Vater empfand, wenn er keine Ansprüche stellte; wenn es gut ist, sich schon mit fünfzehn, sechzehn oder siebzehn Jahren dieser Dinge bewußt zu sein, und von Zeit zu Zeit diese Art von Einsicht, dieses unkindliche Gefühl zu haben – wenn, wenn, wenn. Aber war es denn gut? Wäre es nicht besser gewesen (falls es überhaupt einen Sinn hat, gut und besser zu sagen, wo es keinen zuständigen Richter gibt), das wilde Durcheinander in St. Ives noch länger um sich zu haben, noch länger heimlich auf Entdeckungen und Abenteuer auszugehn, während die gesamte übrige Familie unterdessen in ihrer ungebrochenen Lautstärke Jahr für Jahr weiterlebte? Eine solche Umgebung hätte einem vielleicht einen größeren Spielraum, mehr Abwechslung geboten. Aber sich mit fünfzehn Jahren dieses Schutzes berauben zu lassen, aus diesem heimischen Hafen ausgestoßen zu werden, die Sprünge und tiefen Risse in diesem Gebäude zu sehen, durch sie verletzt zu werden und die Folgen vorauszusehen – war das gut? Hat es einem eine Erfahrung vermittelt, die, obgleich schmerzlich, dennoch bedeutete, daß die Götter (wie ich es zu formulieren pflegte) einen ernst nahmen und einem eine Aufgabe zuteilten, die sie, sagen wir, Meg und Imogen Booth oder Ida und Sylvia Milman[70] erst gar nicht übertragen hätten? Ich erklärte es mir auf meine visionäre Weise. So sah ich zum Beispiel (nach Thobys Tod – als ich am Gordon Square spazierenging) zwei große Mühlsteine und mich selbst zwischen ihnen. Ich verkörperte irgendwie ein Streitobjekt zwischen mir und »ihnen« – etwas wie einen unsichtbaren Giganten. Ich kam zu dem Schluß, oder ich fühlte, daß das Leben, auch wenn es darin bestehen sollte, sich auf die Hinterbeine zu stellen und sich mit Händen und Füßen zu wehren, auf alle Fälle das einzig Wahre sei. Niemand könnte behaupten, ich sei nur mit einem minderen Teil dieses kostbaren Ganzen abgespeist worden. So kam ich dazu, das Leben für etwas äußerst Reales zu halten. Und das stärkte natürlich das Bewußtsein meiner eigenen Wichtigkeit. Nicht gegenüber anderen Menschen, sondern gegenüber jener Kraft, die mich für würdig genug gehalten hatte, mir das Gefühl für das Wesentliche zu vermitteln.

Deshalb, scheint es mir, war unsere Beziehung (zwischen

Thoby und mir) auch ernsthafter, als sie vielleicht ohne die beiden Tode gewesen wäre. Dieser unausgesprochene Gedanke – etwas Ähnliches wie meine Wahrnehmungen – war da, in ihm und in mir, als er zu mir ins Hinterzimmer in der Hyde Park Gate kam. Er stand hinter unsern Diskussionen. Wir fühlten uns natürlich zueinander hingezogen. Neben seinen brüderlichen Gefühlen hatte er, glaube ich, eine amüsierte, überraschte, neugierige Einstellung zu mir. Ich war anderthalb Jahre jünger als er. Ich war ein Mädchen, und er sah mich Griechisch lesen und einen Essay über die Elisabethanischen Seefahrer schreiben – der erste und einzige Essay, den ich Vater je gezeigt habe –, als er selbst an einem für einen Wettbewerb im Trinity schrieb. Er hielt mich, glaube ich, für ein schutzloses kleines Geschöpf, im Vergleich zu ihm; so weltabgeschieden, in diesem Hyde-Park-Gate-Zimmer, ein sehr naives, begeistertes Publikum für seine Schulgeschichten, ohne irgendeine eigene Erfahrung, die seine in den Schatten stellen konnte, aber trotzdem nicht passiv; im Gegenteil, eher übersprudelnd, wißbegierig, vif und imstande, selbständig zu widersprechen, auf jeden Fall aber Zweifel zu äußern. Nach unsern ehemaligen Wanderungen, treppauf-treppab, hatten wir nun verschiedene Wege eingeschlagen, um unabhängig voneinander zu lesen. Aus irgendeinem Grunde hatte er sich ganz allein auf Shakespeare gestürzt. Er hatte sich seiner in der ihm eigenen gierigen, unbeholfenen Art bemächtigt, und unsere erste Diskussion – über Bücher nämlich – war hitzig, denn er schleuderte seine kühne Behauptung heraus, daß in Shakespeare alles enthalten sei. Ich hatte das Gefühl, damit, meinte er, habe er alles erschöpfend gesagt, wogegen ich protestierte. Er fiel über mich her: Wie ich das bestreiten könne. Mein Protest war vermutlich ziemlich schwach gewesen, entsprach aber damals nichtsdestoweniger meiner ehrlichen Überzeugung: Theaterstücke seien antipathetisch. Womit begannen sie denn gewöhnlich? Mit einem langweiligen Gespräch, das meilenweit von dem entfernt war, was mich interessierte. Um das zu beweisen, schlug ich *Was ihr wollt* auf: »Wenn die Musik der Liebe Nahrung ist, spielt weiter ...« Diesmal hatte ich unrecht; das war, ich mußte es zugeben, ein guter Anfang. Und ich erinnere mich an seinen Stolz auf Shakespeare – denn das war wie der Stolz auf einen Freund –, mit welcher Skrupellosigkeit er Falstaff fallen ließ. Dieser großartige, unbekümmerte Elan bei Shakespeare entzückte ihn. Ich meine die Unbekümmertheit, mit der ein Baum Blätter fallen läßt – mehr in dieser Richtung. Andererseits hielt er Shakespeare möglicherweise für »sentimental«, als er Desdemona wieder erwachen ließ. Das sind die einzigen prinzipiellen Einwände, an die ich mich erinnere. Denn er gehörte nicht zu denen, die, wie ich, plötzlich einzelne Wörter oder Sätze in der Luft hängen ließen – er war viel gleichmütiger und derber, aber hilfsbereit und verständnisvoll. Und so hatte ich das Gefühl, daß Shakespeare für ihn seine andere Welt bedeutete, die Stelle, wo er den Maßstab für seine alltägliche Welt bekam: wo er sich in bezug auf das tägliche Geschehen völlig auf Shakespearesche Art orientierte. Ich frage mich, ob mein Verdacht richtig ist, daß Shakespeare ihn so mit seinem Geist erfüllt hatte, daß er, als sich im Dritter – Klasse – Raucher in der Untergrundbahn eine Szene zwischen Betrunkenen abspielte, teils Falstaff und teils Hal und teils Cordelia und alle übrigen vor sich sah – denn Thoby saß mit seiner Pfeife im Mund in der Ecke und verfolgte sie regungslos über den Rand einer Zeitung hinweg und mit einem Gesichtsausdruck, der mir im Gedächtnis haften geblieben ist: dem Gesichtsausdruck eines Menschen, der, mit dem geistigen Rüstzeug versehen, gelassen, im Bewußtsein seiner gesellschaftlichen Stellung, sein Erbe und seine Rolle im Leben genießend, sich seiner Kompetenz schon im Vorgefühl eines zukünftigen Gesetzgebers bewußt, den Kampf voraussieht; stolz darauf, ein Mann zu sein und seine Rolle unter Shakespeares Menschen zu spielen. Wäre er beim Theater gewesen, hätte er seine Rolle höchst königlich gespielt. Walter Lambs auf Thoby bezogene Worte waren sehr passend gewesen.[71]

So stritten wir. Doch wie zurückhaltend wir waren! Heutzutage sprechen Geschwister ganz offen über – ach, über alles. Soviel ich mich erinnere, sprachen wir ja nicht einmal über uns selbst. Ich kann mich keiner Geständnisse, keiner Komplimente, keiner Küsse, auch keiner Zärtlichkeit erinnern. Und in bezug auf Sex – er war unter unseren Augen aufgewachsen: hatte sich vom Kind zum Knaben und vom Knaben zum Mann entwickelt, ohne die kleinste Andeutung zu machen, die uns hätte zeigen können, was er empfand. Hatten andere Jungen sich in ihn verliebt? Er jedenfalls nicht in sie, vermute ich fast. Von Clive erfuhr ich später, daß die Sodomie Lyttons für ihn nur eine Bagatelle gewesen sei: eine von »Stracheys liebenswürdigen Absurdidäten und Überspanntheiten«. Dennoch verbarg sich unter dieser Schweigsamkeit – vielleicht mußte sie kühl und ungebrochen bleiben, vielleicht wohnte ihr eine Kraft, ein Wert und eine Gefühlsqualität inne, die durch Reden zerstört worden wäre –, wie ich bemerkt hatte, eine große Aufgeschlossenheit, eine starke Sensibilität, ein großer Stolz und große Liebe. Und alle die Überzeugungen und Wünsche hätten, wenn seine Leidenschaft geweckt worden wäre, im Privatleben bestimmt einen Liebhaber, einen Gatten und einen Vater – und im öffentlichen Leben einen Richter aus ihm gemacht: Mr. Judge Stephen wäre er heute gewesen, hätte wahrscheinlich mehrere Bücher publiziert: einige über Rechtsfragen, eins oder zwei über Vögel, und nebenbei wäre noch etwas über Bilder erschienen – vielleicht hätte die Hogarth Press auch eine Geschichte der Vögel mit Illustrationen herausgebracht, einige Essays über Literatur, über Geschichte, über Politik, eine Polemik gegen Mißstände, und unterdessen wäre er eine sehr beliebte Persönlichkeit geworden – ein typischer Engländer? Nein, das nicht, denn er war gemütvoll, ein Einzelgänger, und den allgemeinen persönlichen Ehrgeiz konnte er einfach nicht ernst nehmen. Und so schätze ich, daß er doch mehr eine Persönlichkeit als ein Erfolg geworden wäre.

Die Trauer, die in diesen Worten natürlich mitklingt, beeinträchtigt die Erinnerung an eine Zeit, als wir noch keine Ahnung hatten, daß unser freundschaftliches Verhältnis enden sollte, als er sechsundzwanzig und ich vierundzwanzig war. Das ist einer der Schicksalsschläge, mit denen man nicht fertig wird, außer man akzeptiert sie. Zu der Zeit, als er in meinem Zimmer in der Hyde Park Gate mit mir stritt, hatte ich ihn nie so gesehen, wie ich ihn heute sehe, da alle seine Erwartungen ihr Ende gefunden haben. Ich habe damals, wenn ich dachte, nur an den Augenblick gedacht: Es war ein Zeitpunkt, wo wir der Kindheit entwuchsen, und jeden Tag, bestimmt aber jedesmal, wenn er aus Clifton oder aus Cambridge zurückkam, hatte sich mehr von meiner und mehr von seiner Persönlichkeit herauskristallisiert. Das war eine Zeit der Entdeckungen. Und wie aufregend waren unsere Entdeckungen! Ich erinnere mich, daß ich an einem Oktobertag, gerade als er im Begriff war, zum ersten Mal nach Cambridge zu fahren, seine Schönheit entdeckte. Er trug zum ersten Mal einen Hill-Anzug. In jenem Sommer entdeckte ich auch, daß er Pfeife rauchte. Ich entdeckte Bell, Strachey (»the Strache«) und Sydney-Turner.[72] Doch ich eile mir mit Hyde Park Gate zu weit voraus; ich werde wieder auf das Jahr zurückgehen, in dem Stella starb – 1897.

Ich könnte das alles in einer Szene zusammenfassen. Immer, wenn ich an den Monat nach ihrem Tode denke, sehe ich einen ganz bestimmten blätterlosen Baum vor mir: ein Baumgerippe im Dämmer einer Sommernacht. Dieser kleine Baum steht vor einer Laube. Drinnen sitze ich mit Jack Hills. Er umklammert meine Hand. Er stöhnt. »Es zerreißt einen«, stöhnte er. Er war außer sich vor Schmerz. Er umklammerte meine Hand, um seine Qual erträglicher zu machen, als litte er unter physischen Schmerzen. »Doch das kannst du ja nicht verstehen«, stieß er nur noch hervor. »Doch, ich verstehe«, murmelte ich. Instinktiv hatte ich begriffen, was er meinte – daß ihn seine sexuelle Begierde in Verbindung mit seinem psychischen Schmerz zerriß. Beides bereitete ihm entsetzliche Qualen. Und der Baum draußen, im dunklen Garten, war mir zu einem Charakteristikum, einem Symbol des Schmerzskeletts geworden, das ihr Tod aus ihm, aus uns, aus allem gemacht hatte. Entweder ging ich oder Vanessa nach dem Dinner allein mit Jack spazieren. Er kam jedes Wochenende zu uns – nach Painswick – herunter. Jeden Tag erhielt eine von uns beiden einen Brief von ihm. »Armer Kerl, er sieht sehr schlecht aus«, hatte Vater einmal hörbar gemurmelt. Und Jack, dem es nicht entgangen war, hatte irgendeine verlegene Bemerkung gemacht, um ihn am Weiterreden zu hindern. Der laublose Baum und Jacks Seelenqual – ich sehe sie immer, als wären sie ein und dasselbe, wenn ich an den damaligen Sommer denke.

Der laublose Baum war ein sehr schmerzliches Element in unserem Leben. Bäume bleiben nicht kahl. Sie beginnen kleine rote harte Knospen zu entwickeln. Durch dieses Bild versuche ich, die Beklemmung und Bedrängnis und die Streitigkeiten, die unterdrückten Gereiztheiten, die harten Worte und die Sticheleien verständlich zu machen, die anfingen, sobald das Familienleben in der Hyde Park Gate wieder begann, und das Faktum verdeckten, daß Stellas Tod uns alle ermächtigt hatte, neue Beziehungen aufzunehmen.

Eine andere Gartenszene – diesmal in Fritham – kommt mir wieder in den Sinn. George hatte mich untergefaßt. Vater spielte im Haus mit den andern Whist. George hatte es auf mich abgesehen und spazierte mit mir auf dem Rasen herum. Ich kann mich an keinen Satz mehr genau erinnern. Nur ein Gemurmel meldet sich wieder und sein emotioneller Druck auf meinen Arm, als er mir – mit großer Weitschweifigkeit und noch mehr Gefühl und mit einer irgendwie vagen Drohung, daß es gesetzwidrig und, da Stella ja ihre Schwester gewesen sei, eine Heirat strafbar wäre – erzählte, daß die Leute sagten, Vanessa sei in Jack verliebt, und mich bat, zu tun, was ich könnte (das schmeichelte mir), um Vanessa davon abzubringen, ihn allein zu sehen. Es wäre doch ein Jammer, daß die Leute solche Sachen sagten. Und ich könnte ihr das sagen – ich könnte sie auch überzeugen. An das, was ich gesagt habe, erinnere ich mich nicht mehr – nur an ihre bittere Antwort: »So, du hast dich also auch auf ihre Seite geschlagen.«

Dann wurde mir klar, daß sie ja ihren eigenen Standpunkt hatte: Wenn das so sei, wäre ich natürlich auf ihrer Seite, sagte ich ganz verwirrt. Ich schwenkte auf der Stelle von Georges Seite auf ihre Seite hinüber. Aber meine Unsicherheit und Verwirrung machen deutlich, daß ich nur sehr wenig vom genauen Stand der Dinge wußte. Vermutlich hatte George es erst anderweitig versucht, ehe er meine Hilfe in Anspruch nahm – zum Beispiel hatte er, wie mir Nessa später erzählte, seine Befürchtungen Vater gegenüber geäußert, der aber, was ihm hoch anzurechnen war, erklärte, daß sie tun könne, was ihr beliebe: Er würde sich nicht einmischen.

Diese Szenen sind übrigens keineswegs nur ein literarischer Kunstgriff – ein Mittel, um zahllose Einzelheiten in einer konkreten Szenerie zusammenzufassen und sichtbar zu machen. Details wären vorhanden; noch jetzt, wenn ich mich bemühe nachzudenken, könnte ich eine Menge zusammenbekommen. Doch, was immer auch der Grund sein mag, ich finde, daß es die entsprechende Art ist, Szenen heraufzubeschwören, um die Vergangenheit zu charakterisieren. Eine charakteristische, unvergeßliche Szene hat sich immer ganz von selbst arrangiert. Das bestärkt mich in meinem instinktiven Empfinden (darüber zu diskutieren hat gar keinen Sinn – es ist irrational): dem Eindruck nämlich, daß wir versiegelte Schiffe sind, die auf etwas dahintreiben, was man der Einfachheit halber Realität nennt; und in gewissen Momenten springt die Siegelmasse, und herein strömt die Realität, das heißt diese Szenen – denn wieso überleben sie Jahr für Jahr, ohne Schaden zu nehmen, wenn sie nicht aus etwas verhältnismäßig Dauerhaftem beständen? Ist dieser Hang zu Szenen der Ursprung meines Impulses zu schreiben? Haben andere Schriftsteller auch Szenen nötig? Das sind Fragen, auf die ich keine Antwort weiß. Vielleicht werde ich mich eines Tages einmal eingehender damit beschäftigen. Offensichtlich habe ich diese Disposition entwickelt, weil ich bei allem, was ich geschrieben habe, fast immer eine Szene produzieren mußte: Entweder muß ich, wenn ich über eine Person schreibe, eine charakteristische Szene aus deren Leben herausfinden, oder wenn ich über ein Buch schreibe, muß ich eine Dichtung, einen Roman des Autors finden . . . Doch das gehört vielleicht nicht in die gleiche Kategorie.

Das war also eines von den kleinen roten Knöspchen, oder die Dornen an diesem Baumskelett: Vanessa war in Jack verliebt, Jack dachte nur an sich, die Leute redeten, und George und Gerald (er etwas weniger) zeigten die Zähne. Das ist einer der Aspekte des Todes, der übergangen wird, wenn Menschen über die Trauerbotschaft sprechen: Nie erwähnen sie seine peinliche Seite: seine Hinterlassenschaft an Bitterkeit, schlechter Laune und Unstimmigkeiten.

In diesem Winter (1897/98) blieb Jack einige Monate bei uns, bis er in der Victoria Grove 14 ein Haus mietete. Es »hatte Assoziationen«. Ich glaube, eine unserer Großtanten – Tante Louisa Bayley? – hat dort gelebt. Auch Kitty und Leo [Maxse] hatten dort gewohnt. Jack lebte dort mit den »Scotchers« – Mr. und Mrs. Scotchbrook. Er ging am Alkohol kaputt, und sie erwartete noch ein Baby, wie Flora Baker anzudeuten pflegte – denn die Damen der Familie hatten sich Jacks und seiner Interessen angenommen, als wäre er eine Waise.

(17. November 1940). Doch von diesen Szenen sprachen wir während jener unglücklichen Jahre nie. Thoby, könnte ich mir vorstellen, hatte vielleicht irgendwie geahnt, daß zwischen Jack und Vanessa – wie er sich wahrscheinlich ausgedrückt hätte – etwas vorging. Doch er war wie gewöhnlich reserviert, unparteiisch, konventionell. In seiner zurückhaltenden Art als Schüler und Student neigte er im allgemeinen zu der Ansicht, wir sollten uns mit unserer Situation abfinden: wenn George wollte, daß wir auf Parties gingen – warum nicht? Wenn Vater von uns verlangte, mit ihm spazierenzugehen – warum nicht? Einmal in Salisbury, als Fishers unsere Nachbarn waren, und als Vanessa, die Tante Mary haßte – sie hatte sich nämlich heimtückischerweise in den zwischen Vanessa und Jack und Vanessa und George schwelenden Konflikt eingemischt, indem sie gefälschte, an die Copes Schule adressierte Briefe schrieb –, sich weigerte sie zu besuchen und sie auf der Straße schnitt, machte er einen seiner seltenen, nachhaltigen Einwände: Brüsk erklärte er, es sei nicht recht, Tante Mary so zu behandeln.

So kam es, daß Nessa und ich uns zu einem sehr festen Bündnis zusammenschlossen. In dieser Welt so vieler Männer, die kamen und gingen, bildeten wir unsern privaten Nukleus. Da waren wir nun den ganzen Tag allein mit Vater.

Abends pflegte dann Adrian von Westminster, dann Jack aus der Lincoln's Inn, dann Gerald von Dent's oder der Henrietta Street, dann George aus dem Post- oder dem Finanzministerium hereinzuschauen, und Thoby war entweder in Clifton oder in Cambridge. Ein bestimmter Tag wurde immer gemeinsam verbracht. Und deshalb bildeten wir eine kleine Welt innerhalb der großen. Wir hatten ein so enges Bündnis geschlossen, daß alles (mit der Ausnahme von Jack vielleicht) von der gleichen Warte aus betrachtet wurde und das Gepräge unserer eigenen Betrachtungsweise annahm. Sehr bald nach Stellas Tod erschien uns das Leben in dieser Art von Gemeinschaft als ein ständiges Ringen um eine eigene Position. Wir kämpften ständig um etwas, das ständig störend beeinflußt, zum Schweigen gebracht, das uns verwehrt wurde. Die unmittelbarste Behinderung und Belastung war natürlich Vater. Wie konnte man es arrangieren – um einen konkreten Fall anzuführen –, daß er nicht zu Hause war, wenn vielleicht Kitty Maxse, vielleicht auch Katie Thynne[73], zum Tee kamen? Wie konnte man sich vor Mr. Bryce drücken? Bin ich gezwungen, den ganzen Nachmittag in den Kensington Gardens herumzulaufen? Könnte man unsere Freunde nicht direkt ins Arbeitszimmer (das Kinderwohnzimmer) mit hinaufnehmen? Dann: Worüber könnte man beim Lunch sprechen? Könnte man sich nicht davor drücken, Ostern nach Brighton zu fahren? Müssen wir denn daheim sein, wenn Tante Mary kommt?

Über der ganzen Woche dieser Ausflüchte und Versöhnungen aber brütete der Mittwochsschrecken. An diesem Tag wurden ihm die Wochenausgaben gezeigt. Wenn sie elf Pfund überstiegen, war der Lunch eine Qual. Die Bücher wurden vorgelegt. Stille. Er setzte seine Brille auf – er sah die Zahlen –, und seine Faust sauste auf das Kontobuch herunter. Dann ein Aufheulen, seine Adern schwollen an, sein Gesicht wurde puterrot, und dann brüllte er: »Ich bin ruiniert!« Dann schlug er sich auf die Brust. Er inszenierte ein höchst ausgefallenes Drama des Selbstmitleids, der Wut und der Verzweiflung. Er war ruiniert – dem Tode nah . . . das Opfer der rücksichtslosen Verschwendungssucht von Vanessa und Sophie. »Und du stehst da wie ein Stein! Hast du kein Mitleid mit mir? Hast du mir gar nichts zu sagen?« Vanessa stand völlig stumm neben ihm. Er überschüttete sie mit Anwürfen – mit selbstzerstörerischen Drohungen und so fort –, die ihm gerade in den Sinn kamen. Sie blieb unbeweglich stehen. Eine andere Haltung wurde eingenommen. Mit einem tiefen Stöhnen nahm er die Feder zur Hand und schrieb mit gespielt zitternder Hand den Scheck aus. Dieser wurde dann erschöpft Vanessa hingeworfen. Langsam und unter schrecklichem Stöhnen wurden dann Feder und Kontobuch versorgt. Dann sank er in seinen Sessel und saß mit auf die Brust gesenktem Kopf da. Und zum Schluß, nach einem kurzen Blick auf ein Buch, schaute er auf und sagte halb wehmütig: »Und was hast du heute nachmittag vor, Ginny?«

Nie wieder habe ich einen solchen Zorn, eine solche Ohnmacht empfunden. Denn nicht ein Wort dessen, was ich empfand, durfte geäußert werden.

Das ist, soweit ich es beschreiben kann, eine unübertriebene Schilderung eines häßlichen Mittwochs. Noch heute finde ich keine Worte für sein Benehmen, außer, daß es brutal war. Wenn er statt Worten eine Peitsche benutzt hätte, wäre die Brutalität auch nicht größer gewesen. Wie kann man das erklären. Er war natürlich immer nachsichtig behandelt worden, seit er den Blumentopf zerschlagen und seine Mutter mit den Scherben bombardiert hatte (was immer an dieser Geschichte wahr sein mag – so ähnlich wurde sie jedenfalls erzählt). Eine zarte Gesundheit erklärt diese Nachsicht. Als er dann immer älter wurde, kam die Genie-Legende auf, zu der ich mich bereits geäußert habe. Geniale Männer sind sehr schwierig im Zusammenleben ... Aber es gibt gewisse Einschränkungen, die zu beachten sind. Diese Szenen leistete man sich niemals vor Männern. Fred Maitland[74], zum Beispiel, weigerte sich kategorisch, etwas Derartiges zu glauben, als Caroline Emelia (Leslies Quakerschwester) ihn zu überzeugen versuchte, daß Leslie Wutausbrüche habe. Hätte Thoby diese Bücher vorgelegt, oder George, wäre der Ausbruch unterdrückt worden. Weshalb schämte er sich nicht vor Frauen? Zum Teil deshalb, weil für ihn – den

Prototyp des Viktorianers – die Frau seine Sklavin war. Doch das erklärt noch nicht die Selbstdramatisierung, das Posieren, die Theatralik, das Sich-auf-die-Brust-Schlagen und das Gestöhne, die eine so große, eine so abstoßende Rolle bei diesen Szenen spielten. Seine Abhängigkeit von Frauen erklärte es vielleicht. Er brauchte immer eine Frau, die ihn bemitleidete, ihm schmeichelte, die ihn tröstete. Warum? Weil er sich seines Versagens als Philosoph und als Schriftsteller bewußt war. Aber in seiner Überzeugung als Viktorianer schämte er sich, Männern sein Bedürfnis nach Mitgefühl einzugestehen. Die Haltung, die sein Intellekt ihm Männern gegenüber einzunehmen vorschrieb, machte ihn zum bescheidensten, zum vernünftigsten Menschen.[75] Die arme Vanessa war der Blitzableiter für ein Großteil des Mißvergnügens, das er unterdrückt hatte; und ihre Weigerung, ihre Rolle, teils als Sklavin, teils als tröstender Engel, zu akzeptieren, brachte ihn derartig auf, daß er sich seiner eigenen barbarischen Brutalität möglicherweise gar nicht bewußt war und wahrscheinlich entsetzt gewesen wäre, hätte jemand ihm ohne Umschweife auf den Kopf zugesagt, »Sie sind ein Lump, ein Mädchen derartig zu behandeln«. Ich kann mir nicht vorstellen, wie er eine ehrliche Meinungsäußerung aufgenommen hätte. Und der Grund dafür findet sich in der Diskrepanz zwischen seiner kritischen und seiner schöpferischen Begabung, die in seinen Büchern so offen zutage tritt. Gib ihm einen Gedanken von Mill, Bentham oder Hobbes zum Analysieren, und (so hat Maynard[76] es mir erzählt) seine Analyse ist scharf, klar und präzise, ein Musterbeispiel für den analytischen Geist von Cambridge. Aber konfrontiere ihn mit dem Leben, mit einem Menschen, und er ist so unreif, so infantil, so konventionell, daß ein Kind mit seinen Buntstiften ein genauso differenzierter Proträtist wäre, wie er es ist. Um das zu erklären, müßte man über die einengende Wirkung von Cambridge und seine einseitige Erziehungsmethode sprechen, und dem eine Diskussion über den professionellen Schriftsteller im neunzehnten Jahrhundert und der abstumpfenden Wirkung intensiver Kopfarbeit folgen lassen, und dies durch seinen Mangel an andersartigen

Interessen – Musik, Kunst, Theater, Reisen – veranschaulichen; und man würde herausfinden müssen, wieviel von dieser Neigung zu Wutausbrüchen und Kleinlichkeit in seiner Natur begründet, und wieviel davon auf die Umstände zurückzuführen war. Doch Tatsache scheint jedenfalls gewesen zu sein, daß er im Alter von fünfundsechzig Jahren fast völlig isoliert, vereinsamt gewesen ist. Ganze Seiten seiner Sensibilität waren verkümmert. Er hatte seine persönlichen Gefühle so ignoriert, oder sich geweigert, sie zur Kenntnis zu nehmen, oder sie versteckt, daß er nicht nur keinen Begriff mehr davon hatte, was er tat oder sagte, er hatte auch keine Ahnung mehr, was andere Menschen empfanden. Daher die Scheußlichkeit und Schonungslosigkeit dieser wilden Ausbrüche, die nichtswürdig, maßlos, tierisch und primitiv waren. Es war ihm nicht bewußt, was er tat. Niemand konnte ihn aufklären. Er litt. Wir litten. Es gab keine Möglichkeit der Verständigung. Vanessa stand schweigend da. Er brüllte.

Hier natürlich, aus meiner zeitlichen Distanz, wird mir klar, was man damals nicht gesehen hat – der Altersunterschied. Zwei verschiedene Zeitalter standen sich im Wohnzimmer in der Hyde Park Gate gegenüber: das Viktorianische Zeitalter und das Eduardische. Im Grunde waren wir nicht seine Kinder, sondern seine Enkel. Als wir beide merkten, daß er nicht nur furchteinflößend, sondern auch lächerlich war, sahen wir ihn mit Augen, die etwas erschauten, was vor uns lag – etwas, was jetzt jeder Jüngling und jedes Mädchen von sechzehn oder achtzehn Jahren so leicht sieht, daß es ganz vertraut ist. Grausam war es nur, daß wir uns, während wir die Zukunft vor uns sahen, vollkommen in der Gewalt der Vergangenheit befanden. Das löste einen heftigen Kampf aus. Vanessa und ich waren von Natur aus Forscher, Revolutionäre und Reformer. Doch unsere Umgebung war mindestens fünfzig Jahre hinter unserer Zeit zurück. Vater selbst war ein typischer Viktorianer – George und Gerald waren unbeschreiblich konventionell. So daß wir nicht nur gegen sie als Individuen ankämpften, wir kämpften gegen sie als Repräsentanten einer Ära. Wir lebten faktisch im Jahre 1910 – sie aber leben im Jahre 1860.

In der Hyde Park Gate 22 fand sich, um zirka 1900, ein perfektes Modell viktorianischer Gesellschaft. Wenn es in meiner Macht läge, einen Monat dieses Lebens, wie wir es um 1900 herum geführt haben, herauszuheben, könnte ich einen Teil davon herausziehen und ausstellen wie in einem jener Glasschaukästen, in denen die Lebensgewohnheiten von Ameisen oder Bienen gezeigt werden. Unser Tag pflegte um 8.30 Uhr mit dem Familienfrühstück zu beginnen. Adrian schlang seins hinunter, und wer von uns beiden gerade unten war, Vanessa oder ich, begleitete ihn hinaus. Wir blieben vor der Haustür stehen und winkten, bis er um die vorspringende Hauswand der Martins verschwand. Das war noch ein uns von Stella hinterlassenes Vermächtnis – ein Winken der toten Hand, die unter der Familienoberfläche geisterte. Vater verzehrte sein Frühstück seufzend und schnaufend. Kam keine Post, stöhnte er laut, »Alle haben mich vergessen«. Ein langes Kuvert von Barkers[77] löste dann natürlich ein Gebrüll aus. George und Gerald kamen herunter. Vanessa verschwand hinter dem Vorhang. Nachdem das Dinner besprochen war, stürzte sie davon, um den roten Bus zu erwischen, der sie zur Akademie brachte. Wenn Gerald zur gleichen Zeit wegmußte, nahm er sie in seinem täglichen Hansom mit – gewöhnlich die gleiche Droschke; im Sommer trug der Kutscher eine Nelke. Auch George, nachdem er ausgiebiger gefrühstückt hatte – manchmal pflegte er mich aufzufordern, mich auf dem dreibeinigen Hocker zu ihm zu setzen, um mir den Klatsch der gestrigen Abendgesellschaft zu erzählen –, knöpfte dann seinen Gehrock zu, gab seinem Zylinder einen launigen Klaps und verschwand – elegant und heiter begab er sich in seinen gerippten Socken und den sehr schmalen, tadellos geputzten Schuhen ins Finanzministerium. Allein in dem großen Haus zurückgeblieben – Vater hatte sich in sein Arbeitszimmer eingeschlossen, das Hausmädchen polierte die Messingstäbe, Shag schlief auf seiner Matte, und eins der Mädchen machte die Schlafzimmer, während Sophie, wie ich annehme, an der Hintertür Lebensmittel und Milch von den Händlern entgegennahm –, stieg ich in mein Zimmer hinauf, legte meinen Liddell und Scott aufgeschlagen auf meinen

Tisch und setzte mich hin, um Euripides oder Sophokles für meine nächste zweiwöchentliche Griechischstunde bei Janet Case[78] durchzuarbeiten.

Von zehn bis eins waren wir von dem Druck viktorianischen Lebens befreit. Vanessa malte – ich nehme an, unter der Aufsicht von Val Prinsep[79] oder Ouless[80] oder gelegentlich auch Sargent[81] – nach lebenden Modellen. Ab und zu pflegte sie eine sehr sorgfältig ausgeführte Bleistiftzeichnung mit nach Hause zu bringen – einen Hermes vielleicht –, die sie mit einem Fixativ besprühte, oder auch ein Ölbild – der Kopf eines sehr theatralisch wirkenden männlichen Akts. Und während der gleichen drei Stunden las ich dann vielleicht Platos *Republik* oder buchstabierte mich mühsam durch einen griechischen Chorus. Unsere Geister flüchteten sich dann in jene Welt, in welcher sie – an diesem Novembermorgen 1940 – in Charleston, und ich in meinem Gartenzimmer im Monks House lebten. Unsere Kleidung war nicht sehr verschieden. Sie trug einen blauen Malerkittel und ich vielleicht Bluse und Rock. Wenn unsere Röcke verschieden lang waren, war das der einzige Unterschied. Vor vierzig Jahren war sie sehr viel sorgfältiger, sehr viel besser gekleidet als ich.

Unsere Situation wechselte am Nachmittag. Um zirka 4.30 Uhr übte die viktorianische Gesellschaft wieder ihren Druck aus. Dann hatten wir ›drin‹ zu sein. Denn um fünf mußte Vater seinen Tee bekommen, und wir mußten besser und ordentlicher angezogen sein, denn Mrs. Green sollte kommen und Mrs. H. Ward, oder Florence Bishop, oder C. B. Clarke, oder ... Wir hatten nett gekleidet am Tisch zu sitzen – entweder sie oder ich – und nichts zu tun, als bereit zu sein, Konversation zu machen.

Der Druck der Gesellschaft wurde jetzt sehr stark. Er erzwang jene »Manieren«, die wir beide noch immer an uns haben. Es sind jene Manieren, die sich darin äußerten, daß wir, wenn es an der Haustür klingelte, jeden empfingen, wer immer es auch sein mochte – sagen wir, Ronny Norman. Angenommen, Elsa Bell und Florence Bishop und Mr. Gibbs trafen im Abstand von zehn Minuten ein, hatten wir irgendwelche Floskeln parat zu haben; wir mußten bereit sein, Vaters Hörrohr zu ergreifen und ihm mitzuteilen, was seinem Verständnis half; wir mußten bereit sein, unsern Teil zu übernehmen – der worin bestand? Keinen Disput und auch keinen Klatsch aufkommen zu lassen. Meiner Meinung nach, ein sehr entschiedenes, definitives »keinen Klatsch«! Der ältere Besucher wurde Vater geopfert: Er bekam einen Stuhl neben ihm und wurde mit dem Trichter des Hörrohrs betraut. Dann wurde Ronny Norman jungenhaft und jovial, Elsa Bell gab sich weltklug und Florence Bishop ein wenig frivol. Die Unterhaltung war harmloser als jetzt, mit besseren Manieren, über Witze wurde gelacht, Sir Leslie gab ein Stöhnen von sich, seine Gesundheit wurde diskutiert. Wenn Florence Bishop Vater aufzog, pflegte Ronny Norman etwas von einem lustigen Stück oder Bild zu faseln. Ich stürzte mich Hals über Kopf – sagen wir mit Eveline Godley – in ein Gespräch über die Marine; Elsa Bell äußerte, sie erwarte von ihren Brüdern, daß sie die Hüte zum Gruß abnähmen, wenn sie ihr auf der Straße begegneten; Vater war irritiert, Florence Bishop auch, und sie nahm ihre unglückselige Bemerkung zurück – daß er wohl aussehe; Ronny Norman pflegte ihn zu fragen, ob er sich an Mill[82] erinnere; dann taute er auf – denn er mochte Ronny Norman – und erzählte, wie er Mill mit seinem Vater in Chelsea getroffen hatte. »Mein Gott, diese alten Geschichten ...«, sagte er dann. Das Gespräch hatte schon seine kleinen Steilhänge und Wasserfälle – seine Gefahren, aber es spielte sich doch in ähnlicher Weise ab, und das Ganze wurde von den viktorianischen Manieren zusammengehalten. Sie mochten für Ronny Norman, für Eveline Godley und Miss Bishop ganz natürlich sein, aber für Vanessa und mich waren sie es eben nicht. Wir erlernten sie. Wir lernten sie teils aus der Erinnerung – und Mutter hatte diese Art –, teils lernte man sie von seinem Gegenüber: Wenn Ronny Norman etwas in einer bestimmten Weise sagte, mußte man im gleichen Stil antworten. Nie brach jemand die Konvention. Hörte man dem zu wie ich, war es, als verfolgte man ein Spiel. Man mußte nur die Regeln kennen.

Wir beide haben die Regeln dieses viktorianischen Manierenspiels so gründlich gelernt, daß wir sie nie vergessen haben. Und wir spielen dieses Spiel immer noch. Es ist nützlich, es hat seine Schönheit, denn es gründet auf Zurückhaltung, Mitgefühl und Altruismus – alles Wesenszüge der Zivilisation. Es hilft, wenn man mit allerlei Kleinigkeiten etwas Anständiges, Menschenfreundliches machen will. Doch wenn man schreibt, sind die viktorianischen Manieren vielleicht – ich bin nicht ganz sicher – ein Nachteil. Wenn ich meine alten *Common Reader*-Artikel wieder lese, entdecke ich sie dort. Ich mache mein Teetischtraining für ihre Verbindlichkeit, ihre Höflichkeit und Indirektheit verantwortlich. Ich sehe mich verlegenen jungen Männern Teller mit Korinthenbrötchen reichen und sie nicht schlicht und einfach über ihre Gedichte und Romane fragen, sondern ob sie außer Zucker auch Sahne nähmen. Andererseits erlauben einem diese Oberflächenmanieren wiederum, sehr vieles zu sagen, was unerhört wäre, wenn man auf jemanden zuginge und es ihm ins Gesicht sagen würde. Wenn die Lichter am Abend aufgingen, trat die Gesellschaft in Kraft. Solange es hell war, durfte man Schürzen tragen und arbeiten. Die Akademie war für Nessa da, für mich mein Liddell und Scott und die griechischen Chöre. Doch am Abend setzte die Gesellschaft ihren Willen durch. Um 7.30 Uhr gingen wir nach oben, um uns umzuziehen. Wie kalt und neblig es auch sein mochte, wir streiften unsere Tageskleider ab und standen zitternd vor den Waschschüsseln. Hals und Arme mußten geschrubbt werden, denn wir hatten um 8 Uhr im dekolletierten und ärmellosen Abendkleid im Salon zu erscheinen. Kleid und Frisur wurden weit wichtiger als Bilder und Griechisch. Ich stellte mich vor Georges Chippendalespiegel und versuchte, mich nicht nur ordentlich, sondern auch präsentabel herzurichten. Mit einem Taschengeld von fünfzig Pfund war es schwer – selbst wenn man sehr geschickt war –, an den Abenden geschmackvoll angezogen zu sein. Wenn man sich auch bei Jane Bride ein gewöhnliches Kleid zum Preise von ein bis zwei Pfund machen lassen konnte, kostete ein Abendkleid, wenn von Mrs. Young angefertigt, vielleicht fünfzehn Guineas. Das häusliche Abendkleid mochte, wie gerade an diesem Abend, aus einem grünen Stoff sein, den man im Vorbeigehen in einem Möbelstoffgeschäft erstanden hatte – bei Storys zum Beispiel – weil er billiger war als Kleiderstoff und auch phantasievoller. Herunter kam ich also in meinem grünen Abendkleid. Im Salon brannten alle Lampen, und dort saß George im Sessel beim Feuer, im Smoking, mit schwarzem Binder. Er fixierte mich mit diesem unheimlich kritischen Blick, mit dem er Kleider anzuschauen pflegte. Er musterte mich von oben bis unten, als wäre ich ein Pferd, das man zur Rennbahn führt. Dann nahm sein Gesicht diesen gequälten Ausdruck an, einen Ausdruck, in dem man nicht nur ein ästhetisches Mißfallen, sondern etwas Tiefergehendes spürte: Moralisch und sozial witterte er eine Art Revolte und Ablehnung der gesellschaftlichen Formen. Ich wurde von viel mehr Gesichtspunkten her kritisiert, als ich analysieren kann, während ich, im Bewußtsein dieser Kritik und im Bewußtsein von Furcht, Scham und Verzweiflung, dort stand – »Geh hinauf und zerreiß es«, sagte er schließlich in diesem merkwürdig schnarrenden, angewiderten Tonfall, der sein tiefes Mißfallen über diesen Verstoß gegen einen Kodex ausdrückte, der ihm mehr bedeutete, als er zugeben wollte.

Denn er akzeptierte die viktorianische Gesellschaft so bedingungslos, daß er für einen Archäologen von größtem Interesse gewesen wäre. Wie ein Fossil hatte er jede Falte und jede Kerbe der Konvention von 1890/1900 angenommen. Er war eben anscheinend aus genau dem richtigen Material. Er floß in die Gußform garantiert ohne das Muster zu verletzen. Als hätte Vater ihm gewisse universale Kennzeichen der Ära eingeprägt – seinen Glauben, daß die Frauen rein und die Männer stark sein müssen – seinen Haß auf Unschicklichkeit – »Zum Teufel nochmal!« hatte Gerald einmal ausgerufen, und hoch flogen seine Hände aus Protest, als Rezia [Rasponi] nach dem Tee eine Zigarette rauchte. »Ich werde mir doch meinen Salon nicht zur Bierkneipe machen lassen!« rief er. Er milderte die Spießigkeiten der viktorianischen Sitten durch seine bewundernswerte Gewandtheit, seinen Respekt vor der Klugheit – niemand war weniger snobistisch, als er es war, und niemand gab weniger auf Rang und Luxus. George füllte den weitgesteckten Rahmen der Etikette mit einem spinnwebgleichen Netz minutiösester Details. Ein perfekteres Fossil viktorianischer Gesellschaft konnte es nicht geben. Und während Vater den Rahmen von 1860 aufrechterhielt, füllte George diesen Rahmen mit allen Arten minutiös gezahnter Sägen; und die Maschine, in die wir 1900 eingeschaltet wurden, hielt uns entsprechend fest und setzte unzählige Sägezähne in Bewegung.

Aus welcher Art von Material war George gemacht? Aus welcher Art kann er bestanden haben, daß er das Muster so vorbildlich angenommen hatte? Er hatte vor allem sehr wenig Gehirnsubstanz, und er besaß ein Übermaß an Gefühl. Er war in eine ihm vollkommen gemäße Form gegossen worden. Er war auffallend schön, vollkommen gesund, in so guten Verhältnissen, wie es ein junger Mann nur sein kann, so daß die vornehme Gesellschaft ihre Arme ausbreitete, wann immer er erschien. Sie hieß ihn willkommen. Sie nahm ihn bereitwillig auf. Er kann nie auf irgendwelchen Widerstand gestoßen sein, weder in Eton, noch in Cambridge oder London, wenn man unter Gesellschaft die Welt der oberen Mittelklasse am Abend in einem Salon versteht. Er hatte so wenig Verstand, daß er sich nie aus diesen Kreisen entfernte. Er wurde nie abgelehnt und nie kritisiert, weil er sich nie in Situationen begab, wo ihm Kritik drohte. Hinzu kam, daß er ungefähr eintausend Pfund im Jahr hatte. Was Kleidung, Waffen und Pferde betraf, konnte er seine Rolle spielen. Und da die Welt ihn akzeptierte, sein Loblied sang und ihm alles gab, was er sich wünschte, war jeder Widerspruch für ihn völlig unvorstellbar: Widerspruch fand er albern, dumm, unklug, im Grunde unmoralisch. Mein grünes Kleid war zweifellos eine verkappte Kritik an ihm selbst. Gerald, erinnere ich mich mit Dankbarkeit, sagte gutmütig: »Das finde ich gar nicht. Mir gefällt es.« George schwieg. Das Dinner war eine Tortur. Und ich gestehe zu meiner Schande – ich zog das Kleid nie mehr an, wenn George zu Hause war.

Er war sechsunddreißig, als ich zwanzig war. Er hatte

tausend Pfund im Jahr, und ich hatte fünfzig. Das waren Gründe, die es schwer für mich machten, ihm an diesem Abend zu widersprechen. Aber es gab noch ein anderes Element in unserer Beziehung, das mich einschüchterte, als ich an jenem Winterabend, seiner Kritik ausgesetzt, in meinem grünen Kleid dort stand. Damals war ich mir dessen noch nicht ganz bewußt. Aber außer dem Empfinden seines Alters und seiner Macht, überkam mich noch ein anderes Gefühl, welches ich später das Pariagefühl nannte. Als ich Georges grimmigen Blicken ausgeliefert war, hatte ich dasselbe Gefühl, das ein Landstreicher oder Zigeuner empfinden muß, der am Zelteingang steht und beobachtet, wie drinnen der Zirkus beginnt. Die viktorianische Gesellschaft war damals in vollem Schwunge; George war der Akrobat, der durch Reifen sprang, und Vanessa und ich verfolgten das Schauspiel. Wir hatten gute Plätze, aber an der Vorstellung durften wir nicht teilnehmen. Wir applaudierten und gehorchten – damit hatte es sich.

Alle unsere männlichen Verwandten beherrschten das Spiel. Sie kannten die Regeln und maßen ihnen eine immense Wichtigkeit bei. Vater legte einen ungeheuren Wert auf Schulzeugnisse, Stipendien, besondere Auszeichnungen und Fellowships. Die Fishers – die männlichen Fishers – gewannen jeden Preis, jede Auszeichnung und jeden akademischen Grad. Was, habe ich mich anderntags gefragt, wäre Herbert Fisher ohne Winchester, New College und das Kabinett gewesen? Was hätte er dargestellt, wäre er nicht von der patriarchalischen Maschinerie geprägt und geformt worden? Jeder unserer männlichen Verwandten wurde in diese Maschine hineingeschossen und kam dann, so im Alter von sechzig Jahren, als ein Schuldirektor, ein Admiral, ein Kabinettsminister oder als ein Jurist am andern Ende wieder heraus. Es ist genauso unmöglich, sie sich als normale Menschen vorzustellen, wie sich ein Ackerpferd vorzustellen, das wild und unbeschlagen in den Straßen herumgaloppiert.

George war es natürlich mißlungen, Einlaß in diese besondere Maschine zu finden. Es mißlang ihm immer wieder, in den diplomatischen Dienst einzutreten. Aber es gab eine andere Maschine – die Gesellschaft. Er lernte die Regeln dieses Spiels so gut, er spielte es so raffiniert, daß er im Alter von sechzig Jahren mit einer Ritterwürde, mit einer aristokratischen Gattin, mit einer Sinekure, einem Landhaus und drei Söhnen herauskam. Irgendwie merkte ich mit zwanzig an Kleinigkeiten, die so undefinierbar waren, daß ich sie nicht näher bezeichnen kann, daß George den Gesetzen der patriarchalischen Gesellschaft nicht weniger folgte als Herbert Fisher. Er beherrschte das Spiel, sprang durch Reifen und vollführte den obligaten Akt. Ich konnte seine Gebundenheit spüren; er akzeptierte die Konvention, er war überzeugt. Eine Überzeugung, die, wie seine von allen seinen Freunden, allgemein anerkannt wird, hat eine Atmosphäre von Glaubwürdigkeit: Sie beeindruckt sogar den Außenseiter. Sie scheint richtig, natürlich und selbstverständlich. Wenn das BBC Sonntagnacht *God Save the King* spielt, spüre ich, wie ein religiöses Hochgefühl mich durchströmt; doch ich stehe meinen eigenen instinktiven Gefühlsaufwallungen kritisch gegenüber. George stellte seinen Glauben an die alte Hymne, welche die Gesellschaft intonierte, niemals in Frage. Er erhob sich, nahm seinen Hut ab, und nicht nur ohne die geringsten Zweifel, sondern mit völliger Ergebenheit und Zustimmung.

Diese Erkenntnis gab meinem Verhalten George gegenüber eine merkwürdige Verkrampftheit. Ich mußte gehorchen, denn er hatte die Autorität des Alters, des Wohlstands und der Tradition hinter sich. Doch selbst während ich gehorchte, fragte ich mich, »Wie konnte irgend jemand glauben, was er glaubt?« In mir saß ein Beobachter – während ich mich unter seiner Kritik wand, mich ihr beugte und dabei kühl, kritisch und Zuschauer blieb. Das Schauspiel faszinierte mich – George so fromm, mit solchem blinden Glauben durch jene unsichtbaren Reifen fliegen zu sehen. In einer satirischen Laune habe ich einen Sketch über seine Karriere geschrieben, dem er mit seiner Karriere fast buchstäblich folgte.

Aber obgleich wir untätig dabeisitzen konnten und die

viktorianischen Männer durch ihre intellektuellen Reifen springen sahen, bedurften Georges Sprünge – seine gesellschaftlichen Triumphe – unserer Hilfe. Hier waren seine Beweggründe – tatsächlich waren sie es immer – gemischt. Wir mußten herausgebracht, in die Gesellschaft eingeführt werden. Und er spielte natürlich die Rolle, die Mutter sonst gespielt hätte – uns einzuführen. Aber wir hatten auch dahin zu gehen, wo er es wünschte, und die Einladungen anzunehmen, die er für günstig hielt. Hier kam das andere Motiv ins Spiel – sein Bestreben, uns dazu zu bringen, seine Anschauungen zu akzeptieren: sein Bestreben, uns dazu zu bringen, seinem eigenen Glauben mit Ehrfurcht zu begegnen. Und so gingen wir denn, als die Londoner Saison begann, mehrmals in der Woche – nach dem Dinner und nachdem die Post gekommen, der Tee getrunken und Vater in sein Arbeitszimmer hinaufgegangen war – nach oben, um uns umzuziehen. Wir zogen unsere langen seidenen Abendkleider an, für die Sally Young fünfzehn Guineas zu verlangen pflegte. Dazu kamen weiße Handschuhe, weiße Abendschuhe und um den Hals eine Perlenkette, oder eine Kette mit einem Amethyst. Der Wagen wurde gerufen, und wir fuhren durch die silbergepflasterten Straßen – denn das Holzpflaster sah in den trockenen Sommernächten wie Silber aus – zu dem Haus mit dem überdachten Portal, vielleicht auch noch mit einem Stück von einem roten Läufer und einer kleinen Gruppe neugieriger Passanten.

Jetzt – sagen wir, so gegen 11 Uhr in einer Juninacht von 1900 – übte die Gesellschaft ihren vollen Druck aus. Ich entsinne mich des verwirrten, freudig bewegten, bebenden Gefühls der Irrealität, der Spannung und Gelähmtheit, als die Lichter auf mich herabstrahlten, während wir die Treppe hinaufstiegen. Kann ich sonst noch etwas heraufbeschwören? Ja, ich erinnere mich an ein Dinner im Savoy, vor der Oper. Gegeben wurde *Der Ring*, und wir dinierten bei vollem Tageslicht. George hatte Mrs. Chamberlain[83] dem Fenster gegenüber plaziert – ein Mangel an Takt, dessentwegen er sich nachher schwere Vorwürfe machte. Denn sie hatte die erste Jugend hinter sich. Ich saß neben einem Jüngling, den ich jetzt als Eddie Marsh identifiziere. Damals dachte ich, er sei Richard Marsh, und irgendwie brachte ich ihn in Zusammenhang mit Romanschreiben. Ich weiß nur noch, daß er fragte: »An was schreibt Ihr Vater jetzt?« und dann verlor ich den Faden und holperte wild herum wie ein Anfänger auf dem Eis.

Auf Mrs. Chamberlains Abendgesellschaft saß ich neben einem dicklichen, formellen Jüngling. Wir diskutierten über Rhetorik. »Unser Gastgeber«, sagte er, »wird allgemein für einen guten Redner gehalten.« Und dann sehe ich mich wieder herumholpern, als ich mit Nachdruck eine Theorie vertrat, daß das Vergehen, Feste zu feiern, schlimmer sei als Diebstahl. Es folgte eisiges Schweigen. Ich kam mir vor wie eine im Leim zappelnde Fliege. Ich merkte, wenn man Dinge aussprach, die man dachte, oder irgend etwas sagte, was über das allgemeine Geplätscher hinausging, blieb man mit den Füßen im Leim stecken. Geoffrey Young, erinnere ich mich, begrüßte mich einmal affektiert beim Eingang zu einem Ballsaal: »So reizend von Ihnen, daß Sie gekommen sind.« Hatte ich dann behauptet,daß ich es haßte, zu tanzen? Er ließ mich stehen. Auf dem Trinity-Ball, entsinne ich mich, galoppierte ich mit – ich habe den Namen vergessen – im Saal herum. Bei Lady Sligo, erinnere ich mich, bedrängte ich einen Jüngling, mir Fakten über den Hosenbandorden zu erzählen, während George inzwischen Flora Russell[84] einen Heiratsantrag machte. Auf einer Abendgesellschaft bei den Lyulph Stanleys verfehlte ich, mir einen Partner zu sichern. Elena Rathbone[85] stellte mich einem jungen Mädchen vor. Ich erinnere mich noch an die Blamage, unaufgefordert, an eine Wand gelehnt, dazustehen. Von diesen Gesellschaften ist mir die Erinnerung an die Schande geblieben: ich konnte nicht tanzen – an die Befangenheit: ich konnte junge Männer nicht zum Sprechen bewegen; aber zum Glück auch, daß gute Freunde mich nie im Stich gelassen haben, und einige Momente der Beglücktheit und einige Momente lyrischer Ekstase – die Szenerie als Schauspiel soll später noch beschrieben werden. Aber der Druck der Gesellschaft von 1900 verbot fast jedes natürliche Gefühl. Vielleicht war ich noch zu jung. Vielleicht fehlte es mir auch an Anpassungsvermögen. Was auch immer: Ich bin nie einem Mann oder einer Frau begegnet, mit denen ich mich wirklich hätte anfreunden können. Immerhin gab es doch die Freude an den Kleidern, den Lichtern, kurz, am gesellschaftlichen Leben, und das Komische, das Seltsame, für einen Augenblick mit einem völlig Fremden, mir selbst überlassen, allein zu sein: er mit weißer Weste und Handschuhen, ich in weißer Seide und Handschuhen. Eine irrealere Beziehung kann man sich gar nicht vorstellen; aber diese Irrealität hatte etwas Elektrisierendes. Denn wenn ich dann wieder in meinem eigenen Zimmer war und es so klein und unaufgeräumt sah, ritt ich noch immer auf den festlichen Wogen; und lag ich im Bett, wälzte ich mich hin und her, im Gedanken an alles, was ich gesagt, gehört und getan hatte. Und am nächsten Morgen dachte ich, während ich meinen Sophokles las, immer noch an den Abend.

Wenn das alles gewesen wäre, hätten wir diese Parties leicht überstanden. Aber da war ja George. Für ihn war eine Party eine ernste Sache. Wir amüsierten uns nicht nur. Wir bekamen zu fühlen, daß jede Party eine Prüfung, ein Test war: eine Sache von größter Wichtigkeit, die zu Erfolg oder Mißerfolg führte. Wohin führte Erfolg? Zum einzigen Erfolg, der für ihn zählte – dem gesellschaftlichen Erfolg. Mißerfolg führte zum Mißerfolg – zu Schlamperei und Überspanntheit. Das waren seine festen Überzeugungen. Aber er blieb nicht eindeutig dabei. Man konnte nie direkt etwas bei ihm erreichen. »Aber wenn ich doch Parties hasse, warum muß ich dann hingehen?« Dann runzelte er sein ganzes Faltenarsenal in mitleiderregender Weise. »Du bist noch zu jung, um eine Meinung zu haben. Außerdem liebe ich dich. Ich hasse es, allein zu gehen. Ich muß dich bei mir haben.« Hier riß er dann Vanessa in seine Arme. Pflicht und Emotion waren unterschiedslos miteinander vermischt. Und die Geister von Stella und Mutter beherrschten diese Szenen.

Infolgedessen wurden diese Parties zur Ursache von Auseinandersetzungen, wurden eine Last und führten oft zu Verunglimpfungen. Irgendwie spürte er, daß wir die ganze

Lebensauffassung kritisierten. Das ärgerte ihn, und in seinem Zorn warf er uns Egoismus und Engstirnigkeit vor. Er beklagte sich bei seinem Kreis verliebter Matronen und bat sie inständig um ihre Hilfe. Er stattete uns verschwenderisch mit Kleidern und Schmuck aus. Er spielte in der Öffentlichkeit die Rolle des guten Bruders, und er spielte sie mit Erfolg. Wie konnten wir nur seinen Wünschen Widerstand entgegensetzen – wie konnten wir andere Wünsche hegen? In jenen Tagen war die Gesellschaft eine sehr funktionsfähige Maschine. Sie war der Überzeugung, daß Mädchen zu verheirateten Frauen gemacht werden mußten. Sie kannte keine Zweifel, keine Gnade, kein Verständnis für irgendeinen anderen Wunsch, irgendeine andere Begabung. Nichts wurde ernst genommen. Sogar Beatrice Thynne[86] sagte, als ich ihr erzählte, daß ich schreiben wolle: »Ich werde Alice bitten, dich einzuladen, damit du Andrew Lang[87] kennenlernst.« Ich protestierte, daß ich das nicht gemeint habe. Sie fuhr mich an, ich sei ja albern. Das war das Rezept, um vorwärtszukommen. Wie ungewöhnlich es war, sich vorzustellen, daß es eine Welt gab, wo die Menschen nicht auf Parties gingen – wo sie vielleicht über Bilder – über Bücher – über Philosophie diskutierten ... Aber das war nicht unsere Welt.

Die Einteilung in unserem Leben war seltsam. Unten im Haus herrschte die reine Konvention – oben der reine Intellekt. Aber es gab keine Verbindung zwischen den beiden. Durch Vaters Taubheit waren alle Beziehungen, die er naturgemäß zur jungen Schriftstellergeneration hätte haben können, in die Brüche gegangen. Doch seine individualistische Einstellung behielt er unverändert bei. Niemand hielt sich weniger an äußere Formen. Niemand hatte mehr Achtung vor dem Intellekt. Ich pflegte also den Salon und Georges hochtrabendes Gerede (»Mrs. Greenfall hat mich eingeladen ... Und ich sagte darauf, genau genommen, so etwas wie: Ich glaubte, ich könne nicht. Sie war überrascht ...«) hinter mir zu lassen und zu Vaters Arbeitszimmer hinaufzugehen, um mir ein neues Buch zu holen. Dort fand ich ihn, die Pfeife im Mund, sich in seinem Schaukelstuhl wiegend. Allmählich wurde er meiner gewahr. Er stand auf, ging zum Bücherregal, stellte das Buch zurück und fragte sehr freundlich, was ich davon gehalten habe. Vielleicht hatte ich Johnson gelesen. Eine Weile unterhielten wir uns darüber, und dann begab ich mich – besänftigt, angeregt und voll von Liebe für diesen weltfremden, sehr ungewöhnlichen, einsamen Mann – wieder in den Salon und zu Georges Geschwätz zurück. Es gab keine Verbindung.

Es gab auch keine wirklich enge Verbindung zwischen uns und der geistigen Welt. Die großen Figuren – Meredith, Henry James, Henry Sidgwick, Symonds, Haldane, Watts, Burne-Jones – waren selbstverständlich am Horizont sichtbar; sie waren Figuren im Hintergrund. Die Art der Erinnerung, die ich an sie habe, bezieht sich ausschließlich auf Gestalten, die sehr groß, ganz weit in der Ferne, undeutlich aufragen.

Ich erinnere mich noch, wie ich vom Treppenabsatz in Talland House auf J. A. Symonds hinuntersah und mir sein nervöses, gelblich-weißes Gesicht auffiel und seine Krawatte, die aus einer gelben Kordel mit zwei gelben Plüschpompons an den Enden bestand. Ich erinnere mich an Watts, in seinem mit Rüschen besetzten Hemd und dem grauen Hausrock – und an Meredith, der die Vorstellung von einem Dämchen in einem lila Petticoat, von einer Blume, in mir heraufbeschwor. Ich erinnere mich an Merediths Stimme und an die Ironie, mit der er äußerte, »ein Buch von mir«. An das, was sie sagten, kann ich mich nicht erinnern, nur an den Nimbus, der sie umgab. Ich erinnere mich an die Feierlichkeit, mit der wir zu einem Besuch bei ihnen mitgenommen wurden, und an die Art, wie Vater und Mutter uns klarmachten, daß ein Besuch bei Meredith etwas ganz Außergewöhnliches sei. Beide wurden als Genies verehrt. Diese Verehrung imponierte mir; und das Exzentrische, die persönlichen Eigentümlichkeiten – wie Meredith Zitronenscheiben in seinen Tee fallen ließ, wie Watts schüsselweise Schlagsahne und Hackfleisch aß; und Lowells lange, gestrickte Geldbörse, aus deren Schlitz immer Sixpencestücke kamen. Was ich empfing, war der Eindruck von Potenz und Extravaganz. Was sie im einzelnen äußerten, habe ich vergessen, aber ich erinnere mich an das Dröhnen in

Merediths Stimme, und an das Zögern und Innehalten und die Rauheit und das Räuspern in der von Henry James. Es besteht also kein Zweifel, daß ich schon sehr früh mit einer Vorstellung von Größe und bedeutenden Männern vertraut gemacht wurde. Größe verbindet sich auch heute noch für mich mit Gedröhn, mit Exzentrik, mit etwas ganz Besonderem – etwas, zu dem man von seinen Eltern hingeführt wird, und das jetzt völlig ausgestorben ist.

Da bewegten sich diese bedeutenden Männer in der Nähe des Salons – während George, Gerald und Jack rund um den Teetisch saßen und sich über das Postministerium, das Verlagswesen und die Gerichtshöfe unterhielten. Und ich, die mit am Tisch saß, war völlig außerstande, irgendwelche Zusammenhänge zu erkennen. Es gab so viele verschiedene Welten – aber alle lagen mir so fern. Ich konnte sie nicht in Übereinstimmung bringen, noch mich mit ihnen verbunden fühlen. Und ich brachte viele Stunden meiner Jugend damit zu, sie immer wieder miteinander zu vergleichen. Zweifelsohne waren die Zerstreuung und ihr Gegenteil in erzieherischer Hinsicht sehr nützlich, indem sie einem die Gegensätze klarmachten. Denn kaum hatte ich mich mit meinem Griechisch hingesetzt, wurde ich gerufen, um mir das Geschwätz von George anzuhören, und gleich danach wurde ich aufgefordert, ins Arbeitszimmer hinaufzukommen, um Deutsch zu lesen; und dahinein drängte sich dann Kitty Maxses vergnügliche Welt.

Anmerkungen

1 Lady Strachey, Lyttons Mutter, starb 1928, im Alter von achtundneunzig Jahren. In hohem Alter schrieb sie »Einige Erinnerungen aus einem langen Leben«, die sehr kurz waren – weniger als zwölf Seiten in der *Nation* und im *Athenaeum*. Das heißt, sie hatte mehr vergessen als sie erinnerte.

2 Virginia Woolf arbeitete an der Biographie des Malers Roger Fry: *A Biography*, London 1940.

3 Percy war der Gärtner und Louie Meyer seit 1939 Köchin und Hausgehilfin im Monks House, dem Landhaus der Woolfs seit 1919 in Rodmell, Sussex.

4 Durch seine Heirat mit Jane Catherine Venn war James Stephen eine Verbindung mit dem Mittelpunkt der Clapham Sekte eingegangen.

5 Julian Morrell war die Tochter von Ottoline und Philip Morrell; Garsington Manor war ihr Haus in Oxfordshire.

6 Mrs. Swanwick war die einzige Tochter von Oswald und Eleanor Sickert. In ihrer Autobiographie, *I have been Young* (London 1935), erinnert sie sich, Leslie Stephen in St. Ives gekannt zu haben: »Wir haben mit Entzücken seine nackten kleinen Kinder am Strand herumlaufen sehen oder wie sie zwischen seinen Beinen durchs Wasser gezogen wurden, und seine schöne Frau.«

7 Zwei Landhäuschen auf den Hügeln zwischen Southease und Piddinghoe, bei den Einheimischen als Mount Misery bekannt.

8 Friedrich Retsch (1779–1857), ein deutscher, in Deutschland und England sehr geschätzter Radierer.

9 Königsfarn. [Anm. d. Übers.]

10 Waldgelände (374 qkm) im Südwesten von Hampshire, nahe Southampton. [Anm. d. Übers.]

11 Virginia war damals bereits acht Jahre alt. [Anm. d. Übers.]

12 Die Stephens nannten das Halse Town Moor immer ›Halestownmoor‹.

13 Der rote Granitobelisk in Kensington Gardens, der Erinnerung des Entdeckers John Hanning Speke (1824–1867) geweiht.

14 James Russel Lowell, Dichter und Kritiker, amerikanischer Botschafter am Court of St. James, 1880–85, und Freund Leslie Stephens, war Virginias Pate.

15 Der Hund. [Anm. d. Übers.]

16 Nachbarn.

17 *To the Lighthouse* war 1925 begonnen worden und wurde 1927 veröffentlicht, als Virginia Woolf fünfundvierzig war.

18 Der populäre Name für die halbgeheime »Cambridge Conversazione Society«, die 1820 gegründet wurde, und der alle jungen Männer angehörten, die den Kern vom ›alten Bloomsbury‹ bildeten, außer Clive Bell und Thoby Stephen.

19 Am Tavistock Square 52 wohnten die Woolfs von 1924 bis 1939.

20 Laura war Leslie Stephens Tochter aus erster Ehe mit Minny. Julia selbst brachte drei Kinder in die Ehe: George, Stella und Gerald. [Anm. d. Übers.]

21 John Aldington Symonds (1840–1893), englischer Dichter und Kulturhistoriker. [Anm. d. Übers.]

22 »Boy friend«. [Anm. d. Übers.]

23 Der Künstler, der im gleichen Jahr, am 23. Juni 1939, Selbstmord beging.

24 Virginia Woolf hatte irrtümlicherweise ›vor dreiundvierzig Jahren‹ getippt.

25 Julia wurde 1846 geboren.

26 Julias Tante Sara, eine der sieben Pattle-Schwestern, heiratete Thoby Prinsep. Sie nahmen im Little Holland House in Kensington Wohnsitz und pflegten dort in einer höchst exzentrischen Form den Verkehr mit einer geistigen Elite, in der auch die Maler Holman Hunt, Burne-Jones und vor allem G. F. Watts, der lange Zeit dort wohnte, eine führende Rolle spielten.

27 Obgleich es sieben Pattle-Schwestern gab, sprach nie jemand von Julia (Cameron) als schön.

28 Versuche, diese Photographie aufzutreiben, waren ergebnislos.

29 Joseph Joachim (1831–1907), deutscher Geiger und Komponist. [Anm. d. Übers.]

30 Sir Henry Taylor (1800–1886), englischer Dramatiker, Lyriker und Essayist. [Anm. d. Übers.]

31 Hunt und Woolner waren Gründungsmitglieder der P. R. B., der *»Pre-Raphaelite Brotherhood«*.

32 Anny Thackeray war die ältere Tochter des Romanciers W. M. Thackeray und die Schwester von Leslie Stephens erster Frau, Minny. Sie heiratete (1877) ihren Vetter Richmond Ritchie. (Sie schrieb selbst stimmungsvolle Novellen und Romane und gab (1899) die Werke ihres Vaters heraus. [Anm. d. Übers.]

33 Sie war einundzwanzig, als sie Herbert Duckworth heiratete.

34 Julias Schwester Adeline heiratete Henry Halford Vaughan. Upton Castle, in Pembrokeshire, hatten die Vaughans gemietet.

35 Die Schauspielerin Elizabeth Robins war eine Freundin Julias gewesen.

36 Minny starb 1875. Leslie Stephen heiratete Julia 1878.

37 Julia lebte noch siebzehn Jahre nach ihrer Heirat mit Leslie Stephen.

38 *König Johann,* III. Akt, 1. Szene: ». . . *den* Thron will ich besteigen, / Ich und mein Leid, hier laßt sich Kön'ge neigen« (Schlegel-Tieck). [Anm. d. Übers.]

39 Die *Hyde Park Gate News* erschien anscheinend vom 9. Februar 1891 bis April 1895 wöchentlich. Das Blatt war zunächst ein gemeinsamer Versuch Virginias und Thobys; allmählich aber zeichnete Virginia allein dafür verantwortlich.

40 Sophie Farrell war die Köchin der Stephens, sowohl in der Hyde Park Gate 22 als auch am Gordon Square 46 in Bloomsbury. Nach Vanessas Heirat zog sie mit Virginia und Adrian zum Fitzroy Square 29 und ging später zu George Duckworth.

41 Vor den höheren Gerichten plädierender Rechtsanwalt. [Anm. d. Übers.]

42 Im Englischen »cow parseley«. [Anm. d. Übers.]

43 James Kenneth Stephen war der zweite Sohn von James Fitzjames Stephen, des Bruders von Leslie Stephen.

44 Dr. George Savage, später Sir George, war ein alter Freund der Familie Stephen. Er war auch Virginias Hausarzt.

45 *Troilus und Cressida* von William Shakespeare, I. Akt, 3. Szene: ». . . Liegt breit und faul Achilles auf den Polstern, / Lacht aus der tiefen Brust ihm lauten Beifall« . . . (Übers. von Graf Baudissin für die Schlegel-Tiecksche Ausgabe). [Anm. d. Übers.]

46 Tante Mary (geborene Jackson), Julias ältere Schwester, die Herbert Fisher heiratete und sieben Söhne und vier Töchter hatte.

47 Andrew Lang, schottischer Schriftsteller und Literaturhistoriker (1844–1912), dichtete anmutige Rokokopoesien in französischen Versmaßen. Anm. d. Übers.]

48 In der Pfarrei von Warboys hatte die Stephenfamilie 1898 ihre Sommerferien verbracht. [Anm. d. Übers.]

49 Marny war eine der Vaughan-Kusinen, mit der die jungen Stephens oft zusammen waren.

50 Artillerieoffizier in dem vornehmen Regiment dieses Namens.

51 Fitzroy Square 29 in Bloomsbury, wohin Virginia und Adrian 1907, nach Vanessas Heirat mit Clive Bell, umgezogen waren.

52 Den Zuckerahorn. [Anm. d. Übers.]

53 Francis Orpen Morris (1810–1893) schrieb populäre naturgeschichtliche Bücher. Er veröffentlichte *A History of British Butterflies (Eine Geschichte der britischen Schmetterlinge;* London 1853) und *A History of British Moths (Eine Geschichte der britischen Nachtfalter;* 4 Bände, 1859–70), aber kein Buch mit dem Titel *Butterflies and Moths (Schmetterlinge und Nachtfalter).*

54 Walter Headlam, Dozent am King's College in Cambridge, bedeutender Hellenist und unbedeutender Dichter, war ein alter Freund der Stephenfamilie, mit dem Virginia nach Vanessas Heirat einen Flirt hatte. Er starb 1908.

55 Desmond MacCarthy, der schon ganz am Anfang zum inneren Zirkel des Bloomsburykreises gehörte.

56 George Booth war der Sohn von Charles Booth, dem Verfasser von *Life and Labour of the People of London.* Die Booths waren »*Hyde Park Gaters*«, wie Adrian sie später einmal nennen sollte.

57 Eine Public School. [Anm. d. Übers.]

58 Prep School (Vorschule); beides sind Internate. [Anm. d. Übers.]

59 Wahrscheinlich Florence Fisher, eine Cousine, und eine von Tante Marys Töchtern, die Frederic William Maitland heiratete, der Leslie Stephens autorisierte ›Lebensgeschichte‹ schrieb.

60 Sie arbeitete jetzt an *Zwischen den Akten (Between the Acts).*

61 »Clive« ist natürlich Clive Bell.

62 Virginia Woolf war aufgeregt, weil sie fürchtete – fälschlicherweise, wie sich dann herausstellte –, daß Helen Anrep, die Lebensgefährtin Roger Frys bis zu seinem Tode, plante, mit Sohn und Tochter ganz nach Rodmell überzusiedeln.

63 Great Western Railway.

64 Kornische Spezialität: Sahne von gekochter Milch. [Übers.]

65 Ein Acre entspricht einem Morgen Land. [Anm. d. Übers.]

66 (Vom englischen *tramp*, Landstreicher); vorwiegend kleinere Frachter, die, im Gegensatz zu den Linienschiffen, je nach Frachtgelegenheit, verschiedene Häfen, ohne bestimmten Fahrplan, anlaufen. [Anm. d. Übers.]

67 Wahrscheinlich nach der südlichen Hauptbastion Sewastopols (im Russischen) *Malachow Kurgan*, die im Krimkrieg, am 8. September 1855, von den Franzosen erstürmt wurde. [Anm. d. Übers.]

68 Sophie Farrell, die Haushälterin und Köchin. [Anm. d. Übers.]

69 Gewöhnlich wird er in einem Wort – Trencrom – geschrieben.

70 Sie gehörten zur jüngeren Generation der *Hyde Park Gaters*, wie Adrian sie nannte. [Anm. d. Übers.]

71 Der Dichter Walter Lamb war auch auf dem Trinity College in Cambridge gewesen. Das Zitat, auf das hier angespielt wird, stammt aus der letzten Rede Fortinbras in *Hamlet:* »Laßt vier Hauptleute Hamlet auf die Bühne / Gleich einem Krieger tragen: denn er hätte, / Wär' er hinaufgelangt, unfehlbar sich / Höchst königlich bewährt . . .« (Übers. Schlegel-Tieck).
Thoby war am 20. November 1906 an Typhus gestorben. [Anm. d. Übers.]

72 Clive Bell, Lytton Strachey und Saxon Sydney-Turner, Thobys Trinity College-Freunde, die dann den Nukleus von Bloomsbury bildeten.

73 Lady Katherine Thynne, die Lord Cromer heiratete.

74 Frederic William Maitland schrieb die autorisierte Biographie von Leslie Stephen. Er heiratete Florence Fisher, eine von Tante Marys Töchtern.

75 So war er Fred Maitland oder Herbert Fisher gegenüber gänzlich ohne Eitelkeit und ohne Arroganz.

76 John Maynard Keynes.

77 Großes Londoner Warenhaus, das in diesen langen Kuverts seine Rechnungen verschickte. [Anm. d. Übers.]

78 Vor Janet Case unterrichtete Clara Pater, die Schwester des Kunstkritikers und Essayisten Walter H. Pater, Virginia in Griechisch und Latein. Miss Case war nicht nur eine strenge und gründliche Lehrerin, sondern dann auch ein Leben lang mit Virginia befreundet.

79 Julia Stephens Vetter, der Sohn von Sarah und Thoby Prinsep.

80 Walter William Ouless von der Royal Academy (1848–1933).

81 John Singer Sargent, Royal Academy; anglo-amerikanischer Maler (1856–1925). [Anm. d. Übers.]

82 John Stuart Mill, englischer Philosoph, Historiker und Nationalökonom (1806–1873). [Anm. d. Übers.]

83 Die Gattin Joseph Chamberlains, des britischen Staatsmannes (1836–1914). [Anm. d. Übers.]

84 Flora Russell war eine Nichte des Duke of Bedford. Die Verlobungszeit war kurz. Sie starb unverheiratet.

85 Elena Rathbone, die später Sir Bruce Richmond, den Herausgeber von *Times Literary Supplement* heiratete.
86 Lady Beatrice Thynne, Tochter der Marchioness of Bath und Schwester von Katherine und Alice.
87 Andrew Lang (1844–1912) war Journalist und Gelehrter, der über eine immense Vielfalt von Themen schrieb. Er war ein Dichter, war Romancier, Historiker, Gräzist, Anthropologe und der Autor einer berühmten Märchensammlung.

Die *Memoir Club*-Beiträge*

* Die drei folgenden Essays wurden von Virginia Woolf geschrieben, um im *Memoir Club* vorgelesen zu werden, der im März 1920 gegründet worden war. Näheres im Vorwort zur deutschen Ausgabe.

Hyde Park Gate 22

Wie ich schon sagte, war der Salon in der Hyde Park Gate durch schwarze Flügeltüren unterteilt, die mit feinen himbeerroten Linien abgesetzt waren. Wir standen noch sehr unter dem Einfluß von Tizian: Plüsch, Porträts von Watts, Büsten in mit karminrotem Samt ausgeschlagenen Nischen hellten den an sich dunklen Raum etwas auf, der im Sommer durch das dichte Geranke des wilden Weins noch mehr verdüstert wurde.

Doch ich möchte hier von den Flügeltüren sprechen. Wie hätte ohne sie ein Familienleben geführt werden können? Eher hätte man noch in einer Familie von neun Männern und Frauen – von denen eine obendrein noch eine Idiotin war – ohne Wasserklosett und Badezimmer auskommen können, als ohne Flügeltüren. Es konnte plötzlich eine Krise geben – jemand vom Personal wurde entlassen, ein Liebhaber abgewiesen, Ausgabenbücher wurden geprüft, oder die arme Mrs. Tyndall, die kürzlich aus Versehen ihren Mann vergiftet hatte, kam, um Trost zu suchen. Auf der einen Seite der Tür lag vielleicht Cousine Adeline, Herzogin von Bedford, auf den Knien – der Herzog war bei Woburn auf tragische Weise ums Leben gekommen; oder Mrs. Dolmetsch erzählte, wie sie ihren Mann im Bett mit dem Stubenmädchen gefunden habe, oder Lisa Stillman schluchzte, daß Walter Headlam ihr die Nase mit einer Billiardqueue weiß gemacht habe – »was nur davon kommt«, weinte sie, »wenn man in Gegenwart von

Herren eine Pfeife raucht« – und meine Mutter hatte alle Mühe, sie davon zu überzeugen, daß sie trotzdem weiterleben müsse, und daß ja die Blüte der Jungfräulichkeit, trotz des Kreidetupfers auf der Nasenspitze, noch unberührt geblieben sei.

So dunkel und erregt es auf der einen Seite der Tür war, so vergnügt ging es – besonders an Sonntagnachmittagen – auf der anderen Seite zu. Dort fand man am ovalen Teetisch, mit seiner rosa Porzellanschale, die hoch mit Rosinengebäck gefüllt war, den alten General Beadle, der von der Indischen Meuterei[1] erzählte, oder Mr. Haldane, oder Sir Frederick Pollock – die sich über alles unterhielten, was es unter der Sonne gab; oder den alten C. B. Clarke, dessen Namen man drei äußerst seltenen Himalaja-Farnen gegeben hat, und Professor Wolstenholme, der, wenn man ihn unterbrach, imstande war, zwei Teesäulen, nicht ohne Beimischung von Rosinen, durch seine Nasenlöcher hinauszuprusten, worauf er benommen in einer bärenartigen Erstarrung zurücksank – eine Folge seines Opiumgenusses, zu dem er durch die Lieblosigkeit seiner Frau und den vorzeitigen Tod seines Sohnes Oliver getrieben worden war, der irgendwo vor der Koromandel-Küste von einem Hai gefressen worden war. Diese Herren kamen also und kamen immer wieder und erhielten oft noch Verstärkung durch Mr. Frederick Gibbs, ehemals Erzieher des Prinzen von Wales, dessen unerschütterlicher praktischer Sinn und dessen Vorrat an Kenntnissen über die Kolonien im allgemeinen – und Kanada im besonderen – eine fortgesetzte Nervenprobe für meinen Vater war, der sich immer wieder fragte, ob nicht ein Nervenfieber auf dem College im Jahre 1863 etwas damit zu tun haben könnte. Diese alten Herren waren gewöhnlich dort zu finden, aßen sehr langsam und blieben sehr lange und machten sich zur Weihnachtszeit mit seltsamen Geschenken – indischer Silberarbeit und Handtaschen aus der Haut des Ornithorhynchus [Schnabeltier] – beliebt, wie ich mich zu erinnern scheine.

Der Teetisch wurde außerdem von einem hinreißenden Strom weiblicher Schönheit befruchtet – die drei Miss Lushingtons, die drei Miss Stillmans und die drei Miss

Montgomeries – alle in dreifacher Ausfertigung, alle hinreißend; aber das Nonplusultra dieser Neun an Geist, Liebreiz, Charme und Vornehmheit war zweifellos die bezaubernde Kitty Lushington – jetzt Mrs. Leo Maxse. (Ihre Verlobung unter dem Jakaranda im Liebeswinkel in St. Ives war mein erster Einblick in die Leidenschaft der Liebe.[2]) Zu der Zeit, von der ich spreche, war sie dabei, ihre Verlobung mit Lord Morpeth zu lösen, und hatte – so vermute ich – meiner Mutter, die ein strenges Urteil in solchen Dingen hatte, ihre Gründe auseinandergesetzt, weshalb sie erst eingewilligt hatte, ihn zu heiraten, und nun mit ihm brach. Meine Mutter glaubte, daß alle Männer Anspruch auf grenzenlose Rücksichtnahme hätten, und ich bin fest davon überzeugt, daß sie Kitty die ganze Schuld gab. Jedenfalls steht mir ihr Bild noch vor Augen, wie sie aus der geheimnisträchtigen Seite durch die Flügeltür kam – und auf ihren zarten rosigen Wangen trug sie zwei makellos birnenförmige, kristallklare Tränen. Sie fielen weder herunter, noch trübten sie den Glanz ihrer Augen. Sie wurde sofort zur Seele der Teegesellschaft – vielleicht war Leo Maxse da – vielleicht Ronny Norman – vielleicht auch Esmé Howard – vielleicht Arthur Studd, denn die Herren waren keineswegs alle alt, noch waren alle Professoren –, und wenn mein Vater sehr hörbar vor sich hinflüsterte: »Oh, Gibbs, wie Sie mich langweilen!«, war es Kitty, die meine Mutter auf der Stelle in die Bresche warf. »Kitty möchte dir erzählen, wie sehr ihr deine Vorlesung gefallen hat«, rief meine Mutter dann; und Kitty – noch immer mit den Tränen auf ihren Wangen – improvisierte mit der größten Liebenswürdigkeit ein Kompliment oder eine Meinung, die meinen Vater besänftigte, der für weiblichen Charme überaus empfänglich und auf weibliches Lob sehr stark angewiesen war. Aus Reue über seine Gereiztheit drückte er dann dem armen Gibbs warm die Hand und bat ihn, doch recht bald wiederzukommen – was der arme Gibbs selbstverständlich auch tat.

Und dann kam gewöhnlich eine Gestalt, sich die Hände reibend, stirnrunzelnd ins Zimmer getanzt: die bemerkenswerteste Figur, wie ich manchmal meine, die zu unserer

Familie gehörte. Sie verbindet sich für mich mit einem gräßlichen Erbstück aus einer anderen Periode, das wir im Kinderzimmer aus dem Kleiderschrank hervorzuholen pflegten – Herbert Duckworths Perücke. (Herbert Duckworth hatte sie getragen, wenn er als Rechtsanwalt vor Gericht plädierte.) Herbert Duckworths Sohn – George Herbert – war keineswegs gräßlich. Sein Haar ringelte sich ganz natürlich zu dunklen dichten Locken, er war sechs Fuß groß[3], war im Eton Eleven gewesen, und jetzt büffelte er bei Scoones', in der Hoffnung, die Prüfung für das Foreign Office zu bestehen. Als Miss Willett aus Brighton ihn »seinen Mantel« mitten in ihrem Salon »abwerfen« sah, inspirierte sie das zu einer Ode, in der sie George Duckworth mit dem Hermes von Praxiteles verglich – meine Mutter hob sie in ihrer Schreibtischschublade zusammen mit einer kleinen italienischen Medaille auf, welche George einmal für die Rettung eines Bauern vor dem Ertrinken erhalten hatte. Miss Willett sah ihn als Hermes, aber wenn man ihn genauer anschaute, bemerkte man, daß eins seiner Ohren spitz und das andere rund war, und obgleich er die Locken eines Gottes hatte und die Ohren eines Fauns, hatte er unverkennbar Schweinsaugen. Eine so eigenartige Zusammenstellung kann es nur selten gegeben haben. Und in der Zeit, von der ich spreche, waren alle, Gott, Faun und Schwein, ganz lebendig, alle in Opposition zueinander, und bewirkten durch ihre Konflikte die erstaunlichsten Ausbrüche.

Um mit dem Gott anzufangen – Was soll ich sagen? – Er war nur ein Gipsabguß, vielleicht von Miss Willetts Hermes, doch ich kann es nicht leugnen, daß die gütige Gestalt von George Duckworth etwas Christusähnliches bekam, wenn er seinen kleinen Halbgeschwistern stundenweise auf einem Streifen Kokosmatte beizubringen versuchte, mit einem vollkommen geraden Schlagholz einen einwandfreien Schlag[4] zu führen. Er war in seiner Göttlichkeit eher mehr christlich als weltlich, denn es stellte sich alsbald heraus, daß dieser spezielle Weitschlag, der auf jeden beliebigen Ball anzuwenden war, ein Symbol moralischer Gradheit darstellte, und daß man weder zu heftig schlagen, noch einen Trickball werfen durfte (wie es der arme Gerald Duckworth zu tun pflegte), ohne sich ziemlich bedenklich gegen die Ideale eines Sportsmannes und eines englischen Gentlemans zu vergehen. Dann wieder rannte er meilenweit, um Kissen herbeizuschleppen, er machte ständig Türen zu und Fenster auf; immer war es George, der das taktvolle Wort fand, der schlimme Nachrichten überbrachte, der meines Vaters Gereiztheit in Kauf nahm, und vorlas, wenn wir Keuchhusten hatten, und uns an Tantengeburtstage erinnerte, der den Kranken Schildkrötensuppe schickte und an Begräbnissen teilnahm und uns Kinder in die Kindervorstellung führte – oh, ja, was immer George sonst auch sein mochte, er war wirklich ein Heiliger.

Doch dann gab es noch den Faun. Dieses Tier nun war mutwillig und überschwenglich zugleich und das oft im Widerspruch zu der selbstlosen Natur des Gottes. Es war etwas ganz Vertrautes, in den Salon zu kommen und George dort auf den Knien vorzufinden, der mit ausgestreckten Armen und den Ausdrücken glühender Liebe auf meine Mutter einredete, die vielleicht gerade dabei war, die wöchentlichen Ausgaben zusammenzurechnen. Möglicherweise hatte er das Wochenende bei den Chamberlains verbracht. Aber er ging so verschwenderisch mit Zärtlichkeiten, Liebkosungen, Beteuerungen und Umarmungen um, als sei er endlich, nach vierzig Jahren im australischen Busch, in das Haus seiner Jugend zurückgekehrt und habe dort noch eine alte Mutter lebend vorgefunden, ihn zu begrüßen. Inzwischen standen wir – die Dinnerglocke hatte längst geläutet – verlegen, aber dankbar anerkennend herum. Nur wenige Familien, empfanden wir, konnten mit einer Szene wie dieser aufwarten. Mit dem gleichen Überschwang traten ihm die Tränen in die Augen. Als ihm, zum Beispiel, ein Zahn gezogen worden war, warf er sich der Köchin mit einem Weinkrampf in die Arme. Als Judith Blunt ihn abwies, saß er laut schluchzend oben am Tisch, aß aber trotzdem weiter. Er weinte, als er geimpft wurde. Er schickte mit Vorliebe Telegramme, die begannen, »Meine geliebte Mutter«, und im übrigen besagten, daß er auswärts essen werde. (Leider – muß ich sagen – habe ich diesen Stil anläßlich einer feierlichen

Gelegenheit mit katastrophalen Folgen übernommen. »Sie ist ein Engel«, telegraphierte ich, als ich hörte, daß Flora Russell ihm ihr Jawort gegeben hatte, und unterschrieb mit meinem Spitznamen »Ziege«. Die Version, die in Islay ankam, hieß: »Sie ist eine alte Ziege«, und George sagte, das habe einen Einfluß darauf gehabt, daß Flora zögerte, sich mit der Stephenfamilie zu liieren.) Doch dieser Gefühlsüberschwang wurde völlig zu Georges Gunsten ausgelegt. Er bewies nicht nur, wie tief und warm seine Gefühle waren, sondern wie wunderbar er sich die Offenherzigkeit und Einfalt eines Kindes bewahrt hatte.

Doch als die Natur ihm zwei spitze Ohren verweigerte und ihm nur eins gab, wußte sie, glaube ich, genau, was sie tat. In seinen wildesten Gefühlsausbrüchen, wenn er vor Kummer laut schrie, oder im Zimmer herumtanzte und herumsprang wie ein Zicklein und sich vor der Witwe Lady Carnarvon auf die Knie warf, hatte er immer etwas Unfreies, Zögerndes an sich, als sei er sich der Wirkung nicht ganz sicher – als habe man den mutwilligen Faun mit einem kopfscheuen und schwerfälligen alten Schaf zusammengekoppelt.

Es stimmt, daß er abnorm dumm war. Die einfachsten Examen bestand er nur mit unglaublicher Schwierigkeit. Jahrelang war er von Mr. Scoones in die Zange genommen worden, und immer wieder fiel er bei der Prüfung für das Foreign Office durch. Er hat sein Leben lang von Anstellungen existiert, die Freunde für ihn gefunden hatten. Seine kleinen braunen Augen schienen sich fortgesetzt in etwas hineinzubohren, das zu durchdringen zu schwierig für sie war. Doch wenn man sie mit den Augen eines Schweins vergleicht, spielt man nicht nur auf ihre Dummheit und Unersättlichkeit, sondern auch auf etwas Eigensinniges und Stures in ihrem Ausdruck an, als wühle das Schwein mit seinem Rüssel in der Erde nach Trüffeln, und es gelänge ihm einzig dank seiner Hartnäckigkeit, sie auszugraben – George, hat man mir erzählt, hatte den Ruf, der unersättlichste junge Mann in Londons Ballsälen zu sein. Nie werde ich die Sturheit vergessen, mit der er »Liebe im Tal« auswendig lernte, um Flora Russell zu imponieren, oder die Verbissenheit, mit der er, aus dem gleichen Grunde, den ganzen ersten Band von *Middlemarch*[5] gelesen hatte, und wie ungeheuer erleichtert er war, als er den zweiten Band in einem Zug liegen ließ, und meinen Vater, dessen Ausgabe ruiniert war, dazu brachte, zu erklären, daß seiner Meinung nach ein Band von *Middlemarch* genüge. Wäre diese Verbissenheit nur seiner eigenen Weiterbildung zugute gekommen, hätten wir keine Ursache gehabt, uns zu beklagen. Ich selbst hätte ihm dabei sogar von Nutzen sein können. Doch allmählich kam heraus, daß er sich einen Plan ausgedacht hatte, einen Schlachtplan, eine Lebensform – ich weiß nicht recht, wie ich es nennen soll –, und dann hatten wir alle Ursache, die Erde unter unseren Füßen beben zu fühlen, und die Himmel tropfen zu sehen.[6] Denn George Duckworth war nach dem Tode meiner Mutter, aus allen möglichen praktischen Gründen, das Familienoberhaupt geworden. Mein Vater war taub, exzentrisch, mit seiner Arbeit beschäftigt und gänzlich von der Welt abgeschnitten. Die gesamte Führung fiel George zu. Man pflegte von ihm zu sagen, er sei Vater und Mutter, Schwester und Bruder in einem – und alle alten Damen von Kensington und Belgravia fügten einstimmig hinzu, daß der Himmel diese armen Stephenmädchen unglaublich gesegnet habe, und daß es jetzt an ihnen sei, sich einer solchen Aufopferung würdig zu erweisen.

Aber was dachte George Duckworth, und was war so alarmierend an seinem Anblick, wenn er nach dem Dinner in dem roten Ledersessel saß, mechanisch den Dackel Schuster streichelte und gedankenverloren auf die Seiten von George Eliot blickte? Er könnte zum Beispiel über das Wappen im Briefkopf des Postministeriums nachdenken, und wie hübsch es sich in Rot ausnehmen würde (er war jetzt Austen Chamberlains Privatsekretär), oder vielleicht dachte er auch daran, wie die Herzogin von St. Albans aufgehört hatte, Fischmesser zum Dinner zu gebrauchen, oder wie Mrs. Grenfell ihn gebeten hatte, doch ihr Gast zu sein, und er durch seine Ablehnung einen guten Eindruck gemacht zu haben glaubte. Gleichzeitig wälzte er in dem langsamen Strudel seines Gehirns Pläne höchster geistiger Anstrengung

– Pläne, uns auszuführen, uns Reitstunden geben zu lassen, Stellen für einige der unzähligen mittellosen Kinder der armen Augusta Croft[7] zu finden. Aber das Alarmierende war, daß er nicht nur unschlüssig und besorgt, sondern verbissen aussah. Er sah aus, als habe er einen Entschluß gefaßt und sich vorgenommen, keinen Fingerbreit davon abzuweichen. Damals war es äußerst schwierig zu erraten, welche Art von Entschluß er gefaßt hatte; aber jetzt, nach so vielen Jahren, glaube ich, kann man brutal und ohne Umschweife sagen, daß George den Entschluß gefaßt hatte, gesellschaftlich emporzusteigen. Er hatte eine seltsame, angeborene Ehrfurcht vor der britischen Aristokratie. Die Schönheit unserer Großtanten hatte uns in der Mitte des neunzehnten Jahrhunderts mit – ich glaube, es stimmt, was ich sage – zwei Herzögen und einer Reihe von Grafen und Gräfinnen liiert. Sie bekundeten natürlich keinen besonderen Wunsch, sich der Beziehung zu erinnern, doch Georges tat sein möglichstes, um demgemäß zu leben. Jetzt, da er bei einem Kabinettminister arbeitete, hatte seine Ehrfurcht vor den Symbolen der großen Gesellschaft einen größeren Spielraum. Er sprach nur noch von Elfenbeinknöpfen, wie sie die Kutscher der Kabinettminister in ihren Revers tragen, von dem entrée bei Hofe, von Baronien, die auf die weibliche Linie übergingen, von Gräfinnen, die Diamanten von Marie Antoinette in schwarzen Schatullen unter ihren Betten versteckt hielten. Während er so in dem roten Ledersessel saß und Schuster streichelte, drehten seine geheimen Träume sich nur darum, eine Frau mit Diamanten zu heiraten, einen Kutscher mit einem Knopf und Zutritt bei Hofe zu haben. Aber das Gefährliche war, daß diese Träume sogar für ihn selbst geheim waren. Hätte man ihm gesagt – und ich glaube, Vanessa hat es einmal getan –, daß er ein Snob sei, wäre er in Tränen ausgebrochen. Ihm liege daran, erklärte er, »sympathische Leute« kennenzulernen: Lady Jeune war sympathisch, auch Lady Sligo, Lady Carnarvon und Lady Leitrim. Die arme Mrs. Clifford hingegen, oder der alte Mr. Wolstenholme waren es nicht. Von allen unsern alten Freunden kam noch Kitty Maxse – die Lady Morpeth hätte sein können – seinem Ideal am nächsten. Es sei nicht eine Frage von Rang oder Reichtum, es sei – und wenn man dann weiter in ihn drang, riß er einen in seine Arme und rief, daß er nicht daran dächte, sich mit denen, die er liebe, zu streiten. »Küß mich, küß mich, du geliebtes Wesen!« schrie er dann, und das Argument ging in Küssen unter. Alles ging in Küssen unter. Er lebte im dichtesten Gefühlsnebel, und da seine Leidenschaftsausbrüche zunahmen und seine Begierde immer heftiger wurde – Jack Hills versicherte mir, daß er bis zu seiner Heirat vollkommen keusch gelebt habe –, kam man sich vor, wie eine unglückselige Elritze, die mit einem riesigen und ungestümen Walfisch im gleichen Wassertank eingeschlossen ist.

Nichts stand seinem Aufstieg im Wege. Er war Junggeselle, eine blendende Erscheinung – wenn auch etwas zur Fülle neigend –, annähernd dreißig Jahre alt, mit einem unabhängigen Einkommen von etwas über tausend Pfund im Jahr. Als Privatsekretär bei Austen Chamberlain wurde er obligatorischerweise zu allen großen Gesellschaften von allen großen Peers eingeladen. Gastgeberinnen hatten keine Zeit, darüber nachzusinnen, ob sie je erfahren hatten, daß die Duckworths ihr Geld vor noch nicht hundert Jahren in Baumwolle oder Kohle gemacht hatten, und daß George in Wirklichkeit nicht – wie er glauben ließ – den alten Familien von Somersetshire angehörte. Denn ich habe es aus unbedingt zuverlässiger Quelle, daß der erste Duckworth, als er Orchardleigh so um das Jahr 1810 herum erwarb, den Besitz mit Abgüssen griechischer Statuen füllte, die er nicht nur mit Feigenblättern für die Götter, sondern auch mit Schürzen für die Göttinnen versah – zum größten Vergnügen der Lords von Longleat, die niemals vergaßen, daß der alte Duckworth Baumwolle per Meter verkauft und seine Schürzen wahrscheinlich billig gekauft hatte. George hätte, wie ich schon sagte, ganz von selbst Zugang zu den höchsten Spitzen der Londoner Gesellschaft finden können. Sein Kaminsims war eine Galerie von Einladungskarten aus allen Adelshäusern Londons. Warum bestand er dann so hartnäckig darauf, sich mit zwei Halbschwestern zu belasten, die ihn eher herunterzogen? Das zu erforschen, ist wahrscheinlich sinnlos. Georges Gemüt brodelte und dampfte wie ein Kessel mit fettem Irish Stew. Er glaubte, daß die aristokratische Gesellschaft alle Tugenden und alle guten Eigenschaften besitze. Er glaubte, daß ihm die Verantwortung für seine Familie übertragen worden sei. Er hielt sie für seine heilige Pflicht – aber wenn er diesen Punkt erreichte, überwältigte ihn die Rührung: Er fing an zu schluchzen, er warf sich auf die Knie, er riß Vanessa in seine Arme, er beschwor sie im Namen ihrer Mutter, ihrer Großmutter, bei allem, was dem weiblichen Geschlecht und der Familientradition heilig sei, Lady Arthur Russells Dinnereinladung anzunehmen und das Wochenende als Gast der Chamberlains in Highbury zu verbringen.

Ich kann meine persönliche Meinung nicht verhehlen, daß Vanessa schuld daran war. Nicht, daß sie etwas dafür gekonnt hätte, aber wenn sie – denke ich manchmal – mit einer schiefen Schulter geboren worden wäre, wenn sie gehinkt oder geschielt, oder ein großes Muttermal auf ihrer linken Wange gehabt hätte, wäre das für unser beider Leben besser gewesen. So aber hatte George Gründe für sein Verhalten. Es war eindeutig, daß Vanessa in ihrem von Mrs. Young angefertigten weißen Seidenkleid, zu dem sie um den Hals nur eine Kette mit einem einzigen makellosen Amethyst und im Haar einen blau emaillierten Schmetterling trug – natürlich Geschenke von George selbst –, schön, mutterlos und erst achtzehn Jahre alt, ein rührender Anblick und eine Attraktion für jede Festtafel war, eine zukünftige Peersgattin vielleicht, denn aus einem so kostbaren Material, wie sie es – zumindest äußerlich – war, konnte alles gemacht werden. Und als ihr Beschützer aufzutreten, der sie mit Schmuck, Araberpferden und teuren Kleidern ausstattete, ihr Mut zuflüsterte, sie mit Liebkosungen überhäufte, die fremden Blicken nicht ganz verborgen blieben, gereichte George zur persönlichen Ehre und umgab seine Gestalt mit einem Nimbus, den sie sonst in den Augen der Matronen von Mayfair nicht gehabt hätte. Aber leider stimmte das Innere Vanessas mit ihrem Äußeren ganz und gar nicht überein. Unter den Halsketten und dem emaillierten Schmetterling lebte ein leidenschaftlicher Wunsch – nach Farben und

Terpentin, nach Terpentin und Farben. Doch der arme George war kein Psychologe. Seine Wahrnehmungen beschränkten sich auf das Äußere. Das Innere beachtete er nie. So war er wie vor den Kopf geschlagen, als Vanessa erklärte, sie wolle nicht bei den Chamberlains in Highbury bleiben, und sie würde auch mit Lady Arthur Russell – einer unangenehmen, tyrannischen alten Frau, mit einem von roten Äderchen durchzogenen Gesicht und dem Benehmen eines aufgeblasenen Dragoners – nicht zu Abend essen. Er argumentierte, er weinte, er beklagte sich bei Tante Mary Fisher, die erklärte, sie traue ihren Ohren nicht. Alle Geschütze wurden auf Vanessa gerichtet. Sie bekam zu hören, daß sie egoistisch, unweiblich, gefühllos und beispiellos undankbar sei, wenn man den Reichtum an Liebe bedenke, mit dem sie überschüttet worden war: das Araberpferd, das sie ritt, und die leuchtend blau-emaillierten Schmuckstücke, die sie trage. Doch Vanessa blieb fest. Sie lehnte es ab, mit Lady Arthur Russell zu Abend zu essen. Die Saison nahm ihren Fortgang, und jeder Morgen brachte seine Einladungskarten für Mr. Duckworth und Miss Stephen; und jeder Abend war Zeuge einer wilden Auseinandersetzung zwischen ihnen. Während des ersten Jahres ungefähr war George, glaube ich, gewöhnlich Sieger. Im Hansom jener Zeit fuhren sie davon, und spät nachts kam Vanessa immer zu mir ins Zimmer und beklagte sich, daß sie von Party zu Party geschleppt worden sei, wo sie niemanden gekannt und sie die Komplimente junger Männer vom Foreign Office und das wohlwollende Gehabe alter Damen von Rang zu Tode gelangweilt hätten. Je mehr Vanessa sich wehrte, um so beharrlicher war Georges angeborener Eigensinn. Schließlich kam es zu einer Krise. Lady Arthur Russell gab in der South Audley Street an einigen Donnerstagabenden eine Reihe von erlesenen Gesellschaften. Vanessa hatte einen ganzen Abend über dagesessen, ohne den Mund aufzumachen. George bestand darauf, daß sie in der nächsten Woche hingehen und alles wiedergutmachen müsse, »oder«, sagte er, »Lady Arthur wird dich nie mehr einladen«. Sie stritten, bis es zu spät wurde, sich umzuziehen. Zum Schluß rannte Vanessa – mehr aus Verzweiflung als aus

Nachgiebigkeit – nach oben, warf ihr Kleid über und verkündete, daß sie bereit sei zu gehen. Sie fuhren davon. Was sich in der Droschke abspielte, wird man nie erfahren. Aber immer, wenn sie in der South Audley Street Nummer 2 ankamen – und sie kamen im Laufe des Abends mehrmals dort an –, war entweder der eine oder der andere nicht imstande, auszusteigen. George weigerte sich, mit Vanessa in einem solchen Erregungszustand hineinzugehen, und Vanessa lehnte es ab, mit dem in Tränen aufgelösten George hineinzugehen. So mußte der Droschkenkutscher angewiesen werden, noch einmal um den Park herumzufahren. Ob sie überhaupt je dazu kamen, auszusteigen, weiß ich nicht.

Am nächsten Morgen jedoch, als ich gerade angespannt über meinem Griechisch saß, trat George, mit einem kleinen Samtetui in der Hand, in mein Zimmer. Er überreichte mir das Schmuckstück, das es enthielt – eine kleine emaillierte Maultrommel, an deren Zunge ein undefinierbares blaßrosa tropfenförmiges Steinchen hin und her schwang, die aber, muß ich zu meinem Bedauern sagen, nur ein paar Schillinge brachte, als ich sie neulich verkaufte. Aber sein Gesicht verriet, daß er wegen etwas anderem gekommen war. Sein Gesicht war fahl und von unzähligen Runzeln durchzogen, denn seine Haut war so schlaff und so locker wie die eines Mopses; und er drückte seinen Kummer in der pikantesten Weise aus, indem er Furchen und Falten und Runzeln von der Stirn bis zum Kinn hinunter zusammenzog. Seine Miene war streng. Seine Haltung starr. Wenn Miss Willett in Brighton ihn in diesem Augenblick hätte sehen können, hätte sie ihn bestimmt mit Christus am Kreuz verglichen. Nachdem er mir die Maultrommel gegeben hatte, stand er regungslos in tiefem Schweigen vor dem Feuer. Dann begann er – was ich erwartet hatte – mir seine Version des vergangenen Abends zu erzählen – er runzelte die Stirn mehr denn je, sprach aber mit einer Zurückhaltung, die bitter und männlich zugleich war. Nie, nie wieder, sagte er, würde er Vanessa bitten, mit ihm auszugehen. Er habe einen Ausdruck in ihren Augen gesehen, der ihm buchstäblich Angst gemacht habe. Nie sollte man von ihm sagen können, daß er sie gezwungen habe, etwas zu tun, was sie nicht wollte. Hier zitterte er, beherrschte sich aber. Dann fuhr er fort und sagte, daß er nur das getan habe, was meine Mutter – das wisse er genau – von ihm gewünscht hätte. Seine beiden Schwestern seien das kostbarste Gut, das ihm geblieben sei. Sein Heim habe ihm stets mehr bedeutet – mehr, als er sagen könne – jetzt geriet er außer sich, versuchte sich zu fassen und platzte mit einer Behauptung heraus, die zugleich dunkel und unheimlich klang. Wir trieben Gerald aus dem Haus, schrie er – wenn ein junger Mann zu Hause nicht glücklich sei – er selbst sei immer zufrieden gewesen –, aber wenn seine Schwestern, wenn Vanessa sich weigere, mit ihm auszugehen – wenn er seine Freunde nicht zu sich nach Hause mitbringen dürfe – kurzum, es war keine Frage, daß der keusche, der unschuldige George Duckworth in die Arme von Huren getrieben wurde. Er sagte es natürlich nicht in dieser Form, und ich konnte, durch die Lektüre von Platos *Symposion* mit Miss Case nur unzulänglich aufgeklärt, in meinem jungfräulichen Geist nur gräßliche Visionen der Laster heraufbeschwören, zu denen junge Männer getrieben wurden, deren Schwestern sie zu Hause nicht glücklich machten. In dieser Weise setzten wir das Gespräch annähernd zwei Stunden fort. Es endete damit, daß George mich bat – und ich zusagte –, einige Abende später mit ihm auf den Ball der Markgräfinwitwe von Sligo zu gehen. Ich war bereits zur Maiwoche in Cambridge gewesen, und meine Erinnerungen, wie ich den Galopp mit Hawtrey[8] im Saal herumgetanzt oder auf der Treppe gesessen und mit Clive [Bell] die Tänzer gehänselt hatte, waren derart, daß ich mich wunderte, wieso Vanessa Bälle in London so überaus abscheulich fand. Ein paar Abende später fand ich es selber heraus. Nachdem ich zwei Stunden in Lady Sligos Ballsaal herumgestanden und darauf gewartet hatte, mit fremden jungen Männern bekanntgemacht zu werden, eine Runde mit Conrad Russell oder mit Esmé Howard getanzt – und sehr schlecht getanzt – hatte, ohne Tanzpartner geblieben war und von George zu hören bekommen hatte, daß ich entzückend aussähe, mich aber geradehalten müsse, zog ich mich in einen Nebenraum zurück und hoffte, daß ein Vorhang mich verbergen würde.

Eine Zeitlang tat er das auch. Aber schließlich entdeckte die alte Lady Sligo mich dort, erfaßte die Situation, und da sie eine nette alte Markgräfin mit einem Gesicht wie ein rosiges Mutterschwein war, nahm sie mich mit in den Speisesaal, schnitt mir ein großes Stück Zuckergußtorte ab und ließ mich in einer Ecke zurück, wo ich es ungestört verschlingen konnte.

Bei jenem Anlaß war George nachsichtig. Wir gingen so gegen zwei Uhr, und auf dem Heimweg lobte er mich begeistert und versicherte mir, daß ich nur Übung brauche, um ein großer gesellschaftlicher Erfolg zu werden. Wenige Tage später teilte er mir mit, daß die Witwe des Grafen Carnarvon den dringenden Wunsch hege, meine Bekanntschaft zu machen und mich zum Abendessen eingeladen habe. Als wir durch den Park fuhren, streichelte er meine Hand und sagte, wie sehr er hoffe, daß ich mich mit Elsie befreundete – denn so nannten er und Vanessa sie seit einiger Zeit auf ihren besonderen Wunsch hin –, daß ich mich nicht zu fürchten brauche – daß sie, obgleich einmal die Gemahlin des Vizekönigs von Kanada und von Irland, die Einfachheit selber sei – seit dem Tod ihres Mannes immer Schwarz trage – es ablehne, ihren Schmuck anzulegen, obgleich sie die Diamanten von Marie Antoinette geerbt habe – und die einzige Frau mit einem männlichen Ehrgefühl sei, sagte er. Das Porträt, das er von ihr zeichnete, war von großer Vornehmheit und Trauer. Auch ihre Schwester, Mrs. Popham von Littlecote, würde anwesend sein, gleichfalls eine Dame von Rang und ohne Gatten, denn Dick Popham von Littlecote entstammte einer alten, unglücklichen Familie, die während der Regierung Heinrichs des Achten mit einem Bann belegt worden sei, und deren Besitz seither nie mehr vom Vater auf den Sohn übergegangen war. So sei denn Mary Popham auch kinderlos, und Dick Popham sei in einer Irrenanstalt. Ich hatte das Gefühl, mich einem Hause großer Vornehmheit und Heimsuchung zu nähern und war nicht wenig beeindruckt. Doch weder an Elsie Carnarvon, noch an Mrs. Popham von Littlecote konnte ich etwas Bemitleidenswertes bemerken. Sie waren zwei dünne, auf Formen haltende kleine Frauen, in schlichten, hochgeschlossenen schwarzen Kleidern, mit grauen, straff von der Stirn zurückgekämmten Haaren, ziemlich herausquellenden blauen Augen und etwas vorstehenden Schneidezähnen. Wir gingen zu Tisch.

Die Unterhaltung war leicht und freundlich. Bald merkte ich sogar, daß ich nicht nur ihre Fragen – ob ich mich für Malerei interessiere? – ob ich gern lese? – ob ich meinem Vater bei seiner Arbeit helfe? – beantworten, sondern eigene Bemerkungen vorbringen konnte. George hatte sich immer über Vanessas Schweigsamkeit beklagt. Ich würde ihm beweisen, daß ich reden konnte. Und schon legte ich los. Weiß der Himmel, welcher Teufel mich ritt – oder was, in aller Welt, mich jungen Nichtsnutz von achtzehn Jahren bewog, ausgerechnet mit Lady Carnarvon und Mrs. Popham von Littlecote über die Notwendigkeit der Äußerung von Gefühlsregungen zu diskutieren! Das, erklärte ich, sei das große Manko des modernen Lebens. Die alten Griechen, sagte ich, hätten über alles öffentlich diskutiert. Ob Lady Carnarvon einmal die Dialoge von Plato gelesen habe? »Wir – Männer und Frauen gleichermaßen –«, und einmal in Fahrt, fiel es schwer, aufzuhören – außerdem war ich nicht sicher, ob meine Kühnheit ihnen nicht vor Bewunderung den Atem verschlug. Ich hatte das Gefühl, daß George mir ewige Dankbarkeit schuldete. Plötzlich zuckte die Gräfin neben mir zusammen, und ein Zittern, ein Schüttelkrampf von erstaunlicher Ausdruckskraft überkam sie. Ihre Diamanten, von denen sie nur eine bescheidene Auswahl trug, blitzten mir in die Augen, und als ich schwieg, sah ich George auf der gegenüberliegenden Seite der Tafel puterrot werden. Mir wurde klar, daß ich einen entsetzlichen Fauxpas begangen hatte. Lady Carnarvon und Mrs. Popham von Littlecote begannen sofort, von etwas ganz anderem zu sprechen, und gleich, nachdem das Essen vorbei war, benutzte George den Vorwand, mir in den Mantel zu helfen, um mir mit gequälter Stimme ins Ohr zu flüstern: »Sie sind nicht gewöhnt, daß junge Damen überhaupt etwas sagen –«. Und als wollte er sich bei Lady Carnarvon für mein schlechtes Benehmen entschuldigen, sah ich ihn mit ihr hinter einer Säule im Vestibül verschwinden. Doch obgleich Mrs. Popham von Littlecote versuchte, meine Aufmerksamkeit auf ein besonders schönes Stück maurischer Metallarbeit zu lenken, das an der Wand hing, hörten wir beide genau, wie sie sich küßten. Aber der Abend war noch nicht zu Ende. Lady Carnarvon hatte Karten für die französischen Schauspieler genommen, die damals in einem Stück auftraten, dessen Titel ich vergessen habe. Wir hatten natürlich Parkettplätze und schoben uns nacheinander bis zu unseren Sitzen, direkt in der Mitte des überfüllten Theaters, vor. Vorhang ging auf. Abgekanzelt, verlegen, empört und betreten, schenkte ich dem Stück wenig Aufmerksamkeit. Doch nach einer gewissen Zeit bemerkte ich, daß Lady Carnarvon auf der einen und Mrs. Popham auf der andern Seite von mir von dem gleichen aufgeregten Zittern erfaßt wurden, das sie beim Abendessen befallen hatte. Was konnte nur passiert sein? Sie wanden sich förmlich in ihren Sitzen. Ich blickte zur Bühne. Der Held und die Heldin ergingen sich in einem Redeschwall von fließendem Französisch, aus dem ich aber nicht schlau wurde. Dann hörten sie plötzlich auf. Zu meinem großen Erstaunen sprang jetzt die Dame über die Sofalehne – der Herr folgte ihr. Sie rasten wie wild auf der Bühne herum, die Dame kreischend, der Herr ächzend und stöhnend, während er ihr nachsetzte. Es war ein schönes Beispiel realistischer Schauspielkunst. Während die Verfolgung ihren Fortgang nahm, hielten sich die beiden Damen neben mir wie mit Eisenklammern an ihren Armlehnen fest. Plötzlich fiel die Schauspielerin erschöpft auf das Sofa, und der Mann sprang, während er unmißverständlich seine Kleider lockerte, mit einem Triumphgeheul auf sie hinauf. Der Vorhang fiel. Lady Carnarvon, Mrs. Popham von Littlecote und George Duckworth standen gleichzeitig auf. Kein Wort wurde gesprochen. Im Gänsemarsch gingen wir hinaus. Und als unsere Prozession ihren Weg an den Parkettreihen vorbei nahm, sah ich Arthur Cane wie ein Vitzliputzli von seinem Platz hochschnellen, erstaunt und nicht wenig amüsiert, daß ausgerechnet George Duckworth und Lady Carnarvon ein achtzehnjähriges Mädchen mitgenommen hatten, um die französischen Schauspieler auf der Bühne im Geschlechtsakt zu sehen.

Der Brougham[9] wartete, und Mrs. Popham von Littlecote stieg sofort und ohne ein Wort zu sagen oder mich anzuschaun, hinein. Auch Lady Carnarvon konnte es nicht über sich bringen, mich anzusehen. Sie ergriff nur meine Hand und sagte mit zitternder Stimme – ihre ältlichen Wangen waren vor Erregung gerötet: »Miss Stephen, ich hoffe, daß der Abend Sie nicht allzusehr ermüdet hat.« Dann stieg auch sie in den Wagen, und die beiden bekümmerten Damen kehrten in die Bruton Street zurück. George hatte mittlerweile eine Droschke beschafft. Er war sehr verlegen und auch noch sehr ärgerlich. Ich sah deutlich, daß meine Bemerkungen beim Dinner über die Dialoge von Plato ihm schwer auf der Seele lagen. Und er dirigierte den Kutscher nicht in die Hyde Park Gate, wie ich gehofft hatte, sondern weiter, in die Melbury Road.

»Es ist noch ziemlich früh«, sagte er in seinem überheblichsten Ton, während er sich setzte. »Und ich denke, ein wenig Praxis im Umgang mit fremden Leuten tut dir nur gut. Es ist nicht deine Schuld, aber du bist sehr viel weniger ausgegangen als die meisten Mädchen deines Alters.« Es schien also, daß meine Erziehung fortgesetzt werden mußte, und daß mir noch eine Unterrichtsstunde in der Kunst des Benehmens im Hause von Mrs. Holman Hunt bevorstand.[10] Sie gab eine große Abendgesellschaft. In der Melbury Road standen die Hansoms, vierrädrige Droschken, gemietete Einspänner und gelegentlich eine Kutsche mit einem respektablen Pferdegespann. »Eine höchst drittklassige Gesellschaft«, sagte George geringschätzig, als wir unsern Platz in der Queue einnahmen. Tatsächlich waren alle alten Freunde unserer Familie dort im Maurischen Saal[11] versammelt, und gleich, als ich hereinkam, erkannte ich die Stillmans, die Lushingtons, die Montgomeries, die Morrises, die Burner-Joneses – Mr. Gibbs, Professor Wolstenholme und General Beadle wären bestimmt auch dagewesen, wenn sie nicht schon seit vielen Jahren im Grabe geruht hätten. Der Maurische Saal machte, nach der Bruton Street, einen überladenen, etwas exzentrischen, bestimmt aber sehr uneleganten Eindruck. Die Damen waren äußerst lebhaft, aber ungepflegt; die Herren hatten schöne Stirnen und zu kurze Smokinghosen, unter denen in einigen Fällen ein Paar hellroter Präraffaelitensocken zum Vorschein kamen. George trat unter sie wie ein verkleideter Prinz. Ich schloß mich bald einer Gruppe von Damen an, die von Gladys Holman Hunt durch den Maurischen Saal zum Atelier geleitet wurden. Dort fanden wir den alten Holman Hunt, mit einem langen Jaeger-Morgenrock[12] bekleidet, der gerade einer großen Gruppe von Gästen einen Vortrag über die Gedanken hielt, die ihn inspiriert hatten, als er *Das Licht der Welt* malte, von dem eine Kopie auf einer Staffelei stand. Er trank Kakao und streichelte seinen wallenden Bart, während er sprach, und wir tranken Kakao und nahmen unsere Schals um, während wir zuhörten, denn der Raum war kalt. Ab und zu entfernte sich einer von uns, um mit beifälligem Gemurmel andere starkfarbige Bilder auf anderen Staffeleien näher anzuschauen, aber sonst wirkten die Zuhörer ehrfurchtsvoll und interessiert und in meinen Augen, nach den schrecklichen Erfahrungen des Abends, beruhigend und fast kindlich natürlich. George fehlte es nie an Respekt vor alten, als genial geltenden Männern, und er näherte sich jetzt, seinen Chapeau claque unter den Arm geklemmt, nahm die Hacken zusammen und machte über der Hand Holman Hunts eine tiefe Verbeugung. Holman Hunt hatte keine Ahnung, wer er war – ja, nicht einmal, wer wir alle waren – und fuhr fort, seinen Kakao zu trinken, seinen Bart zu streicheln und zu erläutern, welche Gedanken ihn inspiriert hatten, als er *Das Licht der Welt* malte, bis wir gingen.

Endlich! – Endlich war der Abend vorüber!

Ich ging hinauf in mein Zimmer, streifte mein schönes weißes Seidenkleid ab und nahm die drei rosa Nelken herunter, die mit der Brosche am Dekolleté angesteckt waren. War es wirklich möglich, daß ich morgen wieder mein griechisches Wörterbuch vornehmen und mit Miss Case mühsam die Dialoge von Plato entziffern sollte? Ich hatte das Empfinden, Platos Dialoge viel besser zu verstehen, als Miss

Case es je könnte. Ich fühlte mich alt und erfahren und enttäuscht und verärgert und beschwingt und übermütig, erfüllt von etwas Rätselhaftem, von Unruhe und Verwirrung. In einem Durcheinander von Gefühlen stieg ich aus meinen Petticoats, zog meine langen weißen Handschuhe aus und hängte meine weißen Seidenstrümpfe über eine Stuhllehne. Lauter verschiedene Dinge wirbelten mir im Kopf herum – Diamanten und Gräfinnen, Geschlechtsakte, die Dialoge von Plato, der verrückte Dick Popham und *Das Licht der Welt*. Ach, wie wunderbar es sein würde, sich im Bett auszustrekken, einzuschlafen und sie alle zu vergessen!

Ich war schon fast eingeschlafen. Das Zimmer war dunkel, das Haus still. Dann öffnete sich leise knarrend die Tür, und jemand kam hereingeschlichen. »Wer ist da?« schrie ich. »Hab keine Angst«, wisperte George. »Und mach kein Licht – oh, Geliebtes! Geliebtes –« und er warf sich auf mein Bett und nahm mich in die Arme.

Tja, die alten Damen von Kensington und Belgravia kamen nie auf die Idee, daß George Duckworth eben nicht nur Vater und Mutter, Bruder und Schwester für die armen Stephenmädchen, sondern auch ihr Liebhaber war.

Anmerkungen

1 Die Meuterei der Sepoys 1857–58, in Ostindien. [Anm. d. Übers.]

2 Als sie die Liebe zwischen Stella und Jack Hills schilderte, schrieb sie: »Und durch diese Beziehung hatte ich meine erste Vision – sie war so intensiv, so aufregend, so hinreißend, daß das Wort Vision darauf zutrifft –, meine erste Vision also von der Liebe zwischen Mann und Frau.« Vgl. S. 142.

3 Einszweiundachtzig. [Anm. d. Übers.]

4 Beim Kricket. [Anm. d. Übers.]

5 Roman von George Eliot (Pseudonym von Mary Ann Evans), englische Romanschriftstellerin (1819–1880). [Anm. d. Übers.]

6 Psalm 68, 9. [Anm. d. Übers.]

7 Eine Cousine von George. [Anm. d. Übers.]

8 Ralph Hawtrey, im Trinity College von Cambridge als Mathematiker ausgebildet, war zur gleichen Zeit Mitglied der *Cambridge*

Apostel wie Woolf, Strachey und Sydney-Turner; später sehr bekannt als Ökonom.

9 Geschlossener, vierrädriger Wagen, mit offenem Fahrersitz. [Anm. d. Übers.]

10 Die Frau des Malers William Holman Hunt.

11 Virginia Woolf scheint den Maurischen Saal im nahen Leighton House mit den maurischen Dekorationen in Hunts Haus durcheinandergebracht zu haben.

12 Jaeger ist eine weltberühmte Firma in London. [Anm. d. Übers.]

Old Bloomsbury

Auf Mollys[1] Geheiß mußte ich eine Chronik über *Old Bloomsbury* schreiben – des Bloomsbury von 1904 bis 1914. Selbstverständlich sehe ich Bloomsbury nur aus meiner eigenen Sicht – nicht aus eurer. Deshalb muß ich euch bitten, nachsichtig zu sein. Aus meiner Sicht also nähert man sich Bloomsbury durch die Hyde Park Gate – die kleine, uneinheitliche Sackgasse parallel zur Queen's Gate und gegenüber von Kensington Gardens. Und man sollte einen Augenblick das sehr hohe Haus linker Hand, ziemlich am Ende, betrachten, das unten verputzt ist, oben aber aus roten Ziegeln besteht, das so hoch und doch – jetzt, nachdem wir es verkauft haben, kann ich das ja sagen – so baufällig ist, daß es aussieht, als könnte es ein sehr starker Windstoß umblasen.

Als meine letzte Aufzeichnung endete, war ich gerade dabei, mich ganz oben im Haus, in meinem nach hinten hinaus liegenden Schlafzimmer auszuziehen. Mein weißes Seidenkleid lag am Boden. Der feine Geruch von Glacéhandschuhen hing in der Luft. Meine Halskette aus Seedperlen lag in einem Durcheinander von Haarnadeln auf dem Toilettetisch. Ich war eben von einer Gesellschaft zurückgekommen – im Grunde von einer ganzen Reihe von Gesellschaften, denn es war eine denkwürdige Nacht am Höhepunkt der Saison von 1903. Ich hatte mit Lady Carnarvon in der Bruton Street zu Abend gegessen; ich hatte ohne jeden Zweifel beobachtet, wie George sie zwischen den Säulen im Vestibül geküßt hatte; ich hatte beim Dinner viel zu viel – über meine Empfindungen beim Anhören von Musik – geredet; dann waren wir, Lady Carnarvon, Mrs. Popham, George und ich, in das unanständigste französische Theaterstück gegangen, das ich je gesehen habe. Am Schluß des ersten Aktes waren wir wie ein Schwarm Wachteln davongestoben. Mrs. Pophams welke Wangen waren feuerrot gewesen, Elsies graue Strähnen hatten im Winde geflattert. Auf der Straße hatten wir uns – in großer Verlegenheit ihrerseits – getrennt, und Elsie hatte gesagt, sie hoffe, daß es mich nicht ermüdet habe – was meinem Gefühl nach heißen sollte, daß sie hoffte, ich würde meine Jungfernschaft nicht verlieren oder dergleichen. Und dann waren wir, George und ich, miteinander in einem Hansom zu einer anderen Gesellschaft weitergefahren, denn George sagte zu meiner großen Beschämung, ich hätte viel zu viel geredet und müßte wirklich lernen, wie man sich zu benehmen habe. Wir waren zu den Holman Hunts gefahren, wo *Das Licht der Welt* gerade von einer Wanderausstellung in den wichtigsten Städten des Empires zurückgekommen war; und Mr. Edward Clifford, Mrs. Russell Barrington, Mrs. Freshfield und irgendwelche distinguierte alte Herren, die ihre Kneifer an schwarzen Bändern trugen und die ich nicht kannte, und die älteren Damen, deren leicht gekrümmte Rücken durch ihre zwar echten, aber schon ziemlich schadhaften alten Spitzen sichtbar waren, hatten mit verhaltener Stimme von des Meisters Kunst gesprochen, der, mit einem Käppchen auf dem Kopf, dasaß, und trotz der Juninacht heißen Kakao aus einem Becher trank.

Es war lange nach Mitternacht, als ich zu Bett ging und noch ein, zwei Seiten von *Marius the Epicurean*[2] las. Plötzlich ein Klopfen an der Tür, das Licht wurde ausgemacht, und George warf sich auf mein Bett, hätschelte und küßte mich und liebkoste mich auch anders, um mich, wie er später Dr. Savage erklärte, über die tödliche Krankheit meines Vaters hinwegzutrösten – der zwei oder drei Stockwerke tiefer am Krebs im Sterben lag.

Doch ich möchte gern, daß ihr euch eben dieses Haus einen Moment lang vorstellt: Denn obwohl Hyde Park Gate jetzt so weit von Bloomsbury entfernt zu sein scheint – sein Schatten fällt immer noch herüber. Gordon Square 46 hätte nie diese Bedeutung haben können, wäre ihm nicht Hyde Park Gate 22 vorausgegangen.[3] Es war ein Haus mit unzähligen kleinen, sonderbar geschnittenen Zimmern für nicht nur eine, sondern für drei Familien. Denn außer den drei Duckworths und den vier Stephens war auch noch Thackerays Enkelin[4] da, deren Idiotismus täglich offenbarer wurde, die kaum lesen konnte, die Scheren ins Feuer warf, die eine Zungenlähmung hatte und stotterte und dennoch mit uns anderen bei Tisch zu erscheinen hatte. Um uns viele Menschen zu beherbergen, baute man oben einfach ein Stockwerk dazu, oder im Parterre wurde kurzerhand ein Speisezimmer nach außen angebaut. Ich glaube, meine Mutter skizzierte, was sie haben wollte, auf einen Bogen Briefpapier, um die Architektenkosten zu sparen. Diese drei Familien hatten ihre sämtlichen Besitztümer in dieses Haus hineingestopft. Man wußte nie, wenn man in den vielen dunklen Kredenzen und Kleiderschränken herumkramte, ob man nicht Herbert Duckworths Barristerperücke, oder meines Vaters Priesterkragen – oder ein Blatt mit Zeichnungen von Thackeray ans Tageslicht beförderte, das wir dann später Pierpont Morgan für eine beträchtliche Summe verkauften.[5] Alte Briefe füllten Dutzende von schwarzen Blechschachteln. Man öffnete sie und spürte ein gewaltiges Wehen der Vergangenheit. Es gab dort Kästen mit schwerem Familiensilber. Es gab Massen von Geschirr und Gläsern.

Elf Menschen, zwischen acht und sechzig Jahre alt, lebten dort und wurden von sieben dienstbaren Geistern betreut, während tagsüber noch etliche alte Frauen und lahme Männer mit Rechen und Eimern irgendwelche Hilfsdienste leisteten.

Das Haus war dunkel, weil die Straße so eng war, daß man sehen konnte, wie Mrs. Redgrave gegenüber sich in ihrem Schlafzimmer den Hals wusch; und außerdem, weil meine Mutter, die in der Watts-Venezianer-Little Holland House-Tradition aufgewachsen war, die Möbel mit rotem Samt bezogen, das Holzwerk schwarz gestrichen und nur mit feinen Goldlinien abgesetzt hatte. Auch lag das Haus vollkommen ruhig. Außer einem gelegentlichen Hansom oder dem Lieferkarren eines Metzgers fuhr nichts dort vorbei. Schritte hörte man die Straße herunterkommen, bevor man noch einen Zylinder oder einen Damenhut erblickt hatte. Man wußte auch fast immer, wer da vorüberging – es konnte Sir Arthur Clay, die Muir Mackenzies, die weißnasige Miss oder die rotnasige Mrs. Redgrave sein. Hier lebten also siebzehn oder achtzehn Menschen in kleinen Schlafzimmern, mit einem Badezimmer und drei Wasserklosetts für alle. Hier sind wir vier geboren worden, hier ist meine Großmutter gestorben, hier starb meine Mutter, hier starb mein Vater, hier verlobte Stella sich mit Jack Hills[6], und zwei Türen weiter, die Straße hinunter – nachdem sie drei Monate verheiratet war –, starb auch sie. Wenn ich an das Haus zurückdenke, scheint es so übervoll von Szenen des Familienlebens – grotesken, komischen und tragischen, von den heftigen Emotionen der Jugend, von Rebellion, Verzweiflung, berauschendem Glück, ungeheurer Leere, von Abendgesellschaften mit Berühmtheiten und mit Durchschnittsmenschen; von wiederkehrenden Wutausbrüchen, von George und Gerald, von Liebesszenen mit Jack Hills, von leidenschaftlicher Liebe zu meinem Vater, die mit leidenschaftlichem Haß alternierte – alles bebte und vibrierte in einer Atmosphäre jugendlicher Verworrenheit und Wißbegierde –, daß mir die Erinnerung daran die Kehle zuzuschnüren scheint. Dieser Ort schien mit einem Wust von Gefühlsäußerungen angefüllt. Ich hätte die Geschichte jedes Zeichens und Kratzers in meinem Zimmer schreiben können, was ich später dann tat. Die Mauern und Zimmer waren, wahrhaftigen Gott, für uns nach Maß gebaut worden. Wir hatten den ganzen, weitläufigen Bau – der inzwischen in ein Hotel umgewandelt worden ist – mit unserer Familiengeschichte durchtränkt. Es schien, als müßten das Haus und die Familie, die darin gelebt hatte, die durch so viele Tode, so viele Erschütterungen und so viele Überlieferungen miteinander verbunden waren, alles überdauern. Und dann plötzlich, eines Nachts, verschwanden beide.

Als ich meine Krankheit überwunden hatte, die nicht ohne Grund das Ergebnis dieser ganzen Erschütterungen und Desaster war, gab es die Hyde Park Gate 22 nicht mehr.[7] Während ich im Hause der Dickinsons in Welwyn im Bett gelegen und gemeint hatte, die Vögel sängen griechische Chöre und König Edward führe zwischen Ozzie Dickinsons[8] Azaleen die obszönsten Reden, die man sich vorstellen kann, hatte Vanessa die Hyde Park Gate endgültig aufgelöst. Sie hatte verkauft – sie hatte verbrannt – sie hatte sortiert – sie hatte zerrissen. Ich glaube, manchmal mußte sie tatsächlich Männer mit Hämmern engagieren, die drauflosschlugen, so fest hatten sich Mauern und Schränke mit der Zeit ineinander verkeilt. Doch jetzt standen alle Zimmer leer. Möbelwagen hatten all die verschiedenen Besitztümer abgeholt. Denn nicht nur die Möbel waren zerstreut. Auch die Familie, die so eng miteinander verbunden schien, war auseinandergefallen. George hatte Lady Margaret geheiratet, Gerald hatte eine Junggesellenwohnung in der Berkeley Street gemietet, Laura war endlich, mit einem Arzt, in einer geschlossenen Anstalt untergebracht worden, und Jack Hills hatte eine politische Karriere eingeschlagen. Wir vier blieben demzufolge uns selbst überlassen. Und nachdem Vanessa auf einem Londoner Stadtplan festgestellt hatte, wie weit weg die andern wohnten, hatte sie beschlossen, Kensington zu verlassen und in Bloomsbury ein neues Leben zu beginnen.

Auf diese Weise trat Gordon Square 46 in Erscheinung. Wenn man den Platz heute sieht, ist er keineswegs der reizvollste der Bloomsbury Squares. Er hat weder die Vornehmheit des Fitzroy Squares, noch das Imposante des Mecklenburgh Squares. Er ist wohlhabende Mittelklasse und ausgesprochen mittelviktorianisch. Doch ich kann euch versichern, daß er im Oktober 1904 der schönste, der reizvollste, der romantischste Platz der Welt war. Erst einmal war es schon wunderbar, am Salonfenster zu stehen und in alle diese Bäume hineinzuschaun, den Baum anzuschaun, der seine Äste in die Luft hinaufschießt und sie dann in Kaskaden herunterfallen läßt; den Baum, der nach einem Regen wie der Körper eines Seehunds glänzt – statt die alte Mrs. Redgrave gegenüber zu beobachten, wenn sie sich den Hals wäscht. Die Helle und die Luft waren nach dem schweren roten Dunkel in der Hyde Park Gate eine Offenbarung. Dinge, die man in dem Dunkel dort nie gesehen hatte – Bilder von Watts, holländische Vitrinen, blaues Porzellan –, kamen im Salon am Gordon Square zum erstenmal zur Geltung. Nach der gedämpften Stille der Hyde Park Gate war der Verkehrslärm tatsächlich beängstigend. Merkwürdige, finstere, ungewohnte Typen lungerten herum und schlichen an unseren Fenstern vorbei. Aber das weitaus Aufregendere war doch der ungewöhnliche Raumgewinn. In der Hyde Park Gate hatte man nur ein Schlafzimmer, wo man lesen oder seine Freunde empfangen konnte. Hier hatten Vanessa und ich noch je ein Wohnzimmer, und im Parterre befanden sich der riesige Doppelsalon und ein Arbeitszimmer. Um alles neu und frisch zu machen, war das Haus vollkommen renoviert worden. Selbstverständlich war die Watts-Venezianer-Tradition von rotem Samt und schwarzer Farbe aufgegeben worden – wir befanden uns in der Epoche Sargent-Furse[9]: überall weiß und grüner Chintz, und anstelle der Morris-Tapeten[10] mit ihren verschlungenen Mustern, tünchten wir unsere Wände einfach weiß. Wir waren intensiv mit Experimenten und Reformen beschäftigt. Wir waren entschlossen, ohne Damastservietten auszukommen, statt dessen aber große Vorräte von Bromo[11] zu haben; wir waren entschlossen, zu malen, zu schreiben, nach dem Abendessen Kaffee, statt um neun Uhr Tee zu trinken. Alles mußte neu, alles mußte anders sein. Alles wurde ausprobiert.

Wie es scheint, waren wir ungemein gesellig. Aus einem Tagebuch, das ich im Winter 1904/05 während einiger Monate führte, ersehe ich, daß wir ununterbrochen zum Lunch und zum Dinner ausgingen und in Buchhandlungen herumstöberten – »Bloomsbury ist unvergleichlich viel interessanter als Kensington« – schrieb ich; oder wir besuchten ein Konzert oder eine Kunstgalerie, und wenn wir nach Hause kamen, fanden wir im Salon das seltsamste Gemisch von Menschen vor. »Heute nachmittag kamen Vetter Henry Prinsep, Miss Millais, Ozzie Dickinson und Victor Marshall, und alle blieben so lange, daß wir gerade noch soviel Zeit hatten, um dann in aller Eile zu einem Vortrag von Mr. Rutter über Impressionismus in der Grafton-Galerie zu gehen ... Lady Hylton, V. Dickinson und E. Coltman kamen zum Tee. Wir haben mit den Shaw Stewarts geluncht und einen Kunstkritiker namens Nicholls kennengelernt. Sir Hugh schien nett zu sein, aber sonst ist nicht viel mit ihm los ... Ich hatte Lunch mit den Protheros und habe die Bertrand Russells kennengelernt. Es war sehr amüsant. Thoby und ich haben mit den Cecils zu Abend gegessen und gingen dann noch zu den St. Loe Stracheys, wo wir viele Leute kannten ... Ich habe Nessa und Thoby bei Mrs. Flower abgeholt, und wir gingen zu einem Ball bei den Hobhouses. Nessa war heute in einem ganz elenden Zustand, als sie auf Mr. Tonks wartete, der um eins kam, um ihre Bilder zu begutachten. Er ist ein Mann mit einem kalten, knochigen Gesicht, Basedowaugen und einem Gesichtsausdruck von Gelassenheit und Langeweile. Meg Booth und Sir Fred Pollock kamen zum Tee ...« So geht es weiter. Doch unter all den kurzen Registrierungen von Parties, und wie wir dazu kamen, Chintz im Hause zu verwenden, und wie wir in den Zoo gingen und zu *Peter Pan*, gibt es auch einige Eintragungen, die sich auf Bloomsbury beziehen. Am Donnerstag, dem 2. März 1905, brachte Violet Dickinson die Gattin eines Pfarrers mit zum Tee, und Sydney-Turner und Strachey kamen nach dem Dinner, und wir unterhielten uns bis Mitternacht. Am Mittwoch, dem 8. März: »Margaret[12] hat uns am Nachmittag ihr neues Automobil geschickt, und wir nahmen Violet mit, um eine Reihe von Antrittsvisiten zu machen, aber wir natürlich hatten unsere Visitenkarten vergessen. Danach fuhr ich weiter zur Waterloo Road und hielt (einer Klasse von arbeitenden Männern und Frauen) einen Vortrag über griechische Mythen.[13] Zu Hause angekommen, fand ich Bell[14] vor, und wir sprachen – fast bis ein Uhr! – über das Wesen des Guten.«

Am 16. März haben Miss Power und Miss Malone mit uns zu Abend gegessen. Sydney-Turner und Gerald kamen nach dem Dinner – der erste unserer Donnerstagabende. Am 23.

März erschienen neun Personen zu unserem Abend und blieben bis eins.

Wenige Tage später fuhr ich nach Spanien, und die Verpflichtung, die ich mir selbst aufgeladen hatte, jede Sehenswürdigkeit und jeden Laut, jede Welle und jeden Hügel zu beschreiben, hat mir das Tagebuchschreiben so verekelt, daß ich – mit dieser letzten Eintragung vom 11. Mai – aufgehört habe: »Unser Abend: ein ausgelassener Bell, D. MacCarthy und Gerald, der die Kulturbeflissenen schockierte.«

Und so schließt mein Tagebuch gerade da, wo es vielleicht interessant geworden wäre. Dennoch, glaube ich, geht aus dieser kurzen Eintragung, in der alle möglichen Aktivitäten kunterbunt aufgeführt sind, hervor, daß diese wenigen Bloomsbury-Zusammenkünfte des Anfangsstadiums sich von den übrigen unterschieden. Sie sind die einzigen Gelegenheiten, wo ich nicht nur sage, ich hätte Soundso kennengelernt und fände ihn unausstehlich wie Reginald Smith, oder aufgeblasen wie Moorsom, oder es sei gut mit ihm auszukommen, aber sonst sei nicht viel mit ihm los wie bei Sir Hugh Shaw Stewart. Ich habe geschrieben, wir haben uns mit Strachey und Sydney-Turner unterhalten. Ich habe mit einem Ausrufungszeichen hinzugefügt, daß wir mit Bell über das Wesen des Guten – bis eins! – gesprochen haben. Und ich habe nicht oft Ausrufungszeichen gesetzt – nur noch einmal allerdings – als ich davon spreche, daß ich mit Beatrice Thynne eine Zigarette geraucht habe!

Diese Donnerstagabend-Zusammenkünfte waren, nach meiner Meinung, die Keimzelle, der alles entsprang, was seitdem – ob in Zeitungen, in Romanen, in Deutschland, in Frankreich – ja, ich würde sogar sagen, in der Türkei und in Timbuktu – unter dem Namen Bloomsbury bekannt geworden ist. Sie verdienen es, aufgezeichnet und geschildert zu werden. Doch, wie schwierig – wie unmöglich. Gespräche – ja, sogar die Gespräche, die so entscheidende Ergebnisse im Leben und in den Charakteren der beiden Miss Stephens gezeitigt haben – selbst Gespräche von diesem Interesse und dieser Wichtigkeit sind so schwer greifbar wie Rauch. Sie verflüchtigen sich durch den Schornstein und sind entschwunden.

Vor allem ist es nicht richtig, zu sagen, daß Turner[15] oder Strachey uns vollkommen fremd gewesen seien, als die Tür aufging und sie sich mit einer seltsamen Unsicherheit und Zurückhaltung hereinbewegten. Wir hatten sie, ebenso wie Bell, Woolf, Hilton Young[16] und andere, schon während der Mai-Woche in Cambridge kennengelernt, bevor mein Vater starb. Was aber viel wichtiger war: wir hatten bereits durch Thoby von ihnen gehört. Thoby hatte einen starken Hang, seine Freunde zu glorifizieren. Schon als kleiner Junge in einer Privatschule gab es immer einen erstaunlichen Burschen, dessen Heldentaten und phantastischen Charakter er stundenlang schilderte, wenn er in den Ferien nach Hause kam. Diese Schilderungen haben mich immer höchlichst fasziniert. Mir kamen Pilkington, oder Sidney Irwin oder der »Wollige Bär«, die ich nie gesehen hatte, vor wie Gestalten bei Shakespeare. Ich erfand selber Geschichten über sie. Es war wie eine Art Saga, die sich über Jahre fortsetzte. Und genauso, wie ich von Radcliffe, Stuart oder sonstwem gehört hatte, hörte ich jetzt von Bell, Strachey, Turner und Woolf. Wir sprachen stundenlang über sie – ob auf Wanderungen oder bei mir im Schlafzimmer am Kamin.

»Da gibt es einen erstaunlichen Burschen bei uns – sein Name ist Bell«, pflegte Thoby loszulegen, kaum daß er angekommen war. »Irgendwie ist er eine Mischung zwischen Shelley und einem sportlichen Landjunker.«

Das ließ mich natürlich aufhorchen, und ich begann endlose Fragen zu stellen. Soweit ich mich erinnere, wanderten wir irgendwo über ein Hochmoor. Ich stand unter dem phantastischen Eindruck, daß dieser Bell eine Art Sonnengott war – mit Stroh im Haar. Er sei eine Verkörperung von Unschuld und Überschwang. Bell habe nie ein Buch aufgeschlagen, bevor er nach Cambridge kam, sagte Thoby. Dann habe er plötzlich Shelley und Keats entdeckt und sei vor Begeisterung fast verrückt geworden. Er rezitiere nur noch Poesie und schreibe nur noch Gedichte. Trotzdem sei er ein hervorragender Reiter – eine Begabung, die Thoby ungeheuer bewunderte – und halte sich zwei oder drei Jagdpferde oben in Cambridge.

»Und ist Bell ein großer Dichter?« fragte ich ihn.

Nein, das wollte Thoby nicht gerade sagen, aber sehr wahrscheinlich sei Strachey einer. Und so kamen wir auf Strachey zu sprechen – oder »der Strachie« (the Strache), wie Thoby ihn nannte. Strachey wurde sofort ebenso einmalig und faszinierend wie Bell. Aber in einer ganz anderen Art. »Der Strachie« sei das Nonplusultra an Kultur. Ich glaube sogar, seine Kultur erschreckte Thoby ein wenig. Er habe französische Bilder in seiner Wohnung. Er habe eine Vorliebe für Pope. Er sei exotisch und in jeder Beziehung extrem – wie Thoby ihn beschrieb – so lang, so dünn, daß seine Oberschenkel nicht dicker seien als Thobys Arm. Einmal sei er in Thobys Zimmer gestürmt und habe geschrien: »Hörst du die Musik der Sphären?« und sei in Ohnmacht gefallen. Einmal piepste er in ein tiefes Schweigen hinein – und Thoby konnte seine Stimme wunderbar nachmachen – »Laßt uns alle Sonette an Robertson schreiben.«[17] Er sei ein Wunder an Geist. Sogar die Studienleiter und die Lehrer kämen und hörten ihm zu. »Was immer sie Ihnen auch geben mögen, Strachey«, habe Dr. Jackson gesagt, als Strachey vor einem Examen stand, »ist nicht hoch genug für Sie.« Ich war noch ungemein beeindruckt und fast benommen, als Thoby unvermittelt dazu überging, mir von einem andern »erstaunlichen Burschen« zu erzählen – einem Mann, der fortwährend am ganzen Leibe zittere. Er sei in seiner Art genauso exzentrisch, so außergewöhnlich wie Bell und Strachey in ihrer. Er sei Jude. Als ich Thoby fragte, warum er zittere, gab er mir irgendwie zu verstehen, daß es zu seinem Charakter gehöre – er sei so heftig, so wild, er verachte die gesamte menschliche Rasse so. »Letzten Endes ist sie ja auch etwas ziemlich Fragwürdiges, oder nicht?« sagte Thoby. Nach fünfundzwanzig sei keiner mehr sehr gut, behaupte er. Doch die meisten Menschen, meinte ich, schlügen sich lieber irgendwie durch und fänden sich mit allem ab. Woolf täte das nicht, und Thoby fände das grandios. Er habe eines Nachts geträumt, daß er einen Mann erdrosseln wollte, und träumte es mit solcher Wildheit, daß er beim Erwachen gemerkt habe: er hatte sich den eigenen Daumen ausgerenkt. Ich war natürlich von tiefstem Interesse an diesem wilden, zitternden, misanthropischen Juden beseelt, der bereits seine Faust gegen die Zivilisation erhoben hatte und der im Begriff war, in die Tropen zu verschwinden, so daß keiner von uns ihn je wiedersehen würde.[18] Und dann war das Gespräch möglicherweise auf Sydney-Turner übergegangen. Thoby zufolge war Sydney-Turner ein absoluter Gipfel der Gelehrsamkeit. Er kenne die gesamte griechische Literatur auswendig. Es gäbe nichts Gutes in irgendeiner Sprache, das er nicht gelesen habe. Er sei sehr schweigsam und dünn und merkwürdig. Tagsüber ginge er nie aus. Aber spät nachts, wenn er jemandes Lampe brennen sehe, komme er und tappe wie eine Motte gegen das Fenster. So um drei Uhr morgens fange er an zu reden. Was er sage, sei dann von erstaunlicher Brillanz. Als ich mich später bei Thoby beklagte, daß ich Turner kennengelernt, aber nicht brillant gefunden hätte, behauptete Thoby ungehalten, daß ich mit Brillanz wahrscheinlich Geist meine, er dagegen meine Wahrhaftigkeit. Sydney-Turner sei der brillanteste Redner, den er kenne, weil er immer die Wahrheit sage.

Als er dann läutete, und diese »erstaunlichen Burschen« hereinkamen, zitterten Vanessa und ich natürlich vor Aufregung. Es war spät abends und das Zimmer voller Rauch; Rosinenbrötchen, Kaffee und Whisky standen überall herum – wir trugen keine weißen Seidenkleider und keine Seedperlen, wir hatten uns gar nicht umgezogen. Thoby machte ihnen die Tür auf, und herein kam Sydney-Turner, kam Bell, kam Strachey.

Sie kamen unsicher und zögernd herein und ließen sich stillschweigend in den Sofaecken nieder. Lange Zeit sagten sie gar nichts. Keine unserer alten Konversationseinleitungen schien zu helfen. Vanessa und Thoby und Clive – wenn Clive anwesend war; denn Clive war jederzeit bereit, sich für die Sache der Unterhaltung zu opfern – schnitten verschiedene Fragen an. Doch die Antworten waren fast immer negativ. »Nein«, war die häufigste Antwort. »Nein, ich habe es nicht gesehen.« »Nein, ich war nicht dort.« Oder einfach: »Ich weiß nicht.« Die Unterhaltung schleppte sich in einer Art dahin, die im Salon in der Hyde Park Gate unmöglich gewesen wäre. Dennoch war das Schweigen zwar bedrükkend, aber nicht langweilig. Der Standard dessen, was Wert hatte, gesagt zu werden, schien derartig hoch zu sein, daß es besser war, ihn nicht durch wertloses Gerede herabzumindern. Wir saßen da und schauten zu Boden. Da schließlich gebrauchte Vanessa – die vielleicht gesagt hatte, sie habe einen Film gesehen – unvorsichtigerweise das Wort »Schönheit«. Auf das hin hob einer der jungen Männer langsam den Kopf und sagte: »Es kommt ganz darauf an, was Sie unter Schönheit verstehen.« Im Nu spitzten wir alle die Ohren. Es war, als sei der Stier endlich in die Arena gelassen worden.

Der Stier konnte die »Schönheit«, konnte das »Gute«, konnte die »Realität« bedeuten. Was immer seine Bedeutung, es war eine abstrakte Frage, die jetzt unsere ganze Denkfähigkeit herausforderte. Nie wieder habe ich in einem Gespräch jeden Schritt und Halbschritt so angestrengt verfolgt. Nie wieder war ich so darauf versessen, meinen eigenen kleinen Pfeil zu schärfen und abzuschießen. Und welche Freude war es dann, wenn der Beitrag Anerkennung fand. Kein Lob hat mich mehr beglückt als Saxons Worte – und war nicht Saxon sowieso unfehlbar? –, daß er fände, ich hätte sehr klug argumentiert. Und was für Argumente das waren! Ich erinnere mich, versucht zu haben, Hawtrey davon zu überzeugen, daß es in der Literatur so etwas gebe wie eine Atmosphäre. Hawtrey forderte mich heraus, das zu beweisen, und ihm in einem x-beliebigen Buch ein x-beliebiges Wort zu zeigen, das außer seiner Bedeutung diese Qualität habe. Ich ging und holte *Diana vom Kreuzweg (Diana of the Crossways).*[19] Die Streitfrage, ob sie nun das Thema Atmosphäre oder das Wesen der Wahrheit betraf, wurde in unserm Kreise immer wieder aufgeworfen. Jetzt sagte vielleicht Hawtrey etwas dazu, jetzt Vanessa, jetzt Saxon, jetzt Clive, jetzt Thoby. Von Staunen erfüllt, beobachtete ich diejenigen, die die Diskussion bis zum Schluß verfolgten und vorsichtig und akkurat Stein auf Stein schichteten, nachdem es mein

Fassungsvermögen längst vollkommen überstiegen hatte. Aber auch wenn man nichts zu sagen wußte, konnte man doch zuhören. Man erhaschte kurze Einblicke in etwas Wunderbares, das sich hoch oben in den Lüften abspielte. Oft saßen wir um zwei oder drei Uhr früh immer noch so im Kreise. Immer noch nahm Saxon die Pfeife aus dem Mund, als wollte er etwas sagen, und steckte sie dann wieder hinein, ohne gesprochen zu haben. Ganz zum Schluß fuhr er sich wild durch die Haare und gab ein kurzes, absolut endgültiges Resümee von sich. Der wunderbare Abend war abgeschlossen, man konnte ins Bett taumeln und das Gefühl haben, daß sich etwas sehr Wichtiges ereignet hatte. Es war bewiesen worden, daß Schönheit Teil eines Bildes ist – oder nicht ist –, ich bin nie ganz sicher gewesen, was stimmte.

Solche Diskussionen erfüllten Vanessa und mich wahrscheinlich mit dem gleichen Glücksgefühl wie junge Studenten, wenn sie zum ersten Mal ihnen gemäße Freunde kennenlernen. In der Welt der Booths und der Maxses wurden wir selten genötigt, unseren Verstand zu gebrauchen. Hier gebrauchten wir nichts anderes. Und der Reiz jener Donnerstagabende bestand zum Teil gerade darin, daß sie so erstaunlich abstrakt waren. Es war nicht nur Moores Buch[20], das uns alle gereizt hatte, über Philosophie, Kunst und Religion zu diskutieren, es lag an der ganzen Atmosphäre – wenn ich dieses Wort trotz Hawtrey gebrauchen darf –, die so extrem abstrakt war. Die jungen Männer, die ich genannt habe, hatten keine »Manieren« im Hyde Park Gate-Sinne. Sie kritisierten unsere Argumente ebenso streng wie ihre eigenen. Sie schienen nie zu bemerken, wie wir angezogen waren, und ob wir nett aussahen oder nicht. Dieses ganze Brimborium um Aussehen und Benehmen, mit dem George uns in unseren früheren Jahren so belastet hatte, verschwand vollkommen. Man brauchte diese entsetzliche »Inquisition« nach einer Party nicht mehr über sich ergehen zu lassen oder zu hören: »Du hast reizend ausgesehen.« Oder: »Du hast wirklich greulich ausgesehen.« Oder: »Du mußt also wirklich lernen, dich besser zu frisieren.« Oder: »Versuche doch wenigstens, nicht so gelangweilt auszusehen, wenn du tanzt.« Oder: »Du hast tatsächlich eine Eroberung gemacht.« Oder: »Du hast dich ja schön blamiert!« Das alles schien in der Welt von Bell, Strachey, Hawtrey und Sydney-Turner weder eine Bedeutung zu haben, noch zu existieren. In jener Welt war der einzige Kommentar, während wir uns reckten, nachdem unsere Gäste gegangen waren: »Ich muß sagen, du hast deinen Standpunkt recht gut vertreten.« – »Ich finde, du hast einen ziemlichen Unsinn verzapft.« Es war eine ungeheure Befreiung. Und für mich bedeutete es noch mehr als das. Die Atmosphäre in der Hyde Park Gate war von Liebe und Heirat erfüllt gewesen. Georges Verlobung mit Flora Russell und Stellas mit Jack Hills, Geralds zahllose Flirts, über alles wurde entweder insgeheim oder offen mit dem größten Interesse diskutiert. Vanessa sollte bereits sogar Austen Chamberlains Aufmerksamkeit erregt haben. Meine Tante Mary Fisher, die wie gewöhnlich in allen Ecken und Winkeln herumstöberte, hatte entdeckt, daß es in Vanessas Skizzenbuch sechs Zeichnungen von ihm gab, und ihre eigenen Schlüsse daraus gezogen. George hingegen vermutete eher, daß Charles Trevelyan in sie verliebt sei. Am Gordon Square dagegen wurde Liebe nie erwähnt. Liebe existierte gar nicht. Sie wurde derartig oberflächlich behandelt, daß ich jahrelang glaubte, Desmond habe eine alte, sechzigjährige Miss Cornish, mit schlohweißem Haar, geheiratet. Es hat sich auch nie jemand die Mühe gemacht, das herauszufinden. Es schien absurd, daß irgendeiner dieser jungen Männer den Wunsch haben sollte, eine von uns zu heiraten, oder daß wir den Wunsch haben sollten, sie zu heiraten. Im geheimen empfand ich die Ehe als eine sehr erniedrigende Angelegenheit, aber wenn man sie schon praktizierte, sollte man sie – es ist eine gravierende Äußerung, ich weiß – mit jungen Männern praktizieren, die im *Eton Eleven* waren und sich zum Dinner umziehen. Wenn ich mich im Zimmer von Nummer 46[21] so umschaute, dachte ich – bitte, verzeiht, was ich jetzt sage –, daß ich noch nie so schmuddelige, so jeder physischen Schönheit entbehrende junge Männer gesehen hätte wie Thobys Freunde. Kitty Maxse, die ein- oder zweimal da war, seufzte nachher: »Ich bezweifle ja gar nicht, daß sie alle sehr nett sind, aber, oh, Darling, wie schrecklich sie aussehen!« Als Henry James Lytton und Saxon in Rye zu Gesicht bekam, rief er Mrs. Prothero zu: »Entsetzlich! Entsetzlich! Wie konnten Vanessa und Virginia sich nur solche Freunde anschaffen? Wie konnten Leslies Töchter sich nur mit jungen Männern wie diesen einlassen?« Aber gerade dieser Mangel an physischer Schönheit, diese Schäbigkeit war es! Das war in meinen Augen ein Beweis für ihre Überlegenheit. Mehr noch, es war in einer ominösen Weise beruhigend; denn es bedeutete, daß alles so weitergehen konnte wie bisher: mit den abstrakten Diskussionen, ohne sich zum Dinner umzuziehen, und die früheren Gewohnheiten niemals wieder aufzunehmen, die ich in der Hyde Park Gate für so abscheulich gehalten hatte.

Ich hatte mich geirrt. In jenem ersten Sommer sagte Vanessa eines Nachmittags zu Adrian und mir, während sie die Arme mit einer Gebärde über ihrem Kopf ausstreckte, die zurückhaltend und willfährig zugleich war – und ich beobachtete sie in dem großen Ankleidespiegel, als sie das sagte –: »Natürlich werden wir alle heiraten, das sehe ich schon kommen. Einmal muß es ja sein« – und als sie das sagte, hatte ich das Gefühl, daß ein schreckliches, unentrinnbares Schicksal über uns hing, ein Schicksal, das über uns hereinbrechen und uns auseinanderreißen würde. Sie – das fühlte ich – spürte bereits ein Verlangen, ein Bedürfnis, das ich ihr verübelte und zu ignorieren trachtete. Einige Wochen später machte Clive ihr tatsächlich einen Heiratsantrag. »Ja«, sagte Thoby erbittert, als ich ihm eine Andeutung über Clives Antrag zuraunte, »das ist der schlimmste Schlag für die Donnerstagabende!« Und ihre Heirat, Anfang 1907, war dann auch wirklich das Ende. Damit schloß das erste Kapitel von *Old Bloomsbury*. Es war sehr asketisch, sehr aufregend und von enormer Wichtigkeit gewesen. Eine kleine konzentrierte Welt, die in der viel größeren, leichtsinnigeren Welt der Bälle und Abendgesellschaft geschlummert hatte, war zum Leben erwacht. Sie hatte bereits begonnen, diese Welt zu beeinflussen und beeinflußt, meiner Meinung nach, das viel geselligere *Bloomsbury*, das ihm folgte, noch immer.

Aber es hätte sowieso nicht weiter existieren können. Auch wenn Vanessa nicht geheiratet hätte, auch wenn Thoby am Leben geblieben wäre – der Wechsel war unvermeidlich. Wir hätten diese abstrakte Diskussion über das Wesen der Schönheit nicht in alle Ewigkeit fortsetzen können. Aus dem Sammelbegriff »die jungen Leute«, wie wir sie bezeichneten, wurden Einzelwesen. Sie hatten aufgehört, Mr. Turner, Mr. Strachey und Mr. Bell zu sein. Aus ihnen war Saxon, Lytton und Clive geworden. Dann begann man auch zu kritisieren, zu differenzieren und zu vergleichen. Jene alten leuchtenden Idealgestalten wurden überprüft. Man sah plötzlich, daß Walter Lamb, den Thoby mit einem griechischen Jüngling verglichen hatte, der in einem Weinberg Flöte spielt, in Wirklichkeit schon ziemlich kahl und ziemlich langweilig war. Man konnte sich wünschen, daß Saxon zu bewegen wäre, entweder zu gehen oder etwas zu sagen, was vielleicht nicht ganz stimmte; man konnte sogar Zweifel äußeren, ob, als *Euphrosine*[22] herauskam, wirklich so vielen der Gedichte in diesem berühmten Buch die Unsterblichkeit sicher war, wie Thoby behauptet hatte. Doch da war noch etwas anderes, das nach einer Änderung verlangte, wenngleich zumindest ich nicht wußte, was es war. Vielleicht kommt ihr darauf, was es war, wenn ich euch eine Eintragung aus einem andern Tagebuch vorlese, das ich im Jahre 1909 ein oder zwei Monate lang geführt habe. Ich schildere darin eine Teegesellschaft in James Stracheys Wohnung in Cambridge.[23]

»Seine Wohnung ist, obgleich nur eine Mietwohnung, intim und gedämpft beleuchtet«, schrieb ich. »Französische Pastelle hängen an den Wänden, und in den Regalen stehen alte Ausgaben von Büchern. Die drei jungen Männer – Norton[24], Brooke und James Strachey – saßen in tiefen Sesseln und blickten mit sanften, nachdenklichen Augen ins Feuer. Mr. Norton wußte, daß die Reihe an ihm war, etwas zu sagen – die Unterhaltung zwischen uns beiden war mühsam. Die andern schwiegen. Ich hätte dieses Schweigen gern noch näher erklärt, doch die Zeit drängt, und ich bin konsterniert. Denn offensichtlich sind diese jungen Männer in Wirklichkeit ehrenhafte Menschen; sie sind nicht nur begabt, auch ihre

Anschauungen erscheinen mir anständig und sauber. Sie sind ganz unverhüllt, so daß man offen äußert, anderer Meinung zu sein, wenn man anderer Meinung ist. Dennoch hatten wir einander nichts zu sagen, und ich merkte genau, daß nicht nur meine Äußerungen, sondern meine Anwesenheit beanstandet wurde. Sie verlangten nach der Wahrheit, und doch mißtrauten sie meinen Worten und mir. Ich fand das zwar sehr mannhaft, aber unsympathisch. Ich bewunderte die Atmosphäre – war es vielleicht mehr? – und fühlte mich in mancher Hinsicht wohl darin. Doch warum mußten Intellekt und Charakter so unfruchtbar sein? Es scheint, daß die höchsten Leistungen der intelligentesten Menschen ein negatives Resultat zeitigen; und in diesem Fall kann man wahrhaftig nur überhaupt nichts sein.«

Es ist eine große Veränderung im Vergleich mit dem festzustellen, was ich noch vor zwei oder drei Jahren geschrieben hätte. Zum Teil war diese Veränderung natürlich gewissen Umständen zuzuschreiben. Ich lebte jetzt allein mit Adrian am Fitzroy Square, und wir waren beide die unverträglichsten Menschen.[25] Wir trieben einander fortgesetzt zur Raserei oder in die tiefsten Depressionen. Wir besuchten noch immer sehr viele Geselligkeiten: doch die Vereinigung der beiden Welten war weit schwieriger, als ich vermutet hatte. Ich konnte die beiden nicht in Einklang bringen. Wohl hatten wir noch die Donnerstagabende wie zuvor, doch sie waren immer verkrampft und endeten oft mit einem peinlichen Mißklang. Adrian stakte in sein Zimmer, ich in meins – keiner sprach ein Wort. Aber dahinter steckte mehr. Was es war, konnte ich nicht mit Sicherheit sagen. Ich wußte viel mehr aus Büchern, also theoretisch, als aus dem praktischen Leben. Ich wußte, daß es in Platos Griechenland Homosexuelle gegeben hat; und ich hatte den Verdacht – das jedoch war keine Frage, mit der man Thoby so ohne weiteres konfrontieren konnte –, daß es auch in Dr. Butlers Trinity College in Cambridge Homosexuelle gab; aber daß es sogar hier, im Stephenschen Salon am Gordon Square, Homosexuelle gab – der Gedanke wäre mir nie gekommen. Ich wäre auch nie darauf gekommen, daß diese abstrakte Art, diese

Natürlichkeit, die eine so große Wohltat nach Hyde Park Gate gewesen waren, größtenteils auf dem Faktum beruhten, daß die Majorität der jungen Männer, die dort hinkamen, sich nicht für junge Mädchen interessierten. Ich hatte keine Ahnung, daß die Liebe, weit davon entfernt, ein Thema zu sein, das sie nie erwähnten, im Gegenteil ein Gesprächsthema war, das sie selten unterbrachen. Jetzt begann ich stutzig zu werden. Diese langen Diskussionsabende, diese langen Schweigepausen, dieses endlose Argumentieren – sie verliefen am Fitzroy Square genauso wie am Gordon Square. Doch jetzt empfand ich sie als etwas höchst Verwirrendes. Sie stimulierten mich noch immer mehr als alle Männer, mit denen ich in der Oberflächenwelt der Abendgesellschaften und Bälle zusammenkam – und trotzdem war ich, durfte ich wagen, es auszusprechen oder auch nur zu denken? – unerträglich gelangweilt. Warum, fragte ich mich, haben wir einander nichts zu sagen? Weshalb waren die begabtesten Menschen auch die unfruchtbarsten? Weshalb waren gerade die anregendsten Freundschaften die unbefriedigensten? Weshalb war das alles so negativ? Warum gaben einem diese jungen Männer das Gefühl, daß man, auch beim besten Willen, nichts sein konnte? Die Antwort auf alle meine Fragen war – wie ihr wahrscheinlich längst erraten habt –, daß es keine physische Anziehungskraft zwischen uns gab.

Die Gesellschaft von Homosexuellen hat viele Vorteile – wenn man eine Frau ist. Sie ist ungekünstelt, sie ist ehrlich, sie gibt einem in mancher Hinsicht, wie ich bemerkt habe, das Gefühl der Unbekümmertheit. Aber sie hat diesen Nachteil: Mit Homosexuellen kann man, wie die Krankenschwestern sagen, nicht renommieren. Etwas muß immer verschwiegen, zurückgedrängt werden. Dabei ist doch diese Art von Renommieren, die nicht notwendigerweise etwas mit Ins-Bett-Gehen oder gar Liebe zu tun haben muß, eins der größten Vergnügen, ein Hauptbedürfnis im Leben. Nur dann hört aller Ehrgeiz auf; man hört auf, ehrlich zu sein, man hört auf, gescheit zu sein. Man schäumt auf in einem absurden, köstlichen Übersprudeln wie von Sodawasser oder Champagner, durch das man die Welt in alle Farben des Regenbogens getaucht sieht. Es ist bezeichnend für das, wonach ich mich jetzt sehnte, daß ich sofort – sogar schon fast auf der nächsten Seite meines Tagebuches – aus James Stracheys gedämpft beleuchteter und intimer Wohnung in Cambridge zu Lady Ottoline Morrell[26] am Bedford Square eilte, um mit ihr zu Abend zu essen. Ihre Räume schienen mir – wie ich, ohne Rückschlüsse zu ziehen sogleich feststellte – angefüllt mit »Lüstern und Illusionen«.

So hatte man sich verändert. Doch meine persönlichen Veränderungen waren Teil einer viel größeren Veränderung. Das Hauptquartier von Bloomsbury war immer am Gordon Square gewesen. Jetzt jedoch, da Vanessa und Clive verheiratet waren – jetzt, da Clive die Maxses, die Booths, die Cecils und die Protheros hoffnungslos schockiert hatte – jetzt, da das Haus von neuem renoviert worden war – jetzt, da sie kleine Gesellschaften mit ihrem schönen braunen Tafeltuch und ihrem wunderschönen Silber aus dem achtzehnten Jahrhundert gaben, verlor Bloombury den abstrakten Charakter, den es im ersten Kapitel gehabt hatte, sehr schnell; der Charakter seines zweiten Kapitels sollte, äußerlich zumindest, ganz verschieden werden.

Eine andere Szene – ich weiß nicht, ob ich sie erfunden habe oder nicht – ist mir als die beste Illustration für Bloomsbury, Kapitel zwei, immer in der Erinnerung lebendig geblieben. Es war an einem Frühlingsabend. Vanessa und ich saßen im Salon. Der Salon hatte seinen Stil seit 1904 großenteils verändert. Die Sargent-Furse-Zeit war vorüber. Die Augustus John-Epoche[27] zog herauf. Sein *Pyramus* füllte eine ganze Wand aus. Die Watts-Porträts meines Vaters und meiner Mutter wurden unten aufgehängt, wenn überhaupt. Clive hatte alle Streichholzschachteln versteckt, weil ihr Blau und Gelb sich mit der vorherrschenden Farbenzusammenstellung schlug. Jeden Augenblick konnte Clive hereinkommen, und wir beide würden sofort zu streiten beginnen – anfangs nur freundschaftlich und unpersönlich, bald aber Beschimpfungen gegeneinander ausstoßen und im Zimmer auf und ab rasen. Vanessa saß schweigend dabei und betätigte sich in geheimnisvoller Weise mit Nadel und Schere. Ich redete egoistisch, aufgeregt, zweifellos nur über meine eigenen Probleme. Plötzlich öffnete sich die Tür, und die lange und unheimliche Gestalt von Mr. Lytton Strachey stand auf der Schwelle. Er zeigte mit dem Finger auf einen Fleck auf Vanessas weißem Kleid. »Sperma?« rief er.

Darf man das wirklich sagen? dachte ich, und wir brachen in Gelächter aus. Durch dieses eine Wort fielen alle Barrieren der Zurückhaltung und Reserve. Eine Flut der geheiligten Ergüsse schien uns zu überwältigen. Sex beherrschte die Unterhaltung. Das Wort homosexuell lag uns ständig auf der Zunge. Wir diskutierten über den Beischlaf mit derselben Begeisterung und Offenheit, mit der wir über das Wesen des Guten diskutiert hatten. Es ist merkwürdig, sich vorzustellen, wie zurückhaltend und reserviert wir gewesen waren – und wie lange. Jetzt scheint es fast unglaublich, daß Clive noch im Jahre 1908 oder 1909 errötet war – und ich auch, wenn ich ihn bat, mich vorbeizulassen, um im French Express auf die Toilette zu gehen. Es wäre mir auch nie eingefallen, Vanessa zu bitten, mir zu erzählen, was in ihrer Hochzeitsnacht geschehen war. Thoby und Adrian wären lieber gestorben, als über die Liebschaften der Studenten zu reden. Wenn alle intellektuellen Probleme auch noch so offen diskutiert worden waren – Sex wurde nicht erwähnt. Jetzt strömte eine Flut von Licht auch auf dieses Gebiet. Wir hatten wohl alles gewußt, aber nie darüber gesprochen. Jetzt sprachen wir von nichts anderem mehr. Mit Entzücken hörten wir von den Liebesaffären der Homosexuellen. Wir verfolgten die Höhen und Tiefen ihrer wechselvollen Beziehungen. Vanessa voller Mitleid, und ich – hatte ich nicht 1905 – leichtfertig und mutwillig – geschrieben: Frauen sind ja so viel amüsanter als Männer? »Norton erzählte mir, daß James völlig verzweifelt ist«, konnte Vanessa zum Beispiel sagen, »Rupert hat zweimal mit Hobhouse geschlafen«; und ich pflegte dann ihre Geschichten durch eine gleichermaßen aufregende Klatschgeschichte über einen hinreißenden jungen Studenten namens George Mallory zu überbieten, der zwar den Kopf eines griechischen Gottes – aber leider faule Zähne habe.

All das hatte zur Folge, daß die überlieferten, gefühlsmäßigen Auffassungen von der Ehe, mit denen wir aufgewachsen waren, über den Haufen geworfen wurden. Ich geniere mich, euch zu sagen, wie alt ich war, als mir bewußt wurde, daß es für einen Mann nichts Anstößiges ist, eine Geliebte zu haben, und für eine Frau nichts Anstößiges, eine zu sein. Vielleicht war die Treue unserer Eltern nicht die einzige oder notwendigerweise höchste Form ehelichen Lebens gewesen. Vielleicht war diese Treue in Wirklichkeit auch gar nicht so ernst genommen worden, wie man geglaubt hatte. »Natürlich hat Kitty Maxse zwei oder drei Liebhaber«, sagte Clive – Kitty Maxse, die keusche, die feine, die treue! Wieder wurde die ganze Lebensauffassung auf den Kopf gestellt.

Jetzt gab es also nichts mehr am Gordon Square 46, was man nicht sagen, nichts mehr, was man nicht tun konnte. Ich hielt es für einen großen zivilisatorischen Fortschritt. Es mag sein, daß die Liebesaffären von Homosexuellen – wenigstens wenn man vom andren Geschlecht ist – nicht von fesselndem Interesse oder weltbewegender Wichtigkeit sind. Doch die Tatsache, daß man offen darüber sprechen kann, führt zu dem Ergebnis, daß niemand etwas dagegen hat, wenn sie im privaten Bereich bleiben. Auf solche Weise wurden viele Gewohnheiten und Anschauungen revidiert. Das künftige Bloomsbury sollte tatsächlich aufzeigen, daß viele Variationen über das Thema Sex gespielt werden können – und mit so glücklichen Lösungen, daß sogar mein Vater vielleicht schon von sich aus gezögert hätte, ehe er das einzige Wort herausdonnerte, das er für angemessen hielt, um auf einen Homosexuellen oder einen Ehebrecher Anwendung zu finden, und das war: Dreckskerl!

Hier komme ich zu einer Frage, die zu behandeln ich einem anderen Biographen überlassen muß: Wenn wir als selbstverständlich voraussetzen, daß Bloomsbury besteht, welche Eigenschaften sind es, die einen zur Mitgliedschaft qualifizieren, und welche sind es, die einen davon ausschließen? 1910 und 1914 jedenfalls wurden viele neue Mitglieder aufgenommen. Es muß, meiner Meinung nach, 1910 gewesen sein, als Clive eines Abends in einem Zustand höchster Aufregung die

Treppe hinaufstürmte. Er hatte soeben eins der interessantesten Gespräche seines Lebens gehabt. Mit Roger Fry. Sie hatten stundenlang über Kunsttheorie diskutiert. Roger Fry war für ihn der interessanteste Mensch, den er seit seiner Cambridge-Zeit kennengelernt hatte. So kam Roger hinein. Er erschien, wenn ich mich recht erinnere, in einem weiten Ulster, und in jede seiner Manteltaschen war ein Buch, ein Malkasten oder sonst etwas Faszinierendes gestopft, spezielle Tips, die er von einem kleinen Buchmacher in einer obskuren Gasse bekommen hatte; unter den Armen hatte er Leinwände, seine Haare flatterten, seine Augen strahlten. Er hatte mehr Wissen und Erfahrung als wir alle zusammen. Sein Geist schien mit einer Unzahl von Interessen am Leben zu haften. Wir begannen damit, uns über [den Roman] *Marie-Claire*[28] zu unterhalten. Und sofort gerieten wir alle in eine ungeheure Diskussion über Literatur – Adjektive? Assoziationen? Anspielungen? Wir nahmen Milton wieder vor, und wir lasen Wordsworth wieder. Wir mußten alles neu durchdenken. Das alte Diskussionsskelett des ursprünglichen Bloomsbury über Kunst und Schönheit füllte sich mit Fleisch und Blut. Immer waren neue Ideen im Gange; immer stand ein neues Bild auf einem Stuhl, das zu betrachten war, wurde ein neuer Dichter aus der Anonymität gefischt und zur Diskussion gestellt. Seltsame Menschen wanderten durch Nummer 46: Rothenstein, Sickert, W. B. Yeats, Tonks[29] – Tonks, der Vanessa, wie ich annehme, nun nicht mehr entmutigen konnte. Und dann und wann traf man auf eine groteske, faun-ähnliche Gestalt, die ihre Hosen hochzog, die Augen halb zukniff und in einer komischen Weise über die langen Wörter in ihren Sätzen stolperte. Vor ein oder zwei Jahren hatten Adrian und ich im Louvre vor einem bestimmten Gemälde in Gold und Schwarz[30] gestanden, als eine Stimme sagte: »Sind Sie nicht Adrian Stephen? Ich bin Duncan Grant.« Jetzt begann Duncan die Jagdgründe von Bloomsbury unsicher zu machen. Wie er lebte, weiß ich nicht. Er hatte keinen Pfennig. Onkel Trevor[31] behauptete sogar, er sei verrückt. Er lebte in einem Atelier am Fitzroy Square, mit einer alten betrunkenen Putzfrau, namens Filmer, und einem Geistlichen, der junge Mädchen auf der Straße erschreckte, indem er vor ihnen Fratzen schnitt. Duncan stand mit beiden auf bestem Fuße. Er wurde von seinen Freunden mit Kleidungsstücken versorgt, die ständig an ihm herunterzurutschen schienen. Er lieh sich altes Prozellan von uns aus, um es zu bemalen, und meines Vaters alte Hosen, in denen er auf Partys ging. Er zerbrach das Porzellan und ruinierte die Hosen, weil er in die Cam sprang, um ein Kind zu retten, das von dem Tau von Walter Lambs Boot, der »Aholibah«[32], in den Fluß gerissen worden war. Unsere Köchin Sophie sprach von ihm als »dieser Mr. Grant« und beschwerte sich, daß er schon wieder Sachen mitgenommen habe, als sei er eine Ratte in ihrer Speisekammer. Doch sie erlag seinem Charme. Er schien vage im Winde herumzuflattern, erreichte aber stets genau das, was er wollte.

Und mindestens einmal flitzte auch Morgan[33] durch Bloomsbury und hielt sich – sogar auch hier wieder in Eile, um einen Zug noch zu erreichen – einen kurzen Moment am Fitzroy Square auf. Ich glaube, er hatte die gleiche typische schwarze Tasche mit dem gleichen Messingschild bei sich, die in diesem Augenblick draußen im Vorzimmer steht. Es kam mir vor, als hätte ein Schmetterling – und zwar ein hellblauer – sich auf meinem Sofa niedergelassen. Ein Schmetterling, der, wenn man einen Finger rührte oder eine Bewegung machte, gleich davonfliegen würde. Er erzählte von Italien und dem Arbeiter-College. Und ich hörte mit gespanntem Interesse zu, denn er war – außer Henry James und George Meredith – der einzige Romancier, den ich kannte; der einzige jedenfalls, der über Menschen wie uns schrieb. Doch ich hatte Angst, meine Hand zu heben oder zuviel zu sagen und den Schmetterling zu verjagen. Ich pflegte ihm von hinter der Hecke aus nachzuschauen, wenn er, blindlings und hektisch, mit seiner Reisetasche über den Gordon Square flitzte, um einen Zug noch zu erwischen.

Diese alle, und dann Maynard – sehr brutal, empfand ich, sehr gewaltig, wie ein Porträt von Tolstoi als junger Mann anzuschaun, imstande, jedes Argument, das ihm entgegenkam, mit einem Schlag seiner Tatze zu zerfetzen; und doch verbarg sich, wie die Romanschriftsteller sagen, unter diesem ungeheuer eindrucksvollen Panzer seines Intellekts ein gütiges und sogar kindliches Gemüt; und dann Norton – Norton, der Inbegriff all dessen, was ich mit Cambridge meinte: so begabt, so anständig, so häßlich, so humorlos; Norton, mit dem ich mich einmal eine ganze Nacht unterhalten habe, und mit dem ich im Morgengrauen nach Covent Garden lief, den ich in Gedanken noch immer stirnrunzelnd mit seinem Pince-nez vor mir sehe – gelb und streng vor einem Beet mit Rosen und Nelken. Das, glaube ich, waren die Hauptfiguren in Bloomsbury, vor dem Krieg.

Doch hier wird es wieder notwendig, zu fragen – wo hört Bloomsbury auf? Was gehört zu Bloomsbury? Gehört zum Beispiel der Bedford Square noch dazu? Vor dem Krieg hätten die meisten von uns wahrscheinlich mit ja geantwortet. Wenn die Geschichte von Bloomsbury geschrieben wird – und könnte es ein schöneres Thema für Lyttons nächstes Buch geben? – muß ein Kapitel darin Ottoline gewidmet sein, und wenn es auch nur im Anhang wäre. Zum ersten Mal tauchte sie, glaube ich, 1908 oder 1909 bei uns auf. Aus meinem Tagebuch geht hervor, daß ich am 30. März 1909 mit ihr zu Abend gegessen habe – ich glaube, zum ersten Mal. Aber schon ein paar Wochen davor war sie an einem meiner Donnerstagabende, mit Philip [Morell], Augustus John und Dorelia[34] im Schlepptau, zu uns hereingestürmt. Am nächsten Morgen hatte sie mir dann geschrieben und mich gebeten, ihr doch die Namen und Adressen aller »meiner wunderbaren Freunde« zu geben. Dem folgte eine Einladung, jeden Donnerstag gegen zehn Uhr zu ihr zum Bedford Square zu kommen und mitzubringen, wen ich wollte. Ich nahm Rupert Brooke mit. Bald darauf wurden wir alle in diesen unbeschreiblichen Wirbel hineingerissen, der denn auch zeitweilig solche gegensätzlichen, aus dem Rahmen fallenden Gestalten zusammentrieb wie: Augustus John, sehr dämonisch, in einem schwarzen Samtjackett und mit schwarzem Spazierstock; und Winston Churchill, mit hochrotem Gesicht, ganz Goldlitzen und Orden, auf dem Wege zum Buckingham Palast; und Raymond Asquith, sprühend von

Epigrammen; und Francis Dodd, der mir höchst anschaulich schilderte, wie er und Tante Susie[35] Wanzen getötet hatten: Sie hielt die Lampe, er eine Schüssel mit Parafinöl, und die Wanzen krochen in einem endlosen Strom an der Decke entlang. Da saß Lord Henry Bentinck in der einen Sofaecke und in der andern vielleicht Nina Lamb. Und da war Philip, der, gerade aus dem Unterhaus gekommen, auf dem Kaminvorleger saß und hm-hmte und ahate. Da war auch Gilbert Cannan, der dem Gerücht nach Ottoline liebte, und da war Bertie Russell, den Ottoline ihrerseits angeblich liebte. Vor allem aber war Ottoline selbst da.

»Lady Ottoline«, schrieb ich in mein Tagebuch, »ist eine Dame der Großen Gesellschaft, der ihre eigene Klasse zuwider geworden ist, und die versucht, unter Künstlern und Schriftstellern das zu finden, was ihr vorschwebt. Und als wären sie von etwas Göttlichem beseelt, nähert sie sich ihnen in einer ganz bestimmten Weise, und sie sehen sie als einen körperlosen Geist, der aus seiner Welt in eine andere zu entrinnen versucht, wo er nie Wurzel schlagen kann. Sie ist erstaunlich, wenn nicht schön, anzuschauen. Wie alle unbeschäftigten Menschen legt sie sehr großen Wert auf eine erlesene Umgebung. Sie tut ihr möglichstes, um auf ihre Schönheit aufmerksam zu machen, als wäre sie ein kostbares Stück, das sie zufällig in einem düsteren Florentiner Gäßchen entdeckt hatte. Ich halte es immer für möglich, daß die reichen Amerikanerinnen, die ihr Persianercape anfühlen und es ›sehr gut‹ finden, dazu übergehen könnten, auch ihr Gesicht zu betasten und es eine schöne Arbeit im späten Renaissance-Stil zu nennen: die Stirn und die Augen prachtvoll, das Kinn vielleicht restauriert. Die Blässe ihrer Wangen, die Art, wie sie den Kopf zurücklehnt und einen ansieht, verleiht ihr das Aussehen einer Marmor-Medusa. Sie ist merkwürdig lässig.« Und dann fahre ich ganz rhapsodisch mit dem Ausruf fort, daß alles ringsum angefüllt sei mit »Lüstern und Illusionen«.

Nein, wirklich: Wenn man sich an diesen Salon voller Menschen erinnert, an das Hellgelb und das Rosa der Brokate, an die italienischen Sessel, an die Perserteppiche, die

Stickereien, die Quasten, den Duft, an die Granatäpfel, die Möpse, an die Töpfe mit den getrockneten Blütenblättern und an Ottoline selbst, wenn sie in ihrem weißen Schal, mit den großen scharlachroten Blumen, von fern her auf einen zusteuerte und einen mit einer schwungvollen Bewegung aus dem großen Raum mit den vielen Menschen in einen kleinen Raum entführte, wo man mit ihr allein war, und wo sie einem mit Fragen über das Leben und über die Freunde zusetzte, Fragen, die so intim und so intensiv waren, und wie sie einen bat, den Namen in ein kleines duftendes Buch einzutragen – und ich hatte doch erst in der vorigen Woche meinen Namen in der Gower Street in ein anderes duftendes Büchlein eingetragen –, könnte man meine Aufregung vielleicht doch entschuldigen.[36]

Lüster und Illusionen hatten tatsächlich während der letzten Jahre vor dem Weltkrieg auf Bloomsbury abgefärbt. Wir waren nicht mehr so ernst, wir waren nicht mehr so erhaben. Es gab Streitigkeiten und Intrigen. Ottoline mag eine Medusa gewesen sein, aber sie war keine passive Medusa. Sie hatte das große Talent, Menschen unterzukriegen. Sogar Middleton Murry[37], heißt es, sei von ihr in den Gemüsebeeten in Garsington untergekriegt worden. Und unterdessen waren wir weit davon entfernt, Trübsal zu blasen. Donnerstagabende, mit ihren langen Schweigepausen und ihren Diskussionen, gehörten der Vergangenheit an. An ihre Stelle traten Zusammenkünfte völlig anderer Art. Die post-impressionistische Bewegung hatte – nicht ihren Schatten – wohl aber Strahlenbüschel buntfarbiger Lichter auf uns geworfen. Wir kauften Weihnachtssterne aus scharlachrotem Plüsch, wir nähten uns Kleider aus gemusterten Baumwollstoffen, die besonders bei Negerinnen beliebt sind. Wir kleideten uns nach Gauguin-Bildern und machten Crosby Hall[38] unsicher. Mrs. Whitehead[39] war entrüstet. Sie behauptete, Vanessa und ich seien praktisch nackt gewesen. Der Geist meiner Mutter wurde wieder einmal – diesmal von Violet Dickinson – beschworen, um den Umstand zu beklagen, daß ich ein Haus am Brunswick Square gemietet und junge Männer aufgefordert hatte, es mit mir zu teilen.[40] George Duckworth eilte sogar von der Charles Street herbei, um Vanessa zu bitten, mich anzuflehen, den Plan aufzugeben, und war wahrscheinlich wenig getröstet, als sie ihm antwortete, das Findelhaus sei ja ganz in der Nähe. Geschichten begannen die Runde zu machen, wonach wir uns öffentlich entkleidet hätten. Logan Pearsall Smith erzählte Ethel Sands, daß er aus sicherer Quelle wisse, Maynard habe mit Vanessa mitten im Salon auf einem Sofa kopuliert. Es sei eine barbarische, unmoralische und zynische Gesellschaft; wir seien verkommene Geschöpfe, und unsere Freunde seien das Unwürdigste an jungen Männern, das es gebe.

Doch trotz Logan, trotz Mrs. Whitehead und trotz Vanessa und Maynard und was sie auf dem Sofa am Brunswick Square getan haben, ist *Old Bloomsbury* noch am Leben. Wenn ihr einen Beweis braucht – schaut euch nur um.

Anmerkungen

1 Molly [Mary] MacCarthy, die Gattin Desmonds, gehörte zu den ersten Mitgliedern des *Memoir Clubs* und war Schriftführerin, als dieser Aufsatz geschrieben wurde.

2 Roman von Walter Pater, berühmter englischer Kunstkritiker und Essayist (1939–1894). [Anm. d. Übers.]

3 Als Leslie Stephen 1904 starb, zogen die vier Stephens von der Hyde Park Gate 22 an den Gordon Square 46, im Stadtteil Bloomsbury.

4 Laura Stephen, die 1945 in einem Irrenhaus in York starb.

5 In einem Brief an Violet Dickinson, vom 22. Juli 1906, schreibt Virginia: »Thoby hat £ 1000, Eintausend Pfund bekommen, beim Verkauf von 10 Seiten von Thackerays Lord Bateman. George hat sie an Pierpont Morgan verkauft« (*Briefe*, I, Nr. 279).

6 *Verlobt* hatten Stella und Jack sich in Hindhead, aber Stella lebte während der Verlobungszeit natürlich in der Hyde Park Gate.

7 Das war Virgnias zweiter schwerer Nervenzusammenbruch, der im Mai 1904 begann. Sie verbrachte fast drei Monate in Burnham Wood in Welwyn, wo sie ihren ersten Selbstmordversuch unternahm. Dort wurde sie von Violet Dickinson, einer Freundin der Duckworthfamilie, gepflegt, die seit 1902 Virginias intimste Freundin war.

8 Ozzie ist Violets Bruder.

9 Beides romantisch-impressionistische englische Maler; 2. Hälfte des 19. Jh. [Anm. d. Übers.]

10 William Morris, englischer Maler, Designer und Dichter (1834–1896). [Anm. d. Übers.]
11 Klopapiermarke. [Anm. d. Übers.]
12 Lady Margaret Duckworth.
13 Virginia hielt Vorlesungen am Morley College, das damals – von 1905 bis Ende 1907 – in der Waterloo Road lag.
14 Clive Bell natürlich.
15 Saxon Sydney-Turner.
16 Edward Hilton Young, dessen Vater ein Freund Leslie Stephens gewesen war, war vielleicht Virginias konventionell respektabelster Bewerber. Er war Präsident des Universitätsklubs in Cambridge, und als er nach London übersiedelte, wurde er ein regelmäßiger Besucher der Donnerstagabende, sowohl am Gordon wie am Fitzroy Square.
17 A. J. Robertson, Student im ersten Semester am Trinity College zur selben Zeit wie Bell, Woolf, Strachey, Sydney-Turner und Thoby Stephen. Clive Bell erinnerte sich seiner als eines Gründungsmitgliedes der *Midnight Society*, die er für die Keimzelle der Bloomsbury-Gruppe hielt. Er fügte jedoch hinzu, daß Robertson diese Ehre in Abrede stelle.
18 Leonard Woolf war 1904 bis 1911 Staatsbeamter auf Ceylon.
19 Roman von George Meredith (1828–1909). [Anm. d. Übers.]
20 George Edward Moore (1873–1953). Englischer Philosoph, der den Neurealismus in der englischen Philosophie begründete. Seine *Principia Ethica* erschien 1903. [Anm. d. Übers.]
21 Gordon Square natürlich. [Anm. d. Übers.]
22 Ein Band 1905 privat veröffentlichter Gedichte, der Beiträge von Bell, Strachey, Sydney-Turner, Woolf, Walter Lamb und andern enthielt. Walter Lamb, der ältere Bruder des Malers Lamb, war auch am Trinity College in Cambridge.
23 James Strachey war der jüngere Bruder von Lytton, welcher der Übersetzer und Hauptherausgeber der englischen Standard-Ausgabe von Freud wurde.
24 H. T. J. Norton, ein Cambridge-Mathematiker, der zum inneren Kreis des Vorkriegs-Bloomsbury gehörte; Rupert Brooke, der Dichter, der 1915 fiel.
25 Nach Vanessas Heirat mit Clive Bell übersiedelten Adrian und Virginia an den Fitzroy Square 29.
26 Lady Ottoline Morrell war die Tochter von General Arthur Bentinck und Lady Bolsover. Sie rebellierte gegen ihre philiströse Oberklassenherkunft, heiratete Philip Morrell – der später als Liberaler Mitglied des Parlaments wurde – und war dadurch in der Lage, dem zu entfliehen. Ein großer Kreis berühmter Leute, unter ihnen viele Künstler und Schriftsteller, verkehrte bei ihr am Bedford Square 44 in London, im Garsington Manor in Oxfordshire und nach dem Krieg in der Gower Street 10 in London.

27 Sir Augustus Edwin John, berühmter englischer Maler (1878–1961). [Anm. d. Übers.]

28 Ein autobiographischer Roman von Marguerite Audoux, einer Schneiderin, der weithin Aufsehen erregte, als er 1910 in Frankreich herauskam.

29 Henry Tonks, Kunstkritiker. [Anm. d. Übers.]

30 Wahrscheinlich die *Pietà* von Avignon. [Anm. d. Übers.]

31 Trevor Grant, Onkel von Duncan Grant und von Lytton Strachey.

32 Nach dem Titel seines Buches *Aholibah.* [Anm. d. Übers.]

33 Morgan Forster.

34 Mrs. Bertrand Russell.

35 Tante Susie (Isabel Dacre) war eine enge Freundin von Francis Dodd, dem Radierer, Maler und späteren Mitglied der Royal Academy.

36 Wahrscheinlich führte Ottoline in der Gower Street – wohin sie nach dem Krieg übersiedelt waren – auch ein Gästebuch wie am Bedford Square.

37 John Middleton Murry (1889–1957). Englischer Kritiker und Essayist. Herausgeber der Zeitschriften *Athenaeum* und *Adelphy*. Verheiratet mit Katherine Mansfield. [Anm. d. Übers.]

38 Auf dem Ball zur Schlußfeier der Zweiten Post-Impressionisten-Ausstellung (1912).

39 Die Frau Alfred North Whiteheads, Philosoph und Mathematiker in Cambridge.

40 Virginia teilte das Haus am Brunswick Square 38 mit Adrian, Maynard Keynes, Duncan Grant und Leonard Woolf (1911–12).

Bin ich ein Snob?

Molly[1] hat mir – ganz ungerechterweise, finde ich – die lästige Aufgabe zugeteilt, heute abend wieder einen Beitrag zu leisten. Wir alle verzeihen Molly natürlich alles, wegen ihres unheimlichen, ihres umwerfenden Charmes. Aber es ist ungerecht. Ich bin noch gar nicht an der Reihe, ich bin ja nicht die Älteste von euch. Ich bin auch nicht die Lebenserfahrenste oder die Erinnerungsreichste. Maynard, Desmond, Clive und Leonard führen alle ein inspirierendes und tätiges Leben, sie alle treffen ständig mit berühmten Menschen zusammen, sie alle beeinflussen in irgendeiner Form ständig den Lauf der Geschichte. An ihnen ist es, die Tore ihrer Schatzkammern weit zu öffnen und die blendenden, schimmernden Kostbarkeiten, die darin ruhen, vor uns auszubreiten. Wer bin ich schon, daß ausgerechnet ich aufgefordert werde, eine Erinnerung vorzulesen? Doch nur eine Stümperin, und was noch schlimmer ist, nur eine Traumdilettantin, eine, die weder Fisch noch Fleisch ist. Meine Erinnerungen, die immer nur privater Natur sind und vornehmlich Heiratsanträge, Verführungen durch Halbbrüder, Zusammenkünfte mit Ottoline und ähnliches betreffen, müssen sich bald erschöpfen. Es bittet mich keiner mehr, ihn zu heiraten; schon seit Jahren hat keiner mehr versucht, mich zu verführen. Premierminister fragen mich nie um Rat. Zweimal bin ich schon in Hendon gewesen, aber jedesmal hat das Flugzeug sich geweigert, aufzusteigen. Ich habe die meisten Hauptstädte Europas besucht, das ist wahr; ich spreche eine Art Küchenfranzösisch und ein sehr merkwürdiges Italienisch, und doch bin ich so unwissend, so ungebildet, daß ich, wenn ihr mich die einfachste Sache fragt – zum Beispiel, wo liegt Guatemala? – gezwungen wäre, das Thema zu wechseln.

Dennoch hat Molly mich aufgefordert, etwas zu schreiben. Über welches Thema? Das habe ich mich gefragt, und es schien mir, während ich darüber nachgrübelte, daß die Zeit gekommen sei, wo wir alten Narren – wir Ignoranten und privatisierenden alten Narren – uns mit der Frage beschäftigen müssen: wovon sollen unsere Aufzeichnungen handeln, wenn der *Memoir Club* weiter zusammenkommen soll, und wenn die Hälfte seiner Mitglieder Menschen sind wie ich, die nie etwas erleben? Darf ich zur Diskussion stellen, ob nicht die Zeit gekommen ist, wo wir Mollys Anweisungen ziemlich frei interpretieren und, statt die Lampe der Erinnerung über die Abenteuer und das Blendwerk des realen Lebens gleiten zu lassen, diesen Lichtschein in unser Inneres lenken und uns selbst schildern müssen?

Spreche ich nur für mich, wenn ich sage, daß ich – obgleich ich inzwischen nichts erlebt habe, was verdient hätte, ein Abenteuer genannt zu werden, seit ich diesen dornigen und erhabenen Stuhl zuletzt innegehabt habe – für mich selbst noch immer ein Gegenstand unerschöpflicher und faszinierendster Spannung zu sein scheine? – ein fortgesetzt ausbrechender Vulkan? Stehe ich in meiner Ichbezogenheit allein, wenn ich sage, daß nie das fahle Licht der Morgendämmerung durch meine Jalousien am Tavistock Square 52 filtert, ohne daß ich ausrufe, wenn ich die Augen aufschlage: »Gerechter Gott! Da bin ich ja wieder!« – nicht immer mit Freude, oft mit Qual, manchmal mit einem Ausbruch akuten Ekels – aber immer, immer mit Interesse?

So werde ich denn selber das Thema dieses Berichtes sein; doch das hat Nachteile. Es würde so viele Bände füllen – dieses eine Thema –, daß diejenigen von uns, die noch Haare haben, oder deren Haare noch wachsen, merken würden, daß sie ihre Zehen kitzeln, bevor ich damit fertig wäre. Ich darf also nur ein winziges Stück aus diesem Riesenthema herausbrechen, ich darf nur einen kurzen Blick auf ein kleines Eckchen dieses Universums werfen – das mir immer noch so unwegsam und von Tigern bedroht scheint, wie jenes andere – wo es liegt, weiß ich nicht –, das Guatemala heißt. Ich darf, wie gesagt, nur einen Aspekt auswählen und nur eine einzige Frage stellen, und die lautet: Bin ich ein Snob?

Während ich versuche, sie zu beantworten, beschwöre ich vielleicht die eine oder andere Erinnerung herauf, vielleicht wecke ich auch gewisse eurer eigenen Erinnerungen wieder – wie dem auch sein mag, ich werde versuchen, euch Tatsachen mitzuteilen. Und wenn ich auch natürlich nicht die volle Wahrheit sagen werde, sage ich vielleicht doch genug, um euch zum Grübeln anzuregen. Doch um diese Frage zu beantworten, muß ich zunächst fragen: Was ist ein Snob? Und da ich keine Erfahrung im Analysieren habe – weil meine Schulbildung vernachlässigt wurde –, werde ich mit der direktesten Methode versuchen, ein Objekt zu finden, an dem ich mich messen, mit dem ich mich vergleichen kann. Desmond, zum Beispiel. Als ersten nehme ich Desmond, das ist doch klar. Ist er ein Snob?

Er sollte einer sein. Er wurde in Eton erzogen und ging dann nach Cambridge. Wir alle kennen den alten Schmus von der dankbaren Wissenschaft, die den Adel anbetet. Doch was immer Eton und Cambridge getan haben mögen, um den Snobismus in ihm zu wecken, die Natur hat weit mehr getan. Sie schenkte ihm alle die Gaben, die ein dankbarer Adel in der Wissenschaft anbetet: eine goldene Zunge, vorbildliche Manieren, vollkommene Selbstbeherrschung, grenzenlose Neugier, mit persönlicher Anteilnahme gemischt; er sitzt gut zu Pferde und schießt im Notfall auch einen Fasan. Was die Besitzlosigkeit betrifft: da Desmond selbst nie viel Wert auf Kleidung gelegt hat, hat auch nie jemand anderer einen Gedanken darauf verschwendet. Hier ist also ohne Zweifel das gesuchte Beispiel; laßt mich nun meinen Fall mit seinem vergleichen.

Wir standen an einem Fenster im Salon am Tavistock Square, als mir das durch den Kopf ging. Desmond hatte mit uns geluncht. Den Nachmittag über hatten wir uns unterhalten, als ihm plötzlich einfiel, daß er irgendwo zu Abend essen sollte. Aber wo? »Also, wo bin ich zum Dinner?« sagte er und zog sein Notizbuch heraus. Irgend etwas lenkte seine Aufmerksamkeit ab, und ich warf einen Blick über seine Schulter. Eilig und verstohlen überflog ich seine Verabredungsliste: Montag, 8.30 Uhr, Lady Bessborough; Dienstag, 8.30 Uhr, Lady Ancaster. Mittwoch, pünktlich sieben Uhr, Dora Sanger. Donnerstag, zehn Uhr, Lady Salisbury. Freitag, Lunch Wolves und Dinner Lord Revelstoke. Weiße Weste. Weiße Weste war zweimal unterstrichen. Erst Jahre später fand ich den Grund heraus – er sollte unserm König, unserm verstorbenen bedauernswerten George, vorgestellt werden. Also, er warf einen Blick auf seine Liste, klappte das Buch zu und verabschiedete sich. Mit keinem Wort erwähnte er die Peers. Er lenkte auch die Unterhaltung nie auf Revelstoke, und weiße Westen blieben unerwähnt. »Nein«, sagte ich mir, mit einer Aufwallung bitterer Enttäuschung, als er die Tür hinter sich zuzog, »Desmond ist leider kein Snob!«

Ich muß ein anderes Beispiel finden. Nehmen wir einmal Maynard. Auch er war in Eton und Cambridge gewesen. Seitdem war er an so vielen großen Dingen beteiligt, daß wir, wenn er seine Einladungen vor unserer Nase herunterrasseln würde, vom Klirren der Adelskronen fast taub und vom Glitzern der Diamanten geblendet wären. Doch sind wir taub geworden? Sind wir geblendet? Leider nicht. Ich vermute, daß Maynard, noch unter dem Einfluß der alten eisernen Cambridge-Zucht und auch beherrscht von jenem moralischen Empfinden, das sich in ihm verstärkt, je älter er wird, sowie dem eisernen Bestreben, unsere Generation in ihrer Integrität zu erhalten und die jüngere Generation vor ihrer Torheit zu bewahren, niemals renommiert. Darum will ich euch verraten, daß Maynard heute mit dem Premierminister geluncht hat. Der arme alte Baldwin, dem die Tränen über die Wangen herunterrollten, lief mit ihm immer auf und ab – auf und ab, unter den berühmten Bildern von Pitt und Peel. »Wenn Sie doch nur wenigstens einen Sitz im Kabinett annehmen würden, Keynes«, sagte er immer wieder, »oder eine Peerswürde, Keynes . . .« Mir also ist es überlassen, euch diese Episode zu erzählen. Maynard hat nie etwas darüber verlauten lassen. Er wird über alles sprechen – über Schweine, Theaterstücke und Bilder –, aber niemals über Premierminister und Peerswürden. Ich kann immer nur wiederholen: leider, leider – Maynard ist kein Snob. Wieder habe ich mich täuschen lassen.

Nichtsdestoweniger bin ich zu einer Erkenntnis gekommen: das Wesen des Snobismus besteht darin, daß man andern Menschen imponieren will. Der Snob ist ein ständig lavierendes, flatterhaftes, mit seinem eigenen Status so wenig zufriedenes Geschöpf, daß er, um ihn zu konsolidieren, andern Menschen ständig einen Titel oder eine Ehrung vorgaukelt, damit sie glauben und ihm helfen sollen, zu glauben, was er in Wirklichkeit selber nicht glaubt – er sei eine irgendwie wichtige Persönlichkeit.

Dieses Symptom erkenne ich in meinem eigenen Fall wieder. Schaut euch diesen Brief an. Warum liegt er immer zuoberst auf allen meinen Briefen? Weil er eine Adelskrone hat – wenn immer ich einen Brief mit einem Krönchen bekomme, rutscht er wundersamerweise immer nach oben. Ich frage mich oft – warum? Ich weiß doch ganz genau, daß ich keinem meiner Freunde je mit irgend etwas imponieren werde, oder je imponiert habe, wenn ich es tue, um ihnen zu imponieren. Und doch tue ich es – hier ist der Brief – obenauf. Das beweist, wie ein Ausschlag oder eine Rötung, daß ich an dieser Krankheit leide, und ich frage mich dauernd, wann und wo ich sie aufgelesen habe?

Als junges Mädchen boten sich mir verschiedene Anlässe zum Snobismus, weil wir, wenn auch nach außen hin eine intellektuelle Familie, doch den Annalen nach sehr hoher adliger Herkunft, lockere Beziehungen zur vornehmen Gesellschaft pflegten. Da war vor allem George Duckworth, um mit ihm zu beginnen. Doch George Duckworths Snobismus war von einer so unfeinen und auffälligen Beschaffenheit, daß ich ihn schon von weitem roch und schmeckte. Und ich mochte weder diesen Geruch, noch diesen Geschmack. Meine Versuchung gelangte auf subtileren Wegen zu mir – ich glaube, ursprünglich durch Kitty Maxse – eine Dame von erlesenstem Charme, von ätherischstem Liebreiz, so daß die Großen, die sie einführte, parfümiert und desinfiziert und von ihrer unfeinen Art geheilt wurden. Wer könnte die Marchioness of Bath oder ihre Töchter, die Ladies Katherine und Beatrice Thynne, unfein nennen? Das war undenkbar. Schön waren sie und imposant. Sie zogen sich geschmacklos an, aber ihre Haltung war superb. Wenn wir bei der alten Lady Bath zum Lunch oder zum Dinner waren, saß ich zitternd vor Entzücken da – ein Entzücken, das vielleicht ganz snobistisch war, sich aber aus verschiedenen Bestandteilen zusammensetzte – aus Heiterkeit, Verblüffung, Gelächter und Staunen. Lady Bath saß am unteren Ende des Tisches auf einem Sessel mit der eingeprägten Krone und dem Wappen der Thynnes, und neben ihr auf dem Tisch lagen auf zwei Kissen zwei Waterbury-Uhren. Auf diese schaute sie von Zeit zu Zeit. Doch warum? Ich weiß es nicht. Hatte die Zeit für sie vielleicht eine besondere Bedeutung? Sie schien endlos viel Muße zu haben. Oft nickte sie ein. Dann wachte sie auf und schaute auf ihre Uhren. Sie schaute auf sie, weil sie sie gerne betrachtete. Ihre Gleichgültigkeit der öffentlichen Meinung gegenüber faszinierte und entzückte mich; desgleichen ihre Unterhaltung mit Middleton, ihrem Butler.

Wenn zum Beispiel eine Kutsche am Fenster vorüberfuhr:

»Wer fährt da eben vorbei?« fragte sie dann plötzlich.

»Lady Suffield, Mylady«, antwortete Middleton darauf. Und Lady Bath schaute auf ihre Uhren. Einmal tauchte während einer Unterhaltung das Wort Mergel auf.

»Was ist Mergel, Middleton?« fragte Lady Bath.

»Ein Gemenge aus Ton und Kalziumkarbonat, Mylady«, belehrte Middleton sie. Inzwischen hatte Katie einen blutigen Knochen von der Fleischplatte genommen und fütterte die Hunde. Während ich dasaß, empfand ich, diese Menschen scheren sich einen Dreck darum, was irgend jemand denkt. Hier ist menschliche Wesensart in ihrem ungestutzten, unberührten Naturzustand. Sie sind von einer Echtheit, die uns in Kensington fehlt. Vielleicht suche ich nur nach Entschuldigungen für mich, aber das war der Ursprung des

Snobismus, der mich jetzt dazu treibt, diesen Brief oben auf den Stapel zu legen – der Aristokrat ist freier, natürlicher und exzentrischer als wir. Hier schreibe ich, daß mein Snobismus nicht intellektueller Art ist. Lady Bath war grenzenlos unbekümmert. Weder Katie noch Beatrice konnten orthographisch richtig schreiben. Will Rothenstein und Andrew Lang waren die hellsten Leuchten in ihrer intellektuellen Welt. Weder Rothenstein noch Andrew Lang imponierten mir. Wenn ihr mich fragen würdet, ob ich lieber Einstein oder den Prinzen von Wales kennenlernen würde, entscheide ich mich ohne zu zögern für den Prinzen.

Ich will Adelskronen – aber alt müssen sie sein; Adelskronen, die mit Landbesitz und Herrenhäusern verbunden sind; Kronen, die Natürlichkeit, Originalität, Unbekümmertheit und ein solches Vertrauen in den eigenen Status züchten, daß man seinen Teller mit Waterbury-Uhren umgeben und Hunde eigenhändig mit blutigen Knochen füttern kann. Kaum habe ich das gesagt, bin ich schon gezwungen, diese Äußerung zu modifizieren. Dieser Brief legt Zeugnis gegen mich ab. Er hat zwar oben eine Adelskrone, aber es ist keine alte Krone. Er ist von einer Dame, deren Herkunft nicht besser – vielleicht sogar schlechter – ist als meine. Dennoch zitterte ich vor Aufregung, als ich diesen Brief erhielt. Ich werde ihn euch vorlesen.

Liebe Virginia,
ich bin nicht sehr jung, und da *alle* meine Freunde entweder tot sind, oder im Sterben liegen, würde ich Sie sehr gerne sehen und Sie um einen großen Gefallen bitten. Sie werden lachen, wenn ich Ihnen sage, um was es sich handelt; doch für den Fall, daß Sie bereit wären, am 12. oder 13., am 17. oder 18., hier mit mir allein zu lunchen, werde ich Ihnen sagen, was es ist. Nein, das werde ich *nicht* tun. Ich werde abwarten, ob Sie an einem dieser Daten treffen können

Ihre Bewunderin Margot Oxford[2]

Ich habe sofort geantwortet – obgleich ich sonst selten gleich antworte –, daß ich Lady Oxford ganz zur Verfügung stände.

Um was immer sie mich bitte, würde ich tun. Ich wurde nicht sehr lange im unklaren gelassen. Bald darauf kam dieser zweite Brief.

Liebe Virginia,
ich finde, ich sollte Sie vor dem Gefallen warnen, um den ich Sie bitten will. Alle meine Freunde liegen im Sterben oder sind tot, und ich bin mir bewußt, daß auch meine Zeit immer näher rückt. Das größte Kompliment – unter wenigen –, was mir je zuteil wurde, war, als Sie sagten, ich sei eine gute Schriftstellerin. *Das,* von *Ihnen* geäußert, hätte mir zu Kopf steigen können, da Sie ja die weitaus größte lebende Schriftstellerin sind. Wenn ich sterbe, würde ich Sie bitten, eine kurze Notiz in der *Times* zu veröffentlichen, daß Sie sehr schätzten, was ich geschrieben habe, und daß Sie der Ansicht seien, die Zeitungsredaktoren hätten mich mehr beschäftigen sollen. Ich bin keineswegs eitel, aber es hat mich gekränkt, erst *beschäftigt* gewesen zu sein und dann von den Redaktoren der Zeitung *abgelehnt* zu werden. Das mag Ihnen trivial erscheinen – was es ja auch ist –, und doch wäre ich froh, wenn Sie in der Presse über *mich* schreiben würden. Denken Sie nicht weiter daran, wenn es Ihnen lästig ist, aber Anerkennung von Ihnen würde meine Familie glücklich machen, wenn ich tot bin.

Ihre Sie von jeher bewundernde
Margot Oxford

Sie könnten es an Dawson, den Redakteur der *Times*[3] senden, da er alle Zuschriften über Verstorbene erhält und begutachtet.

Nun glaube ich nicht, daß ich mich geschmeichelt fühlte, in Lady Oxfords Augen die größte Schriftstellerin zu sein, aber ich war geschmeichelt, daß sie mich gebeten hatte, mit ihr allein zu lunchen. »Selbstverständlich«, antwortete ich, »komme ich gern, um mit Ihnen allein zu lunchen.« Und es freute mich, als Mabel, unsere mürrische Köchin, an dem betreffenden Tag zu mir kam und sagte: »Lady Oxford hat Ihnen ihren Wagen geschickt, Ma'am.« Offensichtlich imponierte ich ihr – ich imponierte mir selbst. Ich stieg in meiner Achtung, weil ich in Mabels Achtung gestiegen war.

Als ich am Bedford Square eintraf, fand ich dort eine große Mittagsgesellschaft vor. Margot hatte sich in Gala geworfen, an ihrer Brust funkelte ein mit Diamanten besetztes Rubinkreuz, sie war gekräuselt und getrimmt wie ein kleines Griechenpferd und spritzte Gift wie eine Puffotter oder eine Natter. Philip Morrell war der erste, der ihren Stich zu spüren bekam. Er war albern, und sie erteilte ihm eine Abfuhr. Doch dann beruhigte sie sich. Sie war sehr intelligent. Sie erzählte Anekdoten am laufenden Band, über den Herzog von Beaufort und die Badminton-Fuchsjagd, wie sie zu ihrem »blue«[4] gekommen war, was sie über Lady Warwick und den Prinzen von Wales[5], über Lady Ripon, Lady Bessborough, über Lord Balfour und »die Seelen«[6] erfahren hatte. Über Alter, Tod und Nachrufe und die *Times* fiel kein Wort. Ich bin überzeugt, sie hatte vergessen, daß es so etwas gab. Ich übrigens auch. Ich war bezaubert. In der Halle umarmte ich sie herzlich, und das nächste, an das ich mich erinnere, ist, daß ich, laut mit mir selber redend, im Eilschritt durch die Farringdon Road lief und die Metzgereien und die billigen Spielzeugauslagen durch einen Schleier sah, der aus Goldstaub und Champagner zu bestehen schien.

Bis jetzt hat mich noch kein Mittagessen mit Intellektuellen je wieder durch die Farringdon Road fliegen lassen. Ich habe mit H. G. Wells zu Abend gegessen, um Bernard Shaw, Arnold Bennet und Granville Barker zu treffen, und ich habe mich nur wie eine alte Waschfrau gefühlt, die sich Schritt für Schritt eine steile, endlose Treppe hinaufquält.

So scheine ich zu dem Schluß gekommen zu sein, daß ich nicht nur ein Snob in bezug auf Adelskronen bin, sondern auch in bezug auf strahlend erleuchtete Salons und die Festlichkeiten der großen Welt. Jede Gruppe von Menschen, wenn sie nur gut angezogen und gesellschaftsfähig und ungewöhnlich sind, erfüllt den Zweck, läßt diese Gold- und Diamantenstaubfontäne aufsteigen, welche die wahre Wirklichkeit verschleiert, wie ich annehme. Hier ist noch ein Brief, der vielleicht mehr Licht auf andere Seiten des Problems wirft.

Es muß so ungefähr vor zwölf Jahren gewesen sein, denn wir wohnten damals noch in Richmond[7], als ich einen jener schnell hingekritzelten Briefe erhielt, die wir alle inzwischen so gut kennen – ein gelber Briefbogen, auf dem eine Handschrift herumkugelte wie ein betrunkener Reifen und sich am Schluß in ein Gekritzel ringelte, das sich als Sibyl Colefax entpuppte.[8] »Es würde mich außerordentlich freuen«, hieß es darin, »wenn Sie am« – hier folgte eine ganze Reihe verschiedener Daten – »zum Tee kommen würden, um Paul Valéry kennenzulernen.« Da ich nun aber Menschen wie Paul Valéry schon immer kennengelernt hatte, solange ich denken kann, hatte die Einladung von Sibyl Colefax, die ich nicht einmal kannte – ich war ihr nie begegnet –, keinen Reiz für mich. Hätte sie ihn gehabt, wäre er einem andern Tatbestand in mir selbst erlegen, den einzugestehen ich eine gewisse Scheu habe: meinem Kleiderkomplex, besonders aber meinem Strumpfhaltergürtel-Komplex. Ich hasse es, schlecht angezogen zu sein, aber ich hasse es, Sachen zum Anziehen zu kaufen. Ganz besonders hasse ich es, Strumpfhaltergürtel zu kaufen. Zum Teil wahrscheinlich deshalb, weil man, um Strumpfhaltergürtel zu kaufen, den geheimsten Ort ganz hinten im Geschäft aufsuchen und im Hemd dort stehen muß. Glänzende schwarze Seidensatinfrauen stecken ihre Nasen herein und kichern. Was immer sich daraus ergibt – und ich vermute immer etwas Beschämendes –, ich bin sehr geniert unter den Augen meines eigenen Geschlechts, wenn ich im Hemd bin. Doch damals, vor zwölf Jahren, waren die Röcke kurz, die Strümpfe mußten tadellos sitzen, und mein Strumpfhaltergürtel war alt, und ich konnte mich nicht überwinden, einen neuen zu kaufen – von Hut und Mantel gar nicht zu reden. Also antwortete ich: »Nein, ich werde nicht zum Tee kommen, um Paul Valéry kennenzulernen.« Auf das hin regnete es Einladungen. Zu wievielen Teegesellschaften ich eingeladen wurde, weiß ich nicht mehr. Schließlich wurde die Situation unhaltbar; ich war gezwungen, einen Strumpfhaltergürtel zu kaufen und nahm – sagen wir, die fünfzigste – Einladung nach Argyll House an. Diesmal, um Arnold Bennett kennenzulernen.

Gerade am Vorabend der Teegesellschaft erschien im *Evening Standard* eine Rezension eines meiner Bücher von Arnold Bennett. Ich glaube, es war *Orlando*. Er griff es heftig an. Er bezeichnete es als ein wertloses Buch, das jede Hoffnung in ihm zunichte gemacht habe, die er vielleicht in bezug auf mich als Schriftstellerin gehegt hätte. Seine ganze Spalte war darauf angelegt, mich zu verreißen. Wenn ich auch sonst sehr eitel bin – im Unterschied zu Lady Oxford –, ist meine Eitelkeit als Schriftstellerin rein snobistisch. Ich setze mich dem Rezensenten mit einer großen Hautoberfläche aus, aber mit sehr wenig Fleisch und Blut. Das heißt, ich bekümmere mich um gute Kritiken – und um schlechte Kritiken nur deshalb, weil ich glaube, daß meine Freunde glauben, sie bekümmerten mich. Doch da ich weiß, daß meine Freunde Kritiken, seien sie gut oder schlecht, schon im nächsten Augenblick wieder vergessen, vergesse ich sie in wenigen Stunden auch. Meine tieferen »Fleisch- und Blutgefühle« sind nicht davon betroffen. Die einzigen Kritiken über meine Bücher, die mich aufregen, sind die ungedruckten, die privaten.

Da schon vierundzwanzig Stunden vergangen waren, seit ich die Rezension gelesen hatte, war mir denn der Eindruck meiner äußeren Erscheinung als Frau auch weitaus wichtiger, als ich den Salon im Argyll House betrat, als mein Renommé als Schriftstellerin. Jetzt sah ich Sibyl zum ersten Mal, und die Vorstellung von einem Büschel roter Kirschen auf einem steifen schwarzen Strohhut drängte sich mir auf. Sie kam auf mich zu und führte mich zu Arnold Bennett wie ein Lamm, das zur Schlachtbank geführt wird.

»Hier ist Mrs. Woolf!« sagte sie mit einem Lächeln. Als Gastgeberin genoß sie die Situation. Jetzt wird es eine Szene geben, dachte sie, die Argyll House ins Gespräch bringen wird. Es waren noch andere Leute da – die auch etwas zu erwarten schienen. Alle lächelten. Doch Arnold Bennett, hatte ich das Gefühl, war es peinlich. Er war ein liebenswürdiger Mann, der seine eigenen Kritiken ernst nahm, und hier schüttelte er einer Frau die Hand, die er erst am gestrigen Abend noch »verrissen« hatte, wie er es nannte.

»Es tut mir leid, Mrs. Woolf«, begann er, »daß ich gestern abend ihr Buch verrissen habe ...«

Er stockte. Und ich meinte es vollkommen ernst, als ich herausplatzte: »Wenn ich Bücher veröffentlichen will, ist das mein eigenes Risiko. Ich muß die Konsequenzen tragen.«

»Richtig – richtig«, stammelte er. Anscheinend stimmte er dem zu. »Ihr Buch hat mir nicht gefallen«, fuhr er fort. »Ich hielt es für ein sehr schlechtes Buch ...« Hier stockte er wieder.

»Sie können meine Bücher nicht mehr hassen, als ich Ihre, Mr. Bennett«, erwiderte ich. Ich weiß nicht, ob ihm das so sehr gefiel, doch wir setzten uns und sprachen miteinander und verstanden uns wirklich sehr gut. Ich habe mich gefreut, später in einigen seiner veröffentlichten Briefe lobende Bemerkungen über mich zu finden, daß ich ihm gegenüber nicht nachtragend gewesen sei. Er sagte, daß wir uns ausgezeichnet verstanden hätten.

Doch das nur nebenbei. Was ich sagen wollte, ist, daß diese kleine Szene Sibyl gefiel und die Grundlage dessen bildete, was ich wohl mit Eignungsprüfung für meine enge Freundschaft mit ihr bezeichnen muß. Ich wurde auf der Stelle vom Tee zum Fleisch befördert: mit der Einladung zum Lunch fing es an, und als ich den Lunch ablehnte, war es dann zum Dinner. Ich folgte ihren Einladungen – folgte ihnen auch etliche Male. Doch mehr und mehr fiel mir auf, daß ich immer eingeladen wurde, um Schriftsteller kennenzulernen – und ich wollte gar keine Schriftsteller kennenlernen –, und daß ich, wenn Noël Coward links von mir saß, zu meiner Rechten immer Sir Arthur hatte.[9] Sir Arthur war sehr liebenswürdig; er tat sein möglichstes, mich zu unterhalten, doch wie er darauf kam, daß ich mich vor allem für das Farbstoffgesetz interessiere, habe ich nie ergründen können. Jedoch so war es. Unsere Unterhaltung steuerte stets auf dieses Thema zu. Einmal war ich sogar die zweitgrößte Kapazität auf diesem Gebiet. Schließlich aber fühlte ich, daß ich mich nicht länger bereitfinden konnte, mit Noël Coward zu meiner Linken und Sir Arthur zu meiner Rechten, bei Sibyl zu dinieren. Ich entschuldigte mich. Je öfter ich mich entschuldigte, desto beharrlicher wurde sie. Dann schlug sie vor, mich zu besuchen. Sie kam auch. Wiederum machte sich mein Snobismus geltend: Ich besorgte Kuchen, räumte das Zimmer auf, warf Pinkers Knochen fort und verdeckte die Löcher in den Sesseln durch Überzüge. Sehr bald merkte ich, daß ihr Snobismus nach nichts anderem verlangte als einem verbrannten Korinthengebäck, einem möglichst unaufgeräumten Zimmer. und wenn meine Finger voller Tinte waren, um so besser. Unter diesen Voraussetzungen begann unsere Freundschaft. Sie pflegte zu sagen, »Ach, wie ich mich danach sehne, Schriftstellerin zu sein!« Und ich antwortete darauf, »Oh, Sibyl, wenn ich doch nur eine so großartige Gastgeberin sein könnte wie du!« Ihre Anekdoten aus der großen Gesellschaft waren riesig amüsant, und ich gab befremdliche, wenn auch phantasievolle Schilderungen von meinen Kämpfen mit der englischen Prosa. Als wir – soll ich sagen, intimer wurden – können Snobs überhaupt intim sein? – setzte sie sich auf den Boden, zog die Röcke hoch, richtete ihre Schlüpfer – das einzige Stück Unterwäsche, das sie trägt, darf ich euch verraten, und das aus Seide ist – und packte ihre Kümmernisse aus. So beklagte sie sich fast mit Tränen in den Augen, wie Osbert Sitwell[10] sie ausgelacht habe, wie Leute sie eine gesellschaftliche Streberin und eine Prominentenjägerin nannten. Was für eine ekelhafte Verleumdung das sei . . . und wie sie doch nichts anderes wolle, als daß Argyll House ein Zentrum sein sollte, wo interessante Leute andere interessante Leute treffen können. Und dennoch werde sie ausgelacht und . . . verleumdet. Während einer dieser Beichten – die mir übrigens sehr schmeichelten – läutete einmal das Telefon: Lady Cunards Butler, der mich bei ihrer Ladyschaft – die ich nie kennengelernt hatte – zum Dinner bat. Und als ich Sibyl die Situation erklärte, wurde sie wütend. »Eine solche Unverschämtheit ist mir noch nicht vorgekommen!« rief sie aus. Ihr Gesicht verzerrte sich zu einem Ausdruck, der mich an eine Tigerin erinnerte, der man einen Knochen zu entreißen versucht. Sie machte Lady Cunard herunter. Was sie von ihr sagte, konnte gar nicht schlecht genug sein. Sie sei nichts anderes als eine Prominentenjägerin, ein Snob. Da gebe es dann auch noch Lady Cholmondeley. Sie legte mir nahe, sie doch auch zu besuchen. »Und wer ist Lady Cholmondeley?« fragte ich. Nie werde ich die ausführliche und haßerfüllte Art vergessen, mit der sie den Charakter dieser Dame zerpflückte. Ich erinnere mich, wie sie sagte, sie könne nicht verstehen, daß jemand so unverschämt sei, einen andern Menschen zum Essen einzuladen, wenn man sich überhaupt nicht kenne. Sie riet mir dringend, weder mit Lady Cunard, noch mit Lady Cholmondeley etwas zu tun zu haben. Dabei hatte sie selbst doch das gleiche getan? Was für ein Unterschied war zwischen ihnen?

Kurzum, es gab vieles, was mich an unserer Freundschaft im gegenwärtigen Stadium interessierte. Sie vertiefte sich. Bald kam Sibyl mit einem Plan heraus, den ich nie zu äußern gewagt hätte. Es ging darum, alle vierzehn Tage eine kleine Gesellschaft zu geben – einmal am Tavistock Square, einmal im Argyll House; wir sollten vier unserer Freunde einladen, sie vier von ihren: Bloomsbury und die große Welt sollten sich mischen, und sie, glaube ich mich zu erinnern, deutete taktvoll an, daß sie für die Kosten aufkäme. Aber selbst ich, in meiner großen Begeisterung, sah ein, daß das niemals gehen würde. Einmal luden wir Lytton für sie ein – die Einladung war ein tödliches Fiasko. Lytton war sehr gut und sehr geduldig, aber als er ging, sagte er zu mir: »Verlange bitte nicht von mir, noch einmal mit Colefax zusammenzutreffen.«

Es kam zu einer gewissen Entfremdung zwischen uns. Immer wieder versetzte sie mich schamlos. Immer wieder stellte ich fest, daß ihre Absage nichts anderes bedeutete, als daß sie noch eine bessere Einladung hatte. Hier ist zum Beispiel eine ihrer Absagen – sie hatte sich selbst an einem bestimmten Tag bei mir eingeladen; der Tag paßte mir eigentlich nicht, aber ich hatte ihn freigehalten.

Liebste Virginia,
ich hatte eine unangenehme Woche, weil ich erst um zehn, statt um neun Uhr angefangen habe zu arbeiten und erst um sechs wieder ins Bett gekommen bin. Ich dachte, daß ich mich

bis Dienstag davon wieder erholt hätte, statt dessen aber wurde ich von einer schwierigen Dame gebeten, um 5.30 Uhr am Piccadilly Schlafzimmervorhänge mit ihr anzuschaun, und diese Besprechung, die sich bis 6.15 Uhr hinzog, hat mich vollends erledigt, so daß ich ins Bett mußte! Jetzt bin ich wieder in Ordnung, und jetzt bist Du besetzt. Könnte ich am 18. kommen, oder würdest Du lieber am 16. um sechs hierherkommen? Wenn nicht am 18., dann am 23., wenn Du mich haben willst.

Immer Deine treue Sibyl

Am nächsten Tag traf ich jemanden, der auf einer Cocktailparty bei Madame d'Erlanger gewesen war und Sibyl dort getroffen hatte. »War dort auch irgendwie die Rede von Schlafzimmervorhängen?« fragte ich. Anscheinend war nicht davon gesprochen worden.

Ich beschuldigte sie deswegen, sie machte kaum Ausflüchte. Doch einmal, als ich es mit ihr genauso machte – eine Verabredung absagte, ihr aber drei Wochen vorher Bescheid gab –, erhielt ich eine Reihe von Briefen, die in der Heftigkeit ihrer Beschimpfung und in der Unverblümtheit ihrer Wut einen Gipfel der Eloquenz erreichten, der wirklich eindrucksvoll war: Sie bezichtige mich der niedrigsten Motive – ich hätte mich durch eine bessere Einladung verführen lassen – sie sei sicher, daß ich mit Lady Cunard oder Lady Cholmondeley diniert habe. Das Licht, das dies alles auf ihre psychische Verfassung warf und auf meine eigene – auf die Snob-Psychologie ganz allgemein –, war sehr interessant. Weshalb sahen wir uns überhaupt noch? Das fragte ich mich. Worauf beruhte unsere Beziehung eigentlich? Das sollte auf eine ganz überraschende Weise zutage treten.

Eines Morgens im letzten Februar läutete das Telefon kurz nach dem Frühstück, und Leonard nahm es ab. Ich sah, wie sein Gesicht sich veränderte, während er zuhörte.

»Mein Gott!« rief er. »Das ist ja unfaßbar!« Dann drehte er sich zu mir um und sagte, »Arthur Colefax ist tot!«[11]

Harald Nicolson[12] war am Apparat; er hatte angeläutet, um uns mitzuteilen, daß Arthur Colefax gestern nachmittag ganz plötzlich gestorben sei – er sei nur einen Tag krank gewesen; Sibyl sei außer sich, sagte er. Sir Arthur war tot! Es traf mich wie ein Schlag mitten ins Gesicht. Ein Schlag echter Betroffenheit und Anteilnahme. Aber nicht für Sir Arthur. Für ihn empfand ich, was man für einen alten Schrank empfindet, der immer an der Mittelwand eines Salons gestanden hat. Der Schrank war weg – es war befremdend – es war traurig. Aber ich war mit dem Schrank nie befreundet gewesen. Für Sibyl war mein Gefühl ein ganz anderes – mit ihr bin ich befreundet gewesen – war ich noch befreundet. Und für sie, wie gesagt, stieg eine Welle echten, uneingeschränkten Mitgefühls in mir auf. Kaum hatte ich es empfunden, spaltete es sich. Ich war sehr traurig, war aber auch sehr neugierig. Was empfand sie – was hatte sie wirklich für Arthur empfunden?

Nun ist es schwierig, ein Gefühl in Worte zu fassen, das so gespalten ist. Das erwies sich, als es darum ging, einen Kondolenzbrief zu schreiben – ich stockte. Kein Wort, das mir in den Sinn kam, schien passend. Ich schrieb und änderte und zerriß schließlich, was ich geschrieben hatte. Zum Wochenende fuhren wir zum Monks House, ich pflückte drei Blumen, band eine Karte daran, auf die ich schrieb, »Für Sibyl. Ganz herzlich von Leonard und Virginia«. Als wir beim Argyll House vorbeikamen, läutete Leonard an dem jetzt in Trauer gehüllten Herrenhaus und übergab der weinenden Fielding die Blumen. Sie zumindest schien wirklich tief unglücklich. Das war meine Lösung des Problems.

Und sie schien erstaunlich erfolgreich. Das heißt, ich erhielt wenige Tage später einen vier Seiten langen, einen herzzerreißenden Brief, einen Brief über Arthur, und wie glücklich sie gewesen waren, über die alten Zeiten, als sie auf griechischen Inseln in der Sonne gesessen hatten, über ihre vorbildliche Ehe und ihre jetzige Einsamkeit. Er klang ehrlich; er las sich, als spreche sie die Wahrheit, und ich war ein wenig geschmeichelt, daß sie es mir gegenüber so offen aussprach, so freundschaftlich, ja, fast schwärmerisch.

Als ich später hörte, daß sie ganz ähnliche Briefe, wie den an mich, an Leute geschrieben hatte, die sie überhaupt kaum kannte, war ich weniger erfreut. Als ich hörte, daß sie seit seinem Tod jeden Abend auswärts diniert hatte, und als ich in der Presse las, daß Lady Colefax auf dieser großen Gesellschaft und in jener Premiere gewesen war, war ich baff. Fühlte sie weniger, als sie glauben machen wollte? Oder war sie sehr tapfer? War sie durch die Gesellschaft so verdorben, daß das Alleinsein das einzige war, mit dem sie nicht fertig wurde? Es war ein interessantes Problem in der Psychologie des Snobismus.

Sie schrieb mir verschiedene Male. Sie teilte mir mit, daß sie Argyll House verlassen werde. Sie lud mich ein, ein letztes Mal den Weißdorn in Blüte zu sehen – ich ging nicht hin; dann lud sie mich ein, noch ein letztes Mal die Tulpenblüte zu sehen. Wir waren fort und gingen nicht hin. Als ich dann im Oktober zurückkam, schrieb sie mir, wenn ich nicht am Dienstag, dem 27. Oktober käme, würde ich Argyll House nie wiedersehen. Am 30. ginge sie endgültig fort. Es liege ihr ganz besonders daran, schrieb sie, mich allein zu sehen. Ich war geschmeichelt. Ich sagte, ich würde kommen, und am Dienstag morgen rief Fielding an, um mich zu erinnern und mir auszurichten, daß ihre Ladyschaft mich bitte, Punkt 4.45 Uhr zu kommen.

Es war ein nasser und windiger Nachmittag; Blätter wirbelten über das Pflaster der Kings Road, und ich hatte ein Gefühl von Chaos und Trostlosigkeit. Pünktlich um 4.45 Uhr läutete ich zum letztenmal an der Tür von Argyll House. Nicht Fielding öffnete die Tür, sondern ein schäbig gekleideter Mann in einem braunen Anzug, der wie ein Gerichtsvollzieher aussah. Er war mürrisch.

»Sie kommen zu spät«, sagte er kopfschüttelnd und hielt die Tür nur halb geöffnet, als wollte er mich hindern, einzutreten.

»Aber Lady Colefax hat mich doch gebeten, ein Viertel vor fünf zu kommen«, entgegnete ich.

Das machte ihn irgendwie stutzig.

»Darüber weiß ich nicht Bescheid«, sagte er. »Aber es ist besser, Sie kommen hier durch.«

Und er führte mich nicht in den Salon, sondern in die Pantry von Argyll House – diese Pantry, aus der so viele köstliche Gerichte gekommen waren. Die Pantry war voll von Küchentischen, darauf Eßservice, Bündel von Messern und Gabeln, Mengen von Bier- und Weingläsern – auf allen klebten numerierte Etiketts. Dann wurde mir klar, daß der ganze Besitz zur Versteigerung ausgeschrieben war; und der mürrische Mann war der Interessenvertreter des Auktionators. Ich stand da und schaute herum, als Fielding, noch in ihrem grauen Kleid und weißem Schürzchen, hereingestürzt kam, aber so außer sich und verstört, daß ich das Gefühl hatte, sie sei in Sack und Asche. Sie warf ihre Hände verzweifelt in die Luft.

»Ich weiß nicht, wo Lady Colefax ist«, stöhnte sie, »und ich weiß nicht, wo ich Sie hinsetzen soll. Die Leute sind immer noch da. Um vier hätten sie gehen sollen – laufen aber noch überall im ganzen Hause herum . . .«

»Es tut mir so unendlich leid, Fielding«, sagte ich. »Das hier ist sehr traurig.«

Tränen liefen ihr über die Wangen, standen in ihren Augen, und sie stöhnte, während sie mir winkte und mich in einer aufgeregten und planlosen Art erst in eine Spülküche und dann in den Speisesaal führte. Ich setzte mich in diesem prachtvollen, festlichen Raum in einen der braunen Sessel. Das letzte Mal als ich darin gesessen hatte, saß Sir Arthur zu meiner Rechten und Noël Coward links von mir. Jetzt klebten Nummern an den Sesseln. Nummern klebten an den Glasbäumchen auf dem Kaminsims, am Lüster oben, an den Leuchtern. Ein Mann in einem schwarzen Überzieher ging im Zimmer herum, hob hier einen Leuchter, dort eine Zigarettendose auf, wie um zu schätzen, was sie wert seien. Dann kamen verstohlen zwei elegante Damen herein. Eine von ihnen streckte mir die Hand entgegen.

»Sind Sie auch gekommen, um sich die Möbel anzuschauen?« fragte sie mich mit verhaltener Stimme, als sei sie auf einer Beerdigung. Ich erkannte Ava Bodley – Mrs. Ralph Wigram.

»Nein, ich bin gekommen, um Sibyl zu sehen«, sagte ich.

Ich glaubte eine Spur von Neid in ihrem Gesicht wahrzunehmen: Ich war eine Freundin – sie nur eine Interessentin. Sie verzog sich und begann, sich die Möbel anzuschauen. Während ich dasaß und versuchte, mir Sir Arthur ins Gedächtnis zurückzurufen – und das Wohlwollen, das er mir immer entgegengebracht hatte –, öffnete sich die Tür nur halb; vorsichtig spähte Sibyl um die Ecke, die mich schweigend zu sich winkte, als habe sie Angst, sich in ihrem eigenen Speisezimmer zu zeigen. Ich folgte ihr, und sie nahm mich in den Salon und machte die Tür zu.

»Wer war denn das?« fragte sie ängstlich.

»Mrs. Wigram«, erwiderte ich. Sie rang die Hände.

»Ich hoffe nur, sie hat mich nicht gesehen«, murmelte sie. »Um vier Uhr hätten sie gehen sollen. Aber sie sind noch immer überall im Haus.«

Doch im Salon war niemand, wenn auch an Sesseln und Tischen die Nummern klebten. Wir sanken nebeneinander auf das Sofa. Einstmals hatte ich sie mit einem Büschel leuchtend roter Kirschen auf einem steifen schwarzen Strohhut in Verbindung gebracht. Jetzt aber waren die Kirschen fahl. Die Farbe war verblaßt. Die schwarze Hutkrempe war aufgeweicht. Sibyl sah alt und krank aus, und zu beiden Seiten ihrer Nase waren scharfe Linien wie mit einem Meißel eingegraben. Sie tat mir unendlich leid. Wir waren wie zwei Überlebende, die sich an ein Floß klammern. Das war das Ende aller ihrer Gesellschaften – wir saßen in den Ruinen eines Herrensitzes, der erst seit so kurzer Zeit die Adelskrone führte. Ich legte meine Hand auf ihre und hatte das Gefühl, »Das ist echt. Das kann keine Täuschung sein.«

Dann servierte Fielding Tee – die Art Tee, wie ihn Leute noch schnell zu sich nehmen, die im Begriffe sind, auf eine Reise zu gehn – mit einigen hauchdünn geschnittenen Scheiben Brot und Butter und drei Stückchen Teegebäck. Sibyl entschuldigte sich für den Tee. »Was für ein abscheulicher Tee!« Dann begann sie ziemlich zusammenhanglos zu reden. Sie erzählte mir von ihrer Operation, und daß der Arzt ihr geraten habe, sie solle sechs Monate Ferien machen. »Bin ich Greta Garbo?« meinte sie. Dann, daß sie ein Haus in der North Street gekauft habe, dann, daß sie beabsichtige, bei den

Clarks zu wohnen . . . Sie unterbrach sich ständig, indem sie einwarf, »Oh, lassen wir das lieber«. Sie schien etwas sagen zu wollen, konnte aber nicht. Schließlich hatte sie mich doch gebeten, allein zu ihr zu kommen.

Zum Schluß sagte ich: »Es tut mir so leid, Sibyl . . .«

Die Tränen traten ihr in die Augen. »Oh, es war schrecklich! Du kannst dir gar nicht vorstellen, wie das ist«, fing sie an. Dann schwieg sie. Die Tränen fielen nicht herunter, »Siehst du«, sagte sie, »ich gehöre nicht zu den Menschen, die sagen können, was sie fühlen, ich kann nicht reden. Ich habe noch mit niemandem gesprochen. Täte ich es, könnte ich nicht durchhalten . . .« Und wieder begann sie zu erzählen, wie sie das Haus in der North Street von einem Verrückten gekauft habe – das Haus sei sehr schmutzig . . . Da öffnete sich die Tür, und Fielding winkte ihr.

»Mrs. Wigram möchte mit Ihnen sprechen, Mylady«, sagte sie. Sibyl seufzte, stand aber auf und ging.

Eigentlich bewunderte ich diese Frau sehr. Ich dachte, während ich dasaß, wie tapfer sie doch war. Gab sie nicht am selben Abend hier in den Ruinen, inmitten der Stühle und Tische, die zu versteigern waren, noch ein Nachtessen? Doch da kam sie gerade zurück.

»Wie ich diese Frau verabscheue!« rief sie aus.

Und sie erzählte mir, während sie Brot und Butter nahm, was für eine ausgemachte gesellschaftliche Streberin sie sei, eine von denen, die rücksichtslos ihre Ellbogen gebrauchten, und sie habe ihr gerade einen üblen Streich gespielt. Als sie gehört habe, daß Sibyl das Haus in der North Street haben wollte, habe sie den Lyttons das erzählt, die sie überboten hätten. Doch sie habe das Haus trotzdem bekommen und noch dazu sehr billig – für siebenhundert Pfund weniger, als sie gerechnet habe – »Oh, sprechen wir lieber nicht davon«, schloß sie. Und wieder versuchte ich sie zu trösten. Ich sagte etwas ziemlich Banales und Ungeschicktes über Häuseraufgeben – wie schmerzlich das sei und ähnliches. Da kamen ihr wieder die Tränen. »Ja«, sagte sie und blickte umher, »ich habe dieses Haus immer heiß geliebt. Ich habe es geliebt, wie ein Liebhaber seine . . .«

Und wiederum wurde die Tür geöffnet.

»Lady Mary Cholmondeley ist am Telefon, Mylady«, sagte Fielding.

»Sagen Sie ihr, ich sei beschäftigt«, erwiderte Sibyl ungehalten. Fielding verschwand.

»Wen kann sie nur gemeint haben?« fragte Sibyl. »Ich kenne keine Lady Mary Cholmondeley. Kann es vielleicht ... ach, es ist doch wirklich zu dumm«, seufzte sie und stand auf, »um alles muß ich mich selbst kümmern. Fielding ist ein Nagel zu meinem Sarg«, erklärte sie seufzend. »Erst weint sie, dann lacht sie, und eine Brille will sie auch nicht tragen – dabei ist sie blind wie ein Maulwurf. Ich werde selbst nochmal fragen gehen.«

Sie ließ mich wieder allein. Wieder eine Illusion dahin, dachte ich. Ich hatte Fielding immer für eine Perle gehalten – eine alte Dienerin, an der Sibyl hing. Aber nein – erst weinte sie, dann lachte sie, und sie war blind wie ein Maulwurf. Das war ein neuer kurzer Einblick in die Pantry von Argyll House.

Während ich saß und wartete, dachte ich an die Zeiten, wo ich auf diesem Sofa mit Sir Arthur, mit Arnold Bennett, mit George Moore, mit dem alten Mr. Birrell, mit Max Beerbohm gesessen hatte. Es war in diesem Zimmer gewesen, als Olga Lynn wütend ihre Noten hinwarf, weil Leute sich unterhalten hatten, und hier sah ich auch Sibyl durch das Zimmer gleiten und mit Lord Balfour zurückkommen, der, ganz Güte und Vornehmheit, die wütende Sängerin beruhigen sollte ... Doch da kam Sibyl schon zurück und beschäftigte sich wieder mit Brot und Butter.

»Wovon sprachen wir gerade, bevor Fielding uns unterbrochen hat?« fragte sie. »Übrigens – was mache ich mit Fielding? Fortschicken kann ich sie nicht gut. Schließlich war sie diese ganzen Jahre bei uns. Aber sie ist eine so schreckliche ... aber lassen wir das lieber«, sagte sie abschließend.

Ich bemühte mich aufs neue, ihr etwas Tröstliches zu sagen. »Gerade habe ich an alle die Menschen gedacht, die ich hier kennengelernt habe«, sagte ich. »Arnold Bennett. George Moore. Max Beerbohm ...«

Sie lächelte. Ich sah, daß ich ihr eine Freude gemacht hatte. »Daß du das sagst, freut mich«, sagte sie. »Genau das habe ich immer gewollt – daß die Menschen, die ich gern habe, auch die andern Menschen kennenlernen sollten, die ich gern habe. Das habe ich versucht – « »Und das ist dir gelungen«, bestätigte ich lebhaft. Ich war ihr sehr dankbar, und wenn mir auch im Grunde nie sehr viel daran lag, andere Schriftsteller kennenzulernen, hatte sie doch immerhin ein gastliches Haus geführt; sie hatte sich sehr angestrengt, und es war in seiner Art eine großartige Leistung. Und das versuchte ich ihr zu sagen.

»In diesem Raum habe ich mich oft so herrlich amüsiert«, sagte ich. »Erinnerst du dich noch an den Abend, wo Olga Lynn ihre Noten hingeschmissen hat? Und an den, wo ich Arnold Bennett kennenlernte. Und dann – Henry James . . .« Ich hielt inne. Ich war Henry James nie in Argyll House begegnet. Das war früher gewesen.

»Hast du ihn gekannt?« fragte ich ganz unschuldig.

»Henry James gekannt!« rief Sibyl aus. Ihr Gesicht leuchtete auf. Es war, als hätte ich einen Nerv berührt – eher den falschen Nerv, dachte ich bei mir. Sie wurde wieder die alte Sibyl – die Gastgeberin.

»Der liebe H. J.! Und ob ich ihn kannte! Ich werde nie vergessen«, begann sie, »wie er, als Wolcott Balestier in Wien starb – er war nämlich Rudyard Kiplings Schwager, mußt du wissen –«[13] Hier öffnete sich wieder die Tür, wieder erschien Fielding – Fielding, die blind wie ein Maulwurf und ein Nagel zu Sibyls Sarg war.

»Der Wagen ist vorgefahren, Mylady«, verkündete sie.

Sibyl wandte sich an mich. »Ich habe eine langweilige Verabredung in der Mount Street«, sagte sie. »Ich muß gehen. Aber ich bring dich nach Hause.«

Sie stand auf, und wir gingen ins Vestibül. Die Tür stand offen. Der Rolls Royce wartete draußen vor der Einfahrt. Das ist mein Abschied, sagte ich mir, blieb noch einen Moment lang stehen und schaute, wie man ein letztes Mal zurückschaut, auf die italienischen Keramiken, die Spiegel, die im Vestibül standen und alle ihre Nummernschildchen trugen.

Ich wollte noch etwas sagen, um zu zeigen, wie schwer es mir fiel, Argyll House endgültig zu verlassen. Doch Sibyl schien alles vergessen zu haben. Sie sah lebensfroh aus. Die Farbe war in die Kirschen zurückgekehrt, der Strohhut war wieder steif. »Ich habe dir gerade erzählt«, nahm sie den Faden wieder auf; »als Wolcott Balestier in Wien starb, kam Henry James zu mir; und er sagte, ›Meine liebe Sibyl, da sind nun die beiden armen Frauen in Wien ganz allein mit der Leiche dieses lieben jungen Mannes, und ich halte es für meine Pflicht‹ –« Mittlerweile gingen wir bereits den gepflasterten Weg hinunter zum Wagen.

»Mount Street«, sagte sie zum Chauffeur und stieg ein. »H. J. hat damals noch zu mir gesagt«, begann sie wieder, »›ich halte es für meine Pflicht, nach Wien zu gehen, für den Fall, daß ich diesen beiden leidtragenden Frauen vielleicht eine Hilfe sein kann‹ –« Wir fuhren los. Und sie saß neben mir und versuchte mir mit der Tatsache zu imponieren, daß sie Henry James gekannt hatte.

Anmerkungen

1 MacCarthy. Siehe Anm. 1, S. 239.
2 Margot Asquith, Lady Oxford, die zweite Frau von Herbert Asquith, Earl of Oxford (Premierminister von 1908 bis 1916).
3 Geoffrey Dawson, zweimal Chefredakteur der *Times*: 1912–19 und 1923–41.
4 Eine Sportauszeichnung der Universität – speziell von Oxford und Cambridge. [Anm. d. Übers.]
5 Die Countess of Warwick war eine berühmte Schönheit und gehörte zum Prince-of-Wales-Kreis.
6 Arthur James Balfour, Philosoph und Staatsmann, Premierminister von 1902 bis 1905, war die zentrale Figur des exklusiven, aristokratischen und intellektuellen Zirkels, unter dem Namen »Seelen« (*the Souls*) bekannt.
7 Die Woolfs lebten von 1914 bis 1924 in Richmond.
8 Lady Colefax of Argyll House war eine bekannte Londoner Gastgeberin. Leonard Woolf beschrieb sie als »eine schamlose Prominentenjägerin«.
9 Sir Arthur Colefax, Sibyls Gatte.
10 Die dichtenden englischen Geschwister Edith, Osbert und Sacheve-

rell Sitwell verfaßten bizarre, revolutionäre und satirische Gedichte. [Anm. d. Übers.]

11 Er starb am 19. Februar 1936.

12 Sir Harold George Nicolson (1886–1968), englischer Schriftsteller und Kritiker; seit 1913 mit der Schriftstellerin Vita Sackville-West verheiratet. [Anm. d. Übers.]

13 Wolcott Balestier, amerikanischer Verleger und Schriftsteller. Kipling heiratete dessen Schwester Caroline 1892.

Fischer Bibliothek

Annette Kolb
Die Schaukel
Roman

Sonja Kowalewski
Jugenderinnerungen

Alexander Lernet-Holenia
Der Baron Bagge
Novelle

Golo Mann
Nachtphantasien
Erzählte Geschichte

Heinrich Mann
Schauspielerin
Novelle

Katia Mann
Meine ungeschriebenen Memoiren

Klaus Mann
Kindernovelle

Thomas Mann
Der kleine Herr Friedemann. Der Wille zum Glück. Tristan
Novellen
Der Tod in Venedig
Novelle

Thomas Mann
Tonio Kröger
Novelle
Das Gesetz
Erzählung

Herman Melville
Billy Budd
Vortoppmann auf der »Indomitable«.

Luise Rinser
Der schwarze Esel
Roman
Die rote Katze
Erzählungen
Geh fort, wenn du kannst
Novelle
Septembertag
Erzählung

Antoine de Saint-Exupéry
Nachtflug
Roman

Paul Schallück
Die unsichtbare Pforte
Roman

Arthur Schnitzler
Leutnant Gustl
Fräulein Else
Traumnovelle

S. Fischer

fi 188/2b

fi 188/2c

Doris Lessing

Das goldene Notizbuch
Roman. Aus dem Englischen von Iris Wagner.
Fischer Sonderausgabe. 634 Seiten. Broschur
und Fischer Taschenbuch Band 5396

Afrikanische Tragödie
Roman. Aus dem Englischen von Ernst Sander.
240 Seiten. Geb.
und Fischer Taschenbuch Band 5747

Anweisung für einen Abstieg zur Hölle
Roman. Aus dem Englischen von Iris Wagner.
287 Seiten. Leinen
und Fischer Taschenbuch Band 5397

Die Memoiren einer Überlebenden
Roman. Aus dem Englischen von Rudolf Hermstein.
227 Seiten. Leinen
und Fischer Taschenbuch Band 5202

Shikasta
Canopus im Argos: Archive
Betr.: Kolonisierter Planet 5
Roman. Aus dem Englischen von Helga Pfetsch.
519 Seiten. Leinen

Die Ehen zwischen den Zonen
Drei, Vier und Fünf
Canopus im Argos: Archive II
Roman. Aus dem Englischen von
Manfred Ohl und Hans Sartorius.
302 Seiten. Leinen

S. Fischer

fi 148/1

Virginia Woolf

Die Dame im Spiegel und andere Erzählungen
Band 1984

Die Fahrt zum Leuchtturm. *Roman*
Band 2119

Die Jahre. *Roman*
Band 2120

Die Wellen. *Roman*
Band 2121

Mrs. Dalloway. *Roman*
Band 1982

Orlando. *Roman*
Band 1981

Zwischen den Akten. *Roman*
Band 1983

Augenblicke
Skizzierte Erinnerungen. Mit einem Essay von Hilde Spiel
Band 5789

Ein Zimmer für sich allein
Mit einer Erinnerung an Virginia Woolf von
Louie Mayer und vielen Fotos
Band 2116

Flush. Die Geschichte eines berühmten Hundes
Fischer Bibliothek. 176 S. Geb.
Band 2122

Jacobs Raum. *Roman*
S. Fischer. 232 S. Ln.

Nacht und Tag. *Roman*
S. Fischer. ca. 624 S. Ln.

S. Fischer Verlag
Fischer Taschenbuch Verlag